传世名著典藏丛书
中华传统经典解读

诠解

弟子规

传世典藏

李毓秀 著 〔清〕

姜友仁 译

弟子规 圣人训 首孝弟 次谨
信 泛爱众 而亲仁 有余力 则
学文 父母呼 应勿缓 父母命
行勿懒 父母教 须敬听 父母
责 须顺承 冬则温 夏则凊 晨
则省 昏则定 出必告 反必面
居有常 业无变 事虽小 勿擅
为 苟擅为 子道亏 物虽小 勿私
藏 苟私藏

开明出版社

图书在版编目（CIP）数据

　　弟子规诠解 /（清）李毓秀著；姜友仁注译 . —北

京：开明出版社，2017.7

　　（传世名著典藏丛书 / 蔡瑶主编 . 第一辑）

　　ISBN 978-7-5131-3382-1

　　Ⅰ . ①弟… 　Ⅱ . ①李… ②姜… 　Ⅲ . ①古汉语—启蒙

读物 　Ⅳ . ① H194.1

　　中国版本图书馆 CIP 数据核字（2017）第 176921 号

责任编辑：肖维玲
装帧设计：格林文化

出　　版：开明出版社（北京市海淀区西三环北路 25 号青政大厦 6 层）
印　　制：三河市冀华印务有限公司
开　　本：170mm×230mm　　1/16
印　　张：17
字　　数：331 千
版　　次：2017 年 9 月第 1 版
印　　次：2017 年 9 月第 1 次印刷
定　　价：38.00 元

印刷、装订质量问题，出版社负责调换货。联系电话：（010）88817647

序　言

　　上下五千年悠久而漫长的历史，积淀了中华民族独具魅力且博大精深的文化。中华文化是中华民族无数古圣先贤、风流人物、仁人志士对自然、人生、社会的思索、探求与总结，而且一路下来，薪火相传，因时损益。它不仅是中华民族智慧的凝结，更是我们道德规范、价值取向、行为准则的集中再现。千百年来，中华文化已经融入每一位中华儿女的血液，铸成了我们民族的品格，书写了辉煌灿烂的历史。中华文化与西方世界的文明并峙鼎立，成为人类文明的一个不可或缺的组成部分。凡此，我们称之曰"国学"，其目的在于与非中华文化相区分。中华民族之所以历经磨难而不衰，其重要一点是，源于由国学而产生的民族向心力和人文精神。可以说，中华民族之所以是中华民族，主要原因之一乃是其有异于其他民族的传统文化！

　　概而言之，国学包括经史子集、十家九流。它以先秦经典及诸子之学为根基，涵盖两汉经学、魏晋玄学、隋唐佛学、宋明理学和同时期的汉赋、六朝骈文、唐宋诗词、元曲与明清小说并历代史学等一套特有而完整的文化、学术体系。观其构成，足见国学之广博与深厚。可以这么说，国学是华夏文明之根，中华儿女之魂。

　　从大的方面来讲，一个没有自己文化的国家，可能会成为一个大国甚至富国，但绝对不会成为一个强国；也许它会强盛一时，但绝不能永远屹立于世界强国之林！而一个国家若想健康持续发展，则必然有其凝聚民众的国民精神，且这种国民精神也必然是在自身漫长的历史发展中由本国人民创造形成的。中华民族的伟大复兴，中华巨龙的跃起腾飞，离不开国学的滋养。从小处而言，继承与发扬国学对每一个中华儿女来说同样举足轻重，迫在眉睫。国学之用，在于"无用"之"大用"。一个人的成功很大程度上取决于他的思维方式，而一个人思维能力的成熟亦决非先天注定，它是在一定的文化氛围中形成的。国学作为涵盖经、史、子、集的庞大知识思想体系，恰好能为我们提供一种氛围、一个平台。潜心于国学的学习，人们就会发现其蕴含的无法穷尽的智慧，并从中领略到恒久的治世之道与管理之智，也可以体悟到超脱的人生哲学与立身之术。在现今社会，崇尚国学，学习国学，更是提高个人道德水准和建构正确价值观念的重要途径。

近年来，国学热正在我们身边悄然兴起，令人欣慰。更可喜的是，很多家长开始对孩子进行国学启蒙教育，希望孩子奠定扎实的国学根基，以此帮助他们树立正确的道德观和价值观。欣喜之余，我们同时也对中国现今的文化断层现象充满了担忧。从"国学热"这个词汇本身也能看出，正是因为一定时期国学教育的缺失，才会有国学热潮的再现。我们注意到，现今的青少年对好莱坞大片趋之若鹜时却不知道屈原、司马迁为何许人；新世纪的大学生能考出令人咋舌的托福高分，但却看不懂简单的文言文。这些现象一再折射出一个信号：我们社会人群的国学知识十分匮乏。在西方大搞强势文化和学术壁垒的同时，国人偏离自己的民族文化越来越远。弘扬经典国学教育，重拾中华传统文化，已迫在眉睫。

本套"传世名著典藏"丛书的问世，也正是为弘扬国学传统文化而添砖加瓦并略尽绵薄之力。本人作为一名大学教师，从事中国文化史籍的教学与研究工作多年，对国学文化及国学教育亦可谓体悟深刻。为了完成此丛书，我们从搜集整理到评点注译，历时数载，花费了很多的心血。这套丛书集传统文化于一体，涵盖了读者应知必知的国学经典。更重要的是，丛书尽量把晦涩的传统文化知识予以通俗化、现实化的演绎，并以大量精彩案例解析深刻的文化内核，力图使国学的现实意义更易彰显，使读者阅读起来能轻松愉悦、饶有趣味。虽然整套书尚存瑕疵，但仍可以负责任地说，我们是怀着对祖国传统文化的深厚感情和治学者应有的严谨态度来完成该丛书的。希望读者能感受到我们的良苦用心。

王琪

2017年7月

前　言

　　《弟子规》是启蒙养正，教育子弟敦伦尽份、防邪存诚，养成忠厚家风、教育孺子的优秀读物。

　　作者李毓秀，字子潜，号采三。新绛县龙兴镇人，生于清代康熙年间，卒于乾隆年间，享年83岁。清初著名学者、教育家。从师党冰壑游历近二十年。精研《大学》《中庸》，创办敦复斋讲学。据传来听课的人很多，门外满是脚印。太平县御史王奂曾多次向他请教，十分佩服他的才学，被人尊称为李夫子。平生只考中秀才，主要活动是教书。他根据传统对童蒙的要求，也结合他自己的教书实践，写成了《训蒙文》，后来经过贾存仁修订，改名为《弟子规》。

　　《弟子规》的内容大纲采用《论语·学而》第六条"弟子入则孝，出则弟，谨而信，泛爱众，而亲仁，行有余力，则以学文"的文义，以三字一句，两句一韵编纂而成，分七个部分加以演述，具体列述弟子在家、出外、待人、接物与学习上应该恪守的礼仪和规范，特别讲求家庭教育与生活教育。

　　《弟子规》这本书，影响之大，读诵之广，仅次于《三字经》。"弟子"是指一切圣贤人的弟子，"规"即"夫见"，意思是大丈夫的见解。所以它是每个人，每一个学习圣贤经典、效仿圣贤的人都应该学的。

　　"祖宗虽远，祭祀不可不诚。子孙虽愚，经书不可不读。"而今伴随着国学热，人们重读这部经典就不难发现，它仍然对儿童的修养和学习具有深远的影响和教育意义。

　　几百年来，我们中华民族的祖先，一直坚信这样一个简单的道理：小孩子在他年少时（0-13岁），记忆力非常好，应该把前辈的人生经验、生活智慧记忆下来，牢牢地背记，并烂熟于心中。尽管此时他还不理解其深刻含义，但是先记住，好比牛先把草吃下去，有时间了再反刍一样，孩子随着年龄的增长，理解能力也在成长，到了一定年龄自然酝酿发酵，必然有更深的理解和领悟。如果在孩子记忆力强的时候，不给他一些经典的东西储存到脑子里，没有"厚积"，怎么能"薄发"呢？怎么能融会贯通、触类旁通呢？

《弟子规》是我们身边的学问，是学习古圣先贤为人处世的根基，每一个人都能从中了解应当如何做人。通过学习《弟子规》不但个人的修养会得到提高，家庭也能幸福美满，子孙也都可以兴旺发达。

《弟子规诠解》一书博采众家之长，在编写过程中不仅对原文作出了详细的注释和翻译，还在此基础上注入了一些新的认知和感悟，使读者能更简单准确地了解《弟子规》的内容，领会其中的寓意。此外，我们还在本书中附录了《小学诗礼》《弟子职》的注解，以便大家更好地领略传统童蒙的精髓。

目 录

泛爱众篇

亲仁篇

余力学文篇

总 叙

弟子规	圣人训	首孝弟	次谨信
泛爱众	而亲仁	有余力	则学文

入则孝

父母呼	应勿缓	父母命	行勿懒
父母教	须敬听	父母责	须顺承
冬则温	夏则凊	晨则省	昏则定
出必告	反必面	居有常	业无变
事虽小	勿擅为	苟擅为	子道亏
物虽小	勿私藏	苟私藏	亲心伤
亲所好	力为具	亲所恶	谨为去
身有伤	贻亲忧	德有伤	贻亲羞

亲爱我　孝何难　　亲憎我　孝方贤

亲有过　谏使更　　怡吾色　柔吾声

谏不入　悦复谏　　号泣随　挞无怨

亲有疾　药先尝　　昼夜侍　不离床

丧三年　常悲咽　　居处变　酒肉绝

丧尽礼　祭尽诚　　事死者　如事生

出则弟

兄道友　弟道恭　　兄弟睦　孝在中

财物轻　怨何生　　言语忍　忿自泯

或饮食　或坐走　　长者先　幼者后

长呼人　即代叫　　人不在　己即到

称尊长　勿呼名　　对尊长　勿见能

路遇长　疾趋揖　　长无言　退恭立

骑下马　乘下车　　过犹待　百步余

长者立	幼勿坐	长者坐	命乃坐
尊长前	声要低	低不闻	却非宜
进必趋	退必迟	问起对	视勿移
事诸父	如事父	事诸兄	如事兄

谨

朝起早	夜眠迟	老易至	惜此时
晨必盥	兼漱口	便溺回	辄净手
冠必正	纽必结	袜与履	俱紧切
置冠服	有定位	勿乱顿	致污秽
衣贵洁	不贵华	上循分	下称家
对饮食	勿拣择	食适可	勿过则
年方少	勿饮酒	饮酒醉	最为丑
步从容	立端正	揖深圆	拜恭敬
勿践阈	勿跛倚	勿箕踞	勿摇髀

缓揭帘　勿有声　　宽转弯　勿触棱

执虚器　如执盈　　入虚室　如有人

事勿忙　忙多错　　勿畏难　勿轻略

斗闹场　绝勿近　　邪僻事　绝勿问

将入门　问孰存　　将上堂　声必扬

人问谁　对以名　　吾与我　不分明

用人物　须明求　　倘不问　即为偷

借人物　及时还　　后有急　借不难

信

凡出言　信为先　　诈与妄　奚可焉

话说多　不如少　　惟其是　勿佞巧

奸巧语　秽污词　　市井气　切戒之

见未真　勿轻言　　知未的　勿轻传

事非宜　勿轻诺　　苟轻诺　进退错

凡道字	重且舒	勿急疾	勿模糊
彼说长	此说短	不关己	莫闲管
见人善	即思齐	纵去远	以渐跻
见人恶	即内省	有则改	无加警
惟德学	惟才艺	不如人	当自励
若衣服	若饮食	不如人	勿生戚
闻过怒	闻誉乐	损友来	益友却
闻誉恐	闻过欣	直谅士	渐相亲
无心非	名为错	有心非	名为恶
过能改	归于无	倘掩饰	增一辜

泛爱众

凡是人	皆须爱	天同覆	地同载
行高者	名自高	人所重	非貌高
才大者	望自大	人所服	非言大

己有能　勿自私　人所能　勿轻訾

勿谄富　勿骄贫　勿厌故　勿喜新

人不闲　勿事搅　人不安　勿话扰

人有短　切莫揭　人有私　切莫说

道人善　即是善　人知之　愈思勉

扬人恶　即是恶　疾之甚　祸且作

善相劝　德皆建　过不规　道两亏

凡取与　贵分晓　与宜多　取宜少

将加人　先问己　己不欲　即速已

恩欲报　怨欲忘　抱怨短　报恩长

待婢仆　身贵端　虽贵端　慈而宽

势服人　心不然　理服人　方无言

亲　仁

同是人　类不齐　流俗众　仁者希

果仁者　人多畏　言不讳　色不媚
能亲仁　无限好　德日进　过日少
不亲仁　无限害　小人进　百事坏

余力学文

不力行　但学文　长浮华　成何人
但力行　不学文　任己见　昧理真
读书法　有三到　心眼口　信皆要
方读此　勿慕彼　此未终　彼勿起
宽为限　紧用功　工夫到　滞塞通
虽有急　卷束齐　有缺坏　就补之
非圣书　屏勿视　蔽聪明　坏心志
勿自暴　勿自弃　圣与贤　可驯致

总叙

弟子规　圣人训　首孝弟　次谨信

泛爱众　而亲仁　有余力　则学文

弟子规　圣人训　首孝弟　次谨信
泛爱众　而亲仁　有余力　则学文

【原文】

弟子规，圣人①训②：首孝弟③，次谨④信。

泛爱众，而亲仁。有余力，则学文⑤。

【译文】

《弟子规》这本书，是孔子对学生的训导。首先要孝敬父母，尊敬兄长，其次要做到言语谨慎而讲信用。广泛地爱众人，并亲近有仁德的人。如果还有多余的精力和时间，就要去读书，多做学问。

【注释】

①圣人：指儒家创始人孔子。

②训：教导。

③弟：同"悌"，敬爱、顺从兄长。

④谨：出言慎重，寡言。

⑤文：文献典籍。

【解读】

中国有句古语："百善孝为先。"意思是说，孝敬父母是各种美德中占第一位的。一个人如果都不知道孝敬父母，就很难想象他会热爱祖国和人民。

古人说："老吾老，以及人之老；幼吾幼，以及人之幼。"我们不仅要孝敬自己的父母，还应该尊敬别的老人，爱护年幼的孩子，这样不仅你自己得到了快乐，同时也把你的快乐分享给更多的人，你就会得到更多的快乐。

古人云："人而无信，不知其可也。"诚信，是做人的基本素质；信义是处世的基本原则。一个人如果没有什么信用，就很难在社会上立足，可见信用对于做人的重要性，所以我们在生活中无论是干什么，都不能忘记信用。

一个人只有将这些为人处世、品德修养的事情做好后，才能真正做到"孝

悌、谨信、爱众、亲仁",那么剩余的时间你就可以尽量多学习科学知识,为国家的富强、人生的幸福努力奋斗。

黄香温席

黄香是我国东汉时期的一位文化名人。他为官的品位并不高,最高职务是魏郡太守,大约也就是一个四品官员。但他生命历程中有两个亮点:一是他9岁时,母亲去世,他对父亲格外孝敬,夏天他将床枕扇凉,冬天用身体把被褥温暖后,才让父亲安睡;二是他在很小的时候,便广泛阅读儒家经典,精心钻研道德学术,能写文章,当时京师称誉为"天下无双,江夏黄童"。汉章帝还曾特许他到宫中藏书之所东观读书。孔子曾说:"孝弟也者,其为人之本欤。"尊敬长辈,友爱兄弟,是做人的根本。黄香的这种品行正符合封建社会的伦理道德标准。旧传元代郭守正挑选了历史上的二十四位孝子,辑成《二十四孝子》一书,作为做人的楷模,黄香名列其中。因此,自明清以来,黄香一直被人们所推崇。

黄香在小的时候,家中生活很艰苦。在他9岁时,母亲就去世了。黄香非常悲伤。他本就非常孝敬父母,在母亲生病期间,小黄香一直不离左右,守护在母亲的病床前,母亲去世后,他对父亲更加关心、照顾,尽量不让父亲操心。

冬天到了,天气非常寒冷。那时,贫穷人家里没有任何的取暖设备,确实很难入睡。一天,黄香晚上读书时,感到特别冷,捧着书卷的手一会儿就变得冰凉。他想,这么冷的天,爸爸一定很冷,他老人家白天干了一天的活,晚上还不能好好地睡觉。想到这里,小黄香心里很是不安。为了让父亲少挨冷受冻,他便悄悄走进父亲的房里,铺好被子,然后脱了衣服,钻进父亲的被窝里,用自己的体温,温暖了冰冷的被窝后,才招呼父亲睡下。黄香用自己的孝敬

之心，温暖了父亲的心。黄香温席的故事，就这样传开了，街坊邻居人人夸奖黄香。

夏天到了，黄香家低矮的房子显得格外闷热，而且蚊蝇很多。到了晚上，大家都在院子里乘凉，尽管每人都不停地摇着手中的蒲扇，可仍不觉得凉快。入夜了，大家也都困了，准备睡觉去了，这时，大家才发现小黄香一直没有在这里。

"香儿，香儿。"父亲忙提高嗓音喊他。

"爸爸，我在这儿呢。"说着，黄香从父亲的房中走出来。满头大汗，手里还拿着一把大蒲扇。

爸爸心疼地问道："这么热的天，你干什么呢？"

黄香说："屋里太热，蚊子又多，我用扇子使劲一扇，蚊虫就跑了，屋子也显得凉快些，好让您睡觉。"

父亲听后，紧紧地将黄香搂在怀中，说："我的好孩子，蚊子是被你用扇子扇出去了，可你自己却出了一身汗呀！"

此后，黄香为了让父亲能够休息好，每天吃完晚饭后，他总是拿着扇子，把蚊蝇扇跑，还要扇凉父亲睡觉的床和枕头，使劳累了一天的父亲早些入睡。

9岁的小黄香就是这样孝敬父亲，人称"温席的黄香，天下无双"。他长大以后，人们说，能孝敬父母的人，也一定懂得爱百姓，爱自己的国家。事情正是这样，黄香后来做了地方官，果然不负众望，为当地老百姓做了不少好事，他孝敬父母的故事，也千古流传。

黄香的故事告诉我们：孝敬父母不仅是一种责任，同时也是一个人立身处世的根本。所谓"万善孝为先"，如果一个人只顾自己的舒适、安逸，自私得连自己的父母都不孝敬，又怎么会去关爱他人呢？

商鞅立木取信

战国时期，秦国在政治、经济、文化各方面都比中原各诸侯国落后。贴邻的魏国就比秦国强，还从秦国夺去了河西一大片地方。

公元前361年，秦孝公继位。他下决心发奋图强，首先搜罗人才。他下了一道命令，说："不论是秦国人，还是外来的客人，谁要是能想办法使秦国富强起来的，就封他做官。"

秦孝公这样一号召，果然吸引了不少有才干的人。当时的商鞅在卫国得不到重用，就跑到秦国，托人引见，得到秦孝公的接见。

商鞅对秦孝公说："一个国家要富强，必须注意农业，奖励将士；要打算把国家治好，必须有赏有罚。有赏有罚，朝廷有了威信，一切改革也就容易进

行了。"

　　秦孝公完全同意商鞅的主张。可是秦国的一些贵族和大臣却竭力反对。秦孝公一看反对的人这么多，自己刚刚继位，怕闹出乱子来，就把改革的事暂时搁了下来。

　　过了几年，秦孝公的君位坐稳了，他就开始着手改革，改革制度的事全由左庶长商鞅拿主意。

　　商鞅起草了一个改革的法令，但是怕老百姓不信任他，不按照新法令去做，就先叫人在都城的南门竖了一根三丈高的木头，下命令说："谁能把这根木头扛到北门去的，就赏十两金子。"

　　不一会，南门口围了一大堆人，大家议论纷纷。有的说："这根木头谁都拿得动，哪儿用得着十两赏金？"有的说："这大概是左庶长成心开玩笑吧。"

　　大伙儿你瞧我，我瞧你，就是没有一个敢上去扛木头的。

　　商鞅知道老百姓还不相信他下的命令，就把赏金提到五十两。没有想到赏金越高，看热闹的人越觉得不近情理，仍旧没人敢去扛。

　　正在大伙儿议论纷纷的时候，人群中有一个人跑出来，说："我来试试。"他说着，真的把木头扛起来就走，一直搬到北门。

　　商鞅立刻派人传出话来，赏给扛木头的人五十两黄澄澄的金子，一两也没少。

　　这件事立即传了开去，一下子轰动了秦国。老百姓说："左庶长的命令不含糊。"

　　商鞅知道，他的命令已经起了作用，就把他起草的新法令公布了出去。新法令赏罚分明，规定官职的大小和爵位的高低以打仗立功为标准。贵族没有军功的就没有爵位；多生产粮食和布帛的，免除官差；凡是为了做买卖和因为懒惰而贫穷的，连同妻子儿女都罚做官府的奴婢。

　　秦国自从商鞅变法以后，农业生产增加了，军事力量也强大了。

巧用三余

　　三国时期，有一个叫董遇的人，他是汉献帝的侍讲官。董遇很有学问，他对《左传》《老子》等经典很有研究，因此被当时的读书人称为"儒宗"。

董遇从小家里很穷，经常要去田间干活，或出门做一些小买卖。但不管做什么，他都会随身带着一些书，一有空闲他就拿出来读，即使后来做了官，他仍博览群书，不断丰富自己的学识。

由于董遇学识渊博，很多人纷纷前来想拜他为师，可董遇就是不肯收徒，他说："书本是最好的老师，你们只要'书读百遍'就可以了，为什么一定要拜我为师呢？"

有人听董遇说要"书读百遍"，不仅诧异地问道："为什么要书读百遍呢？"

董遇回答说："书读百遍，其义自见。你读了一百遍书，难道还不能理解书中的意义吗？"

"我们哪里会有这么多时间呢？"又有人问。

董遇笑着说："可以利用三余来读呀！"

"三余？什么是三余？"几个儒生纷纷问道。

"冬天，是一年中最空余的时间；夜间，是一天中最空余的时间；阴雨天，是平时最空余的时间。你们只要好好利用这三余，怎么会没有时间读书呢？"

人们听后，恍然大悟，原来董遇是通过利用空余的时间学习来提高自己水平的，那么只要自己努力，同样也可以拥有渊博的知识。

入 则 孝 篇

父母呼　应勿缓　父母命　行勿懒
父母教　须敬听　父母责　须顺承
冬则温　夏则凊　晨则省　昏则定
出必告　反必面　居有常　业无变
事虽小　勿擅为　苟擅为　子道亏
物虽小　勿私藏　苟私藏　亲心伤
亲所好　力为具　亲所恶　谨为去
身有伤　贻亲忧　德有伤　贻亲羞
亲爱我　孝何难　亲憎我　孝方贤
亲有过　谏使更　怡吾色　柔吾声
谏不入　悦复谏　号泣随　挞无怨
亲有疾　药先尝　昼夜侍　不离床
丧三年　常悲咽　居处变　酒肉绝
丧尽礼　祭尽诚　事死者　如事生

父母呼　应勿缓　父母命　行勿懒
父母教　须敬听　父母责　须顺承

【原文】

父母呼，应①勿缓；父母命②，行勿懒；
父母教，须敬听；父母责，须顺承③。

【译文】

父母呼唤你的时候，回应不要迟缓；父母交代的事情，应该马上行动不要偷懒。对于父母的教诲，应当恭敬聆听；对于父母的责备，要顺从接受。

【注释】

①应：答应。
②命：指派。
③承：接受。

【解读】

孝敬是一个经久不衰的话题，也是中华民族的优良传统之一。孝敬父母是我们每一个人应尽的义务。在人的一生中，对自己恩情最深的人就是父母，父母给予了我们生命，辛勤地养育我们长大成人，我们的成长凝结着父母的心血，每一个人都是在父母悉心关怀、百般呵护和辛苦抚养下慢慢长大的。一个人，如果对给予自己生命的父母都不知报答，不知孝敬，那就真的没有什么道德可言了。

史鉴典例

吴猛饱蚊

吴猛，晋代道士。字世云，濮阳人。他自幼就是非常孝顺的人。当其他同龄的小孩子还在父母的庇护下撒娇时，吴猛就已经懂得如何孝敬父母了。

吴猛小时候，家境贫寒，住在偏僻落后的地方，屋子破旧，又靠近河边，蚊子非常多。可家中穷得买不起蚊帐，每逢夏夜，满屋的蚊子便"嗡嗡"地叫，叮咬得父母睡不好觉。

由于父亲每天都起早摸黑地到外面干活儿，被炎炎烈日晒得头晕脑胀，精疲力尽，母亲也要大清早就到外头去帮佣，赚一点钱补贴家用，劳累了一天也疲惫不堪，所以父母眼睛里经常布满血丝。

吴猛非常心疼父母，他想来想去，最后干脆就把自己身上的衣服脱掉，先去躺在床上，任凭屋子里的蚊子叮咬自己。因为他怕赶走了这些蚊子后，蚊子再去叮咬父母，为了父母，他能忍受着痛、忍受着痒。尽管蚊子那么多，统统围在他的身上，他还是忍耐着，希望蚊子叮了自己之后，就不再去咬父母。结果吴猛经常被蚊子咬得伤痕累累，满身是包。但他整个夏季都如此坚持了下来，那年他才8岁。

吴猛是多么孝敬、体贴父母的孩子啊！他用自己的血肉和伤痛换来父母的安眠。小小的年纪，就这样至情，这样体贴亲意，实在是值得我们学习。

孟宗哭竹

孟宗，三国时江夏人（今湖北孝昌人），后因避孙皓字讳，改名孟仁，字恭武。少年时从师南阳李肃读书，后官居吴国司空。出生不详，卒于建恒三年，也就是公元271年。

孟宗在很小的时候，父亲便去世了。从此，母子俩相依为命。孟宗一直很孝顺他的母亲，对母亲侍奉有加。母亲年纪渐渐大了。

一天，孟宗的母亲病得很厉害，很想吃鲜笋做的汤，但这时都快冬至了，天很冷，哪里还会有笋长出来。孟宗实在没有办法，心里焦急万分，可是束手无策，便忍不住跑到竹林里。他双手抱着毛竹，想着卧床的老母，不禁两行泪簌簌往下落，孟宗越想越难过，竟大声地哭了起来。或许是他的一番孝心感动了天地，突然间，眼泪滴落的地方裂开了，从地上露出了几茎竹笋，孟宗看了破涕而笑，抹掉脸上的泪珠，兴高采烈地把这些竹笋带回家去。他做竹笋汤给母亲吃，母亲吃了新鲜味美的汤后，病情竟然好转了起来。大家都说这是孟宗的至孝感动

孟宗哭竹

了上天。

后人有诗赞扬孟宗的孝行："泪滴朔风寒，萧萧竹数竿。须臾冬笋出，天意报平安。"

孟宗"哭竹生笋"在现实中是难以想象的，但孟宗对母亲的孝敬却是一种真挚的情感。善良的人们敬佩孝顺之人，这种至纯的孝行，正是人们所向往和推崇的，因孝心而显现的奇迹正是大家共同的愿望。

冬则温　夏则清　晨则省　昏则定
出必告　反必面　居有常　业无变

【原文】

冬则温①，夏则清②，晨则省③，昏则定④。
出※告，反⑤※面，居有常⑥，业⑦无变。

【译文】

冬天要用自己的身体先为父母把被窝温暖，夏天要替父母把床铺扇凉，早晨起来要去问候父母，黄昏要服侍父母就寝。外出一定要告诉父母，回家后要当面向父母禀报平安，平时的起居作息，要有一定的规律，在外做事要合规矩，不要随便改变。

【注释】

①温：温暖。

②清（qìng，一读jìng）：凉。

③省（xǐng）：探问，请安。

④定：定省，子女早晚问候父母。这里专指昏定，即晚间服侍父母就寝。

⑤反：同"返"，指回来。

⑥常：不变，固定。

⑦业：职业，做事。

【解读】

子女对父母尽孝心，应该从父母的生活起居、衣食住行开始，做到"养父母之身，养父母之心，养父母之志。"不分春夏秋冬，一年四季都应该这样。

"养父母之心"是说子女要出去办事，一定要禀告父母，免得父母为你担心。子女长大成家立业后，也要让父母知道你居住的地方。做到这些的目的是为了让父母安心，不为子女的事情去担心，以免寝食不安。

老莱斑衣

老莱子（约前599年—约前479年），春秋晚期著名思想家，"道家"创始人之一。楚国人，出生于康王时期，卒于惠王时期，著书立说，传授门徒，宣扬道家思想。

老莱子生性非常孝顺，他把最可口的食物和最好的衣物、用品，都用来供养双亲。父母生活上的点点滴滴，他都极尽关怀照顾，非常体贴。父母在他无微不至的照料下，过着幸福安乐的生活，家里充满祥和。

老莱子虽然已经年过七十，但是他在父母面前，从来都没有提到过一个"老"字。因为上有高堂，双亲比自己的岁数都要大得多，而为人子女的人，如果开口说老、闭口言老，那父母不就更觉得自己已经走入风烛残年，垂垂老矣了吗？更何况，许多人即使年事已高、儿孙成群，也总是把自己的儿女当成小孩一样来看待。

老莱子的父母已有九十多岁了，身体都比较虚弱，而且行动不便，耳聋眼花。要跟他们说说话，可能他们已经没有办法听得很清楚了。由于腿脚不太灵便，纵使想要带他们到处去走走看看，也不是一件容易的事情。所以老人家的生活，往往都比较孤寂、单调。善解亲意的老莱子很能体恤父母的心情，为了让父母能够快乐得起来，他装出许多活泼可爱的样子，来逗双亲高兴。可以说是用心良苦。

在取悦父母的方式上，老莱子可以说是别有一番与众不同的方式。一次，老莱子的父亲过生日，他特意挑了一件五彩斑斓的衣服，穿在自己身上，装成婴儿的样子，在父母面前又蹦又跳地跳起舞来。一边嬉戏玩耍，一边迈动轻盈的舞步，真像是童心未泯的老顽童。

天性孝顺的老莱子，为了不让父母操心，对身体的健康始终非常地关注。所以虽然年过七十，但还能轻松活泼地在父母的面前，迈动轻快诙谐的舞步，让父母欢喜。

一天，厅堂旁边刚好有一群小鸡，老莱子一时兴起，就学老鹰抓小鸡的动作，来逗双

亲高兴。一时鸡飞狗跳，热闹不已。小鸡一颠一颠地到处跑，特别可爱。而老莱子故意装成非常笨拙的样子，煞费苦心，而又无可奈何。看到这番情景，双亲笑得合不拢嘴，温馨的画面，流露出人伦至孝的光辉。

为了让父母在生活上有喜悦的点缀，在日常生活中，他经常会出些点子，逗父母开心。有一次，他挑着一担水，一步一晃地经过了厅堂的前面。突然"扑通"一声，做一个滑稽的跌倒动作，父亲哈哈大笑。"这个孩子真是养不大，拿他一点办法都没有。"母亲说完也笑了。

年纪大的人眼睛昏花、耳朵不灵，行动更是不便，老莱子就在家里扮演一个快乐的丑角。他没有把自己当成是年纪大的人，在父母面前，他永远都像小孩子那样活泼可爱。

为了让父母过上幸福快乐的生活，老莱子想尽种种办法来体慰父母的心。这个幸福的家庭，千百年来，令人称颂不已。

李皋瞒母

李皋，字子兰，是曹王李明的玄孙。少年时补官担任左司御率府兵曹参军。唐天宝十一年（752年）嗣承王位，授职都水使者，三次升迁官至秘书少监，都与正职俸禄相同。他多智谋，善于利用事机使得办事方便。侍奉太妃郑氏恭敬体贴，凭着孝顺而闻名。

李皋做衡州刺史时，政绩卓著，很受百姓爱戴，但因为他人的诬陷，却被质问审讯。在审讯期间，李皋考虑到母亲年事已高，如果让她知道自己被审讯的事，必定会为自己担惊受怕，于是他告诫家人不要将自己被审讯的事情告诉母亲，如有走漏消息者，必将严惩。

李皋每次被提审后，他一定要在临进家门前，改换官服，腰间悬着鱼符，胸前揽着笏板，摆出一副刺史的气派给母亲看。审讯的结果，认定李皋有罪，他被贬到潮州做刺史。李皋不敢将实情告诉母亲，便哄骗母亲，说这次是因为朝廷重用才被调任的。母亲听后竟也信以为真，还为儿子得到重用而高兴。

后来，一个叫杨炎的人做了宰相，知道李皋是被人冤枉的，便为他平了反，并重新任命他做衡州刺史。他回到衡州后，老百姓欢声雷动，夹道欢迎。

直到这时，李皋才敢将被诬陷的事情告诉母亲，并恳求母亲责罚自己的隐瞒欺诈之罪。像李皋这样如此为母着想的孝子，真是值得我们去尊敬和效仿。

事虽小　勿擅为　苟擅为　子道亏
物虽小　勿私藏　苟私藏　亲心伤

【原文】

事虽小，勿擅①为，苟擅为，子道亏②。
物虽小，勿私藏，苟私藏，亲心伤。

【译文】

事情虽然很小，但不要擅自去做，倘若擅自去做，就有损为人子女的本分。东西虽然很小，但不要私自把它们藏起来，如果你把东西藏起来了，父母一定会很伤心。

【注释】

①擅：擅自。
②子道亏：子道，子女应当做的。亏，缺陷，不完美。

【解读】

"勿以恶小而为之，勿以善小而不为"，这是刘备写给儿子的两句话。这句话讲的是做人的道理，只要是"恶"，即使是小恶也不做；只要是善，即使是小善也要做。

小与大是相对的，但善与恶却是绝对的，再小的善也是善，再小的恶也是恶。如果我们牢记"勿以善小而不为，勿以恶小而为之"这两句话，从小事做起，从点滴做起，那么我们的社会将更加和谐，我们的世界也将变得更加美好。

史鉴典例

杨震拒贿

杨震，字伯起，东汉弘农华阴人。他出身名门，八世祖杨喜，在汉高祖时因诛杀项羽有功，被封为"赤泉侯"。高祖杨敞，汉昭帝时为丞相，因功被封为安平侯。

杨震从少年起就特别聪明好学。当时，今文经学居官学正统地位，非常盛行。他为了通晓今文经学的深刻含义，就拜桓郁为师，深钻细研《欧阳尚书》。桓郁是当朝九卿之一的太常，主管宗庙礼仪和选试博士，曾为汉章帝和汉和帝讲授儒经，是当时既显赫又有很高学术威望的经学大师。在桓郁的教授下，他通晓经传，博览群书，对各种学问无不深钻细研。

　　杨震特别热衷于教育事业，从20岁以后，对于地方州郡长官征召他出仕做官的召请任命置之不理，一心一意自费设塾授徒，开始了他长达30年的教育生涯。在这30年的教育中，他为社会培养了一大批人才，因此名声很大，远近钦慕，连当时职掌统兵征战大权的军事首领大将军邓骘都深知和十分敬重杨震的学识、贤名和品行，亲自派人征召杨震到自己幕府出仕任职。这时，杨震年已五旬，只好停止了他心爱的教育事业，到邓府上任。

　　杨震出山后，先任荆州刺史，后调任东莱太守。

　　在调任的过程中，杨震是悄悄离任的，如果告诉下属，张扬出去，地方士绅、长老定要锣鼓喧天地领着四乡百姓送行，定要献上个"廉明清正"之类的牌匾，定要送上荆州的特产，甚至定要以盘缠之名送上银两。可他厌恶这一切。为官的以民为本，为百姓办的好事再多，也是为官的本分；如若接受了这名这物，不就成了以官为本的贪官了吗？

　　于是，杨震在离职时，只和他的仆人雇了一辆两轮的篷车，装上他的书箱衣物，坐上主仆二人还空了很大的地方。来荆州赴任时，也是这些东西，离任时没有添加任何物品，很让他心慰。他曾对仆人说，如果离开荆州时，车中的东西多了，那他就不是一个清官。

　　杨震看着车上的书箱衣物，对仆人问道："你看，我的东西比原先的多了吗？"

　　仆人看了看说："没有多，似乎还少了些。"

　　杨震开玩笑地说："那我是以清白之身离开荆州的了。"

　　车上传出主仆二人爽朗的笑声。

　　杨震本想简装赶路，不惊扰任何人，可车到昌邑县住进驿馆后，县令王密就到了。他大汗淋淋，进屋便向杨震施礼道："先生到了昌邑，学生不知，未能远迎，请先生不要见

怪。"

杨震冷冷地说："可你还是知道了。"他很不喜欢官场应酬的恶习，更不希望看到王密也学会这些东西。

"是驿长禀报我的。"王密看出杨震的不快，"先生是我的恩师，到了我的辖地，我怎能不来拜见呢？"

杨震在荆州刺史任上时，见王密是个人才，便举荐他做了昌邑县令。可杨震发现，当年那个英姿勃发的少年才子，如今也变得暮气沉沉了。

掌灯时分，王密又来驿馆拜会杨震，神色诡谲地在屋门外张望片刻后，关上了屋门。

杨震警觉地正欲责问王密，王密已从携带的布袋中取出十斤黄金悄悄地放到桌上。

杨震愀然作色。"这是干什么？"他呵问。

"学生的一点心意。"王密在杨震嗔怒的目光下，有些慌乱了。

"你不知我为官的信条吗？"

"学生早知，可现在无人知晓。"

"天知、地知，你知、我知，怎么是无人知晓？"杨震强压着怒火，他感到自己的人格受到了侮辱，声音都变得颤抖了。

王密吓得半句话都不敢说，恭恭敬敬地站在杨震面前。

杨震慨叹道："王密啊，我当年举荐你，是知道你是个贤能之士；可如今，我不了解你，你也更不了解我了。"

王密听罢，羞愧难当，收起桌上的黄金退出了屋。

杨震看着王密远去的背影，喃喃地说道："天知、地知，你知、我知，你要改之啊！"

第二天，天刚微微亮，杨震便上路了。他看看车上的物品，还和原先一样多，唇间不觉露出了一丝微笑。

陶母封鲊

陶侃，字士行（或作士衡），本为鄱阳（今江西鄱阳）人，后徙庐江寻阳（今江西九江西），是东晋有名的贤臣。他从小就勤奋好学、注意人品的修养，这一切都是与他母亲的严格教育分不开的。

陶侃早年丧父，母亲守寡，家徒四壁，靠纺织为生。陶侃自幼好学，再加上母亲善教，长大后成了一个很有学问的人。

陶侃20多岁时，受命为当阳县吏，监渔业。他想：母亲辛苦一生，如今自己做监渔官，送一些鲊鱼给母亲，也算尽点孝心。于是，他托人带了一罐鲊鱼给母亲。谁知，母亲拒而不收，封了"鲊"，并写信说："你当了县吏，拿公家东西给我，以为是好心，相反，它不仅不能有益于我，反倒给我增加了忧愁。"陶母"忧"什么呢？她说："吞占公家的东西，就是贪。贪婪之心是没有止境的，后果难以设想。"她告诉陶侃："人有不为之，而后才可以有为。为人不干坏事，才会做好事。"

陶侃做官不久后就把母亲接到府上，母子常在一起议事。这年三月，陶侃乘船漫游，回来后对母亲说："我乘船时，在水平如镜的江面上，一点都不怕；但到了波涛汹涌的地方，船左右摇晃，心里却有些胆怯。"陶母说："水可以载船，也可以覆船。民众好比水，人君好比船。"她拿船、水作比，陈述官与民的关系，教育陶侃要关心民众，爱护民众。

有一年清明节，陶侃宴请宾客，母子同桌吃饭。桌上掉了一些饭粒，母亲用手捡起来吃了。陶侃见母亲当着众人之面，显得这么寒酸，使他很难堪。等客人散后，陶侃对母亲说："望母亲以后给儿子留一些面子。"陶母说："你是要面子，还是要事业？现在可能丢了你的面子，将来就可能使你不丢面子。"又说："你知道耕种的艰难，你就常常有饭吃。"陶侃听了母亲这句富有哲理的话，连忙跪在母亲面前，说："孩儿知错。"

陶母遇事善导，陶冶了陶侃的廉俭品德。他在荆州任刺史时，不仅清廉，而且节俭，就连造船留下的木屑也命令船官收集起来，等到雪后放晴，就把这些木屑撒在雪水打湿的台阶上，便于人们行走。官府里用竹，他也把丢下的竹头积攒起来，这些下脚料又都作了造船的竹钉。

陶侃从县吏做起，渐至郡守。永嘉五年，任武昌太守。建兴元年，任荆州刺史。后任荆江二州刺史，都督八州诸军事。他精勤吏职，不喜饮酒、赌博，为人称道。后人称赞陶侃的清廉，更称赞"陶母封鲊"的美德。

亲所好　力为具　亲所恶　谨为去
身有伤　贻亲忧　德有伤　贻亲羞

【原文】

亲所好①，力为具②；亲所恶，谨为去。

【译文】

凡是父母所喜欢的东西，要努力准备齐全；凡是父母所厌恶的东西，一定要小心谨慎地处理掉。

【注释】

①好：喜好。

②具：准备，置办。

【解读】

孝敬父母，最基本的是要了解父母，在日常生活中我们要处处留心、时时在意，一言一行都要以父母作为主要的考虑。要从衣食住行上细心观察，使父母的口福不缺，按四季更换衣服，卧宿使其安适，行动有人扶持；父母所爱之物，我必爱之，父母所爱之人，我当敬之，父母所愿意的事，我当奉行之，要时时顺着父母的心意，使其心生欢喜。读懂父母的心声、父母的需要，这才是真正的孝道。相反，当我们起了一个坏的念头，比如说起了贪心、起了跟人家争斗的心以及不好学进取、种种不善的念头，这都是对不起父母啊！这些我们都要小心地把它去除掉，所以孝心要从这点点滴滴去养成。

史鉴典例

觅瓜奉母

滕昙恭，梁朝时期的豫章（南昌）人。在他五岁那年，他的母亲生了一种热

病，就是想吃一种叫寒瓜的瓜。由于当地不出产这种瓜，昙恭只好四处寻找，可是最终也没有找到。滕昙恭没有满足生病母亲的心愿，心里非常难过。

一天，滕昙恭忽然遇见了一个和尚，和尚对他说："我这有两个寒瓜，分一个给你吧。"滕昙恭拜谢过和尚后，赶忙捧着瓜跑回家给了母亲。家里的人都非常奇怪，忙去寻访那个和尚，但这位和尚早就找不到了。昙恭很孝顺，父母去世后，昙恭数日水米不进，哀痛吐血。

从此昙恭隆冬不穿茧絮，终身食素。每到父母忌日，昼夜哀恸。在昙恭家的门外，有两株冬生树，经常有一神光自树中升起，有时还可见到神光中出现佛像，佛像在神光中自大门而入。昙恭全家跪下礼拜，很长时间神光和佛像才逐渐消失。此事在远近的道俗间广为流传。

蔡顺拾葚

东汉末年，王莽篡权，社会秩序混乱，庄稼减收，百姓生活困苦，强盗经常骚扰百姓。

河南有个叫蔡顺的人，小时候就失去父亲，与母亲相依为命，因躲避战乱逃难来到了葚涧。谁知这里也因连年兵祸，土地荒芜，百姓流离失所，母子二人日子过得很艰难。但蔡顺却十分孝顺懂事。在经常食不果腹的境况下，总能想办法找到一些可以充饥的食物，尽心奉养母亲。夏天，树上的桑葚熟了，蔡顺就去采拾桑葚回来给母亲吃。每次去的时候，他都会拎两个篮子。

一天，蔡顺在回家的路上，不幸与一伙强盗迎面碰着。强盗们见他篮内的桑葚按颜色分开放置，感到奇怪，问其缘故。蔡顺说："黑紫色的是成熟的果子，味道甜，带回家给母亲吃；青红色的发酸，留着自己吃。母亲年纪大了，眼睛不好使，分开来母亲好拿。"

强盗怜悯蔡顺人好心诚，没有伤害他，令人意外的是，当他们撤走时，竟然还拿出了一些粮食和财物，要给蔡顺拿回去孝敬母亲。然而蔡顺深知"志士不饮盗泉之水"的道理，所以他委婉地谢绝了强盗们的好意。

等盗贼平定后，生活也安定

了，蔡顺的母亲却不幸去世。还没有来得及办理丧事，不幸的事情又发生了，房屋起火了，眼看着烈火顺着风势吞噬过来，就要烧到安放灵柩的房间了。此时，蔡顺就抱着母亲的灵柩号啕大哭，哭声之凄，真是震人魂魄。就在这千钧一发之际，只见风势突然一转，火竟然绕过他家。

母亲生前最怕打雷，所以每到雷雨交加之时，蔡顺都会跑到母亲墓前，抱着墓碑哭着说："儿子在这里，母亲不要害怕。"蔡顺不仅母亲活着的时候孝顺，去世后仍然事父母如活着一样，的的确确做到了"事死者，如事生"。

卧冰求鲤

王祥，字休征，西晋琅琊人，历汉、魏、西晋三代。东汉末年隐居20年，仕晋官至太尉、太保。以孝著称，为二十四孝之一，"卧冰求鲤"的主人翁。"书圣"王羲之五世祖王览的同父异母兄。

王祥在很小的时候母亲就去世了。继母朱氏不贤德，曾经多次在父亲面前说王祥的坏话，破坏他们父子的关系。继母还对他百般的挑剔刁难，甚至让他做一些没有办法做到的事情。但王祥感激她的养育之恩，无论继母让他做什么，他非但不与继母作对，反而对继母更加孝顺。

一天，王祥的继母染上了重病，全身浮肿，卧床不起。为了给继母治病，王祥与父亲四处求医，但继母的身体却始终未见好转。到了冬季，病情反而越来越严重。

王祥听说外地有一位医术高明的老中医，就亲自将老中医请到家里为继母治病。老中医看过继母的病情后对王祥说："你母亲外伤饮食，内患郁积，用药治疗效果不是很好，但有一祖传秘方你不妨试一试。你用鲜活的鲤鱼，加上米醋，用文火烹出浓汁后，喝汤食肉即可。"王祥听后非常高兴，高兴的是这些并非是什么昂贵的药材，但静心一想，此时正值严冬，所有的江河都已冻结，哪里还有鲜活的鲤鱼？

王祥独自郁闷地来到池塘边，望着结着厚冰的池塘发呆，突然，一个大胆的念头在脑海中闪现：何不用身子把冰融化，这样不就可以捉到鲤鱼了吗？想到这里，王祥脱掉棉袄，光着膀子

仰卧在冰面上。刺骨的寒冰冷得他牙关打战，全身颤抖，但他仍然强忍着……

渐渐地，他身体下的冰块裂开了，两条鲤鱼跳了上来。王祥大喜，抱着鲤鱼飞奔回家。人们说，这是王祥的大孝感动上苍所至。王祥来不及细想，抱住鲤鱼赶紧回家。没想到继母吃了米醋鲤鱼后病情竟然逐渐好转了起来。

王祥卧冰求鲤的故事就这样被传开了，并收录在《二十四孝图》中。

朝廷得知王祥大孝事迹后，重用王祥。晋武帝时王祥官拜太保，晋爵为公，许以不朝之特权。后王祥寿终94岁。

百姓追慕王祥的孝义，就在王祥家附近修建孝义寺，寺内有王祥塑像，寺旁有孝义桥。宋代诗人张征曾留诗一首于寺中："城东孝义寺，仍说卧冰池，虽腐犹堪训，前贤况可师。香销春殿冷，楼压暮钟嘶。末俗逾偷薄，哀怀欲涕洟。"

【原文】

身有伤，贻①亲忧；德有伤，贻亲羞。

【译文】

如果身体受到损伤，就会让父母担忧；如果品德上有问题，就会让父母感到羞耻。

【注释】

①贻：遗留。

【解读】

有人抱怨说："父母怎么管我这么多？"实在是因为你不能让父母放心啊！假如你知道照顾好自己的身体，进而让自己更懂事，这样父母就放心了。现在不健康的网络、影视、杂志、媒体太发达，人与人之间交流很频繁，假如你没有判断力，又没有理智，就会受到邪恶思想的污染而堕落。到时候不但父母家人蒙羞，甚至连下一代也有可能蒙羞，这就是大不孝。

史鉴典例

董卓恶行害老母

董卓，字仲颖，陇西临洮（今甘肃省岷县）人。东汉末年少帝、献帝时权臣。官至太师、郿侯。

董卓出生于殷富的地方豪强家庭。当时岷县属于边远地区，与西北少数民族羌人的居住地相邻。董卓自小养尊处优，少年时期便形成了一种放纵任性、粗野凶狠的性格。

董卓年轻时就曾经到羌人居住地游历，依仗地主豪强的出身和富足的资产，多与羌族部落酋长交往。

董卓不仅能识文字，体魄健壮，力气过人，还通晓武艺，骑上骏马，能带着弓箭，左右驰射。他那野蛮凶狠的性格和粗壮强悍的体魄，使得当地人们都畏他三分。不仅乡里人不敢惹他，周边羌人也不敢有丝毫怠慢。

除了结交羌人，董卓还注意保持自己在当地豪强中的地位和影响，凭着他非凡的才武，拉拢、兼并其他势力，不断巩固和扩大自己的力量。他经常扮演游侠豪杰的角色，在当地享有"健侠"的美名。同时，董卓还收罗大批失意、落魄的无赖之徒，他们为董卓的义气所感动，后来都一直死心塌地地跟随他。

自汉安帝永初二年（公元108年）开始，羌人就不断发动反叛。当时深知董卓底细的陇西地方官吏便极力向朝廷推荐董卓，这无疑给董卓创造了一个发展势力、满足贪欲和野心的良机。

董卓自领兵征讨羌胡、镇压黄巾军以来，因战功显赫，受到朝廷多次重用，不断升迁，他的势力也日趋壮大，形成了一支以凉州人为主体、兼杂胡人和汉人的混合军队。朝廷虽然对董卓加以抑制，但羽翼日趋丰满的董卓自恃战功与威望，越来越变得野心勃勃，目中无人。

公元189年，汉灵帝刘宏驾崩，少帝刘辩继位。由于刘辩年少无知，便由何太后临时执政，皇权更加衰微。

宦官和外戚为了取得控制皇权的特殊权力，斗争日趋激烈。双方不惜采用一切手段，相互排挤，殊死斗争。

董卓得知朝廷派系之争后，心中暗喜。于是他就开始密切注视朝廷各派动向，随时准备见机行事。不久，在河东伺机而动的董卓便收到大将军何进的密令。何进是少帝的舅舅，代表外戚势力。灵帝死后，何进想与司隶校尉袁绍共同谋计诛杀张让，遭到何太后的反对。于是，何进便以圣旨名义召董卓进京讨伐张让，并以此来威胁何太后。

董卓接到圣旨后，大喜过望，连日率军进京，并按何进的意思，上书少帝，要求"逐君侧之恶"，"收让军，以清奸秽"。可是，令董卓没想到的是，在他还没来得及赶到洛阳时，何进就在争斗中被张让等人杀死。这时，虎贲中郎将袁术也趁机领兵进入洛阳，听到何进被杀的消息后，便放火烧毁了南宫，并追杀张让等人。张让和中常侍段珪慌忙劫持少帝刘辩和陈留王刘协半夜出逃至黄河渡口

小平津（今河南省巩县西南）。行进中的董卓远远望见京城一片火海，知道情况有变，打听到少帝的位置，便急忙率兵前往。

少帝被蜂拥而至的大军吓得惊慌失措，泪流满面。董卓威风凛凛，大摇大摆地走上前去参见少帝，并且向他询问事变的经过。少帝结结巴巴，语无伦次，倒是站在一旁的陈留王刘协主动上前向董卓讲述了整个事变的经过，叙述毫不含糊，条理清楚。当时，刘协只有9岁，比少帝还小整整5岁。董卓大为欢喜，认为刘协要比刘辩强得多，而且又因他是董太后亲自抚养的，于是，便有了罢黜刘辩、拥立刘协的念头。董卓把少帝奉迎至皇宫后，挟天子以令诸侯，开始干预整个东汉中央政权。

首先他迫使朝廷免除司空刘弘的职务，取而代之。接着，董卓又召集文武百官商议废除少帝，改立陈留王刘协为天子。当时在场的官员大多慑于董卓的淫威，对他独断专行、随心所欲的行为敢怒不敢言。只有尚书卢植当面提出反对意见，董卓听后大怒，没想到卢植如此不敬，胆敢当众反对自己，便立即命令士兵将他推出斩首，幸亏侍中蔡邕极力劝阻，卢植才免于一死。之后，董卓废掉少帝，将他贬为弘农王，另立陈留王刘协，即为汉献帝。

为了更有效地控制皇帝，董卓不顾朝臣的反对，胁迫献帝将都城从洛阳西迁至长安。董卓还无视礼制和皇威，在自己的封地修筑了与长安城墙规模相当的坞堡，高厚达七丈，明目张胆地用"万岁坞"来命名，并规定任何官员经过他的封地时，都必须下马，恭恭敬敬地对他行大礼。

董卓除了在中央各部布置亲己势力外，还通过任命太守、刺史等手段安插地方爪牙。这样，董卓通过层层安置耳目，基本上已经控制了中央和地方的主要政治力量，只要不满他的官员稍有动作，他便毫不留情地予以彻底铲除，杀鸡骇猴，威慑朝野。

董卓专权期间，欺压大臣，残杀百姓，奢侈挥霍，独裁凶残，无恶不作，荒淫无度，令人发指。结果，他的暴行使朝中大臣憎恨不已，司徒王允等人联合起来利用美人计一举将他除掉。

董卓死后，他的家人也因此受到株连，当时他的母亲已经九十多岁了，也被处

死。董卓的恶行不仅使其家庭受到牵连，连年迈的老母也无法尽享天年，实在是可悲！

霍家损德败亡

霍光，字子孟，约生于汉武帝元光年间，卒于汉宣帝地节二年（前68年）。汉族，河东平阳（今山西临汾市）人。

大将军霍光是朝廷举足轻重的大臣，深得武帝信任。武帝临死前，把汉昭帝刘弗陵托付给霍光辅佐。昭帝去世后，霍光又立刘询做皇帝，即汉宣帝。霍光掌握朝政大权四十多年，为西汉王朝立下了不小的功勋。

刘询继承皇位后，立许妃做皇后。霍光的妻子霍显，是个贪图富贵的女人，她想把自己的小女儿成君嫁给刘询做皇后，就乘许娘娘有病的机会，买通女医下毒害死了许皇后。毒计败露，女医被关进大牢。对于此事，霍光事先一点也不知道，等事情败露后，霍显才告诉他。霍光听后非常惊惧，指责妻子不该办这种事情。他也想去告发，但又不忍心妻子被治罪，前思后想，还是把这件伤天害理的事情隐瞒了下来。

公元前68年，霍光病死。霍显贪图享受，生活奢侈。儿孙们也跟着学，整天外出游荡，挥金如土。奴才们在大街上横冲直撞，打伤魏御史家的看门人，直到魏御史跪下陪礼，才肯罢休。

霍家人目中无人，倚强凌弱，长安城里人人痛恨，有些不怕事的人就开始揭霍家的老底，就把霍显毒死了要生孩子的许皇后，又玩弄手腕，硬把自己的女儿送进宫去的事情给传了出去。传得多了，皇帝终于接受大臣们的意见，削免了霍家的官职。

霍显感到大事不好，于是全家人合计，决心造反，杀死皇帝。宣帝早有觉察，抢在前面，把霍家的几个主要人物调出京城，流放到边塞去。偌大的家庭，缺少了一个领导的人，一下子就失去控制，惶惶不安，有的竟忧愁得自杀了。最后，霍显和几个儿子被判处腰斩，已成皇后的小女儿霍成君也被废后，关入云林馆，孤零零地独自生活了十多年，最后也自杀了。霍家由此败亡，并株连了九族。

霍显伤天害理，坏事做尽，终究使霍家蒙受羞辱，自取灭亡。

亲爱我　孝何难　亲憎我　孝方贤
亲有过　谏使更　怡吾色　柔吾声

【原文】

亲爱我，孝何难？亲恶我，孝方贤。

【译文】

父母爱护我，我孝敬他们又有什么困难呢？父母讨厌我，我还能克尽孝道，这样才算是真正的孝道。

【解读】

对于子女来说，父母的养育之恩不能忘，子女要以感激之心孝敬父母。父母若是跟子女相处得很好，子女就要尽力侍奉父母。即使父母不喜欢你，讨厌你，你也应该恪尽孝道。只要用心，终有一天父母会感觉到你的孝心。

史鉴典例

尹伯奇作歌鸣冤

尹吉甫，即兮伯吉父。兮氏，名甲，字伯吉父，尹是官名。周房陵（今湖北省十堰市房县青峰镇）人。周宣王的大臣，官至内史，据说是《诗经》的主要采集者，军事家、诗人、哲学家。被尊称为中华诗祖。

吉甫有个儿子叫伯奇。伯奇敦厚善良，是出了名的孝子。他很擅长弹琴作曲。

伯奇的生母死后，尹吉甫又娶了后妻，给他生了个儿子叫伯邦。伯奇待弟弟伯邦很好，所以，伯邦长大以后，两人还能够和睦相处。

后母心坏。她想让伯邦承袭尹吉甫的爵位和财产，就想方设法陷害伯奇。

一天，后母对尹吉甫说："伯奇见妾生得漂亮，起了淫心，竟然在无人的时候调戏妾。"

尹吉甫不相信地说："我那大儿至仁至孝，怎么会做出这种禽兽一般的事情呢？"

后母说："夫君若不相信，明早请躲在暗处观看好了。"

第二天，尹吉甫没去上朝。一大早，他就躲在楼上。他看到伯奇进来向后母请安，接着就上前拽后母的衣裳。后母则躲躲闪闪，两人拉扯了半天，才松开手。

尹吉甫大怒，跳下楼用棍子将伯奇狠狠地抽打了一顿，接着又把他赶出了家门。

原来，后母知道伯奇孝顺，就捉了几个毒蜂藏在衣袖和衣领处。伯奇低头请安时，她便放出毒蜂，然后故作惊慌地嚷道："蜂子！蜂子！"伯奇不顾被蜇的危险，用手替后母在衣服上捉蜂子，这情形恰好被尹吉甫看见了。尹吉甫离得远，没看见蜂子，就认为是伯奇在调戏后母。

老实的伯奇，哪里知道其中的缘故。他不愿意申辩，拿着自己心爱的琴，被迫离开了家。

那时已经入秋，伯奇只穿了一件单薄的衣裳。他在旷野里冻得实在受不住了，只好采集水荷的叶子，编织成衣衫披在身上。饿得饥肠辘辘的时候，只能寻找风干的山梨花充饥。一天早晨，伯奇赤着脚踏在晨霜上，迈着艰难的步子，想到自己没有罪，竟被父亲赶出家门，真是太冤枉。一首酝酿了很久的琴歌《履霜操》，顿时从脑子里涌现出来。他边弹琴边唱道：

踏着严霜啊，冒着晨寒。

父亲不明白我的心啊，听信后母的谗言。

骨肉生生别离啊，令我痛断肺肝！

老天爷啊，我有什么罪过？

你竟让我遭受如此熬煎！

天啊！天啊！

有谁肯看顾我啊，又有谁愿听我诉冤？

这时，正好尹吉甫陪着周宣王坐车巡视路过此地。他们都听到了这首《履霜操》，宣王说："这唱歌的人一定是个受了很大冤枉的孝子。"尹吉甫点点头，心中暗想："这不就是我那大儿子伯奇在唱吗？"歌声使他内心开始后悔了。

过后，尹吉甫独自一人又来到了旷野。当他找到伯奇时，伯奇已经奄奄一息。事实

帝尧陶唐氏

真相大白，尹吉甫愤怒地杀死了后妻，把伯奇接回了家，父子又重新团聚在一起了。

薛包孝亲

薛包，后汉人，为人敦厚，对父母非常孝顺。他的母亲死后，父亲又娶了后妻，后母不愿与薛包同住，要他搬出去住。薛包伤心痛哭，不想离去，没想到却遭到了父母的杖打。

薛包看父母心已决，只好顺从父母心意，在屋外搭茅棚独居，每天早晨照常入内洒扫。父亲愤怒未消，又驱逐他，于是薛包就到里门另搭茅棚居住，每天早晨照常回家请安，倍加谨慎，委婉侍奉，从不间断。

过了一年多，父母感到很惭愧，就让他搬了回来。

薛包的父母去世后，他的弟弟要求分家，任薛包怎么劝也没用，于是薛包便将家产平分，年老的奴婢都归自己，说："年老奴婢和我共事多年，你不会使唤。"荒芜的田园都分给自己，说："这是我少年时代经营的，心中舍不得。"破旧的家具都分给自己，说："这些我平时用惯了的。"

兄弟分家以后，由于弟弟不善经营，数次将财产耗尽。薛包关切开导，又屡次用自己的钱财救济他。

薛包如此孝亲爱弟的品行，早已传遍远近，后来他因为德行高尚，被举荐为侍中，直到后来因病不起，皇上才下诏赐准还乡。

【原文】

亲有过，谏①使更②，怡③吾色，柔吾声。

【译文】

父母如果有过错，做子女的应该劝说让他们改正，规劝时态度必须和颜悦色，说话时声音还要轻柔。

【注释】

①谏：规劝。

②更：改变。

③怡：使快乐，愉悦。

　　常言道："人非圣贤，孰能无过？"父母也不是圣人，自然也会犯错误。所以，当你发现父母的错误时，要进行规劝、而不是回避，也不是任其发展。因为对父母错误的态度，也是孝道中要求的内容。

史鉴典例

芦衣顺母

　　周闵损，字子骞，以字广为人知。比孔子小15岁，春秋末期鲁国人，孔子弟子，七十子之一。在孔门中以德行和老成持重著称，而尤其以孝行超群闻名于世。

　　闵损在很小的时候母亲就过世了。父亲娶了后妻，后妻又连续生了两个弟弟。人都有私心，因为不是自己亲生的，所以后母对待孩子就有很大的差别。后母平时对闵损很不好。冬天到了，后母给自己亲生的两个孩子穿着保暖的丝絮做的棉衣，两个小孩子就算是在外面玩耍也感觉不到冷。可怜的闵损却裹在一件单薄的芦花做成的衣服里。寒冬腊月，寒风刺骨，闵损经常被冻得四肢僵硬、脸色发紫。即使是这样，闵损也从来不怨恨后母。

　　一天，闵损的父亲要带他外出办事，闵损坐在前面驾车。马车一走，凛冽的寒风就迎面吹来，闵损身上芦苇做的衣服哪里能抵挡住严寒呀！寒风吹过，子骞剧烈抖动的身体实在没法抓紧缰绳，一失手，缰绳脱落了，这样就引起了马车很大的震动。坐在后面的父亲身体猛晃，就非常生气地抽了他一鞭子。只见闵损的衣服破了，芦花从里面飞了出来，父亲顿时脸色大变。原来，子骞的"棉衣"里全都是芦苇，没有一片丝絮的影子！这样寒冷的天气，怎么能忍受得了呢？让孩子在三九天里冻成这样，遭这样的罪，是自己没有尽到作父亲的责任啊！没想到同床共枕的妻子品行竟然这样恶劣，对继子如此狠毒。

　　闵损的父亲当即决定把妻子赶出门去。闵损听后"扑通"一声跪在地上，含泪抱着父亲说："母在一子寒，母去三子单。"这就是说，留下母亲只是我一个

人受冷，休了母亲三个孩子都要挨冻。他的这番话使父亲非常感动，于是这事也就不了了之了。后母看到闵损一点都不怀恨于她，深受感动，对自己的行为深感后悔，从此也把闵损当成是自己的亲生孩子一样疼爱。

虞舜至孝

舜，传说中的远古帝王，五帝之一，姓姚，名重华，号有虞氏，史称虞舜。

舜的父亲叫"瞽叟"，是一个不明事理的人，很顽固，对舜相当不好。舜的母亲在舜小的时候就过世了。于是父亲再娶。后母是一个没有妇德的人。生了弟弟"象"以后，父亲偏爱后母和弟弟，还经常联合后母和弟弟来欺负舜。即使父母这样对待他，他仍然默默地忍受，恭敬地孝顺父母，友爱兄弟，他希望竭尽全力来使家庭温馨和睦。虽然这其中经历了种种的艰辛曲折，但他终其一生都在为这个目标不懈地努力。

小时候，他受到父母的责难，心中所想的第一个念头是："一定是我哪里做得不好，才会惹父母生气！"于是他便更加细心地检省自己的言行，想办法让父母欢喜。如果受到弟弟无理的刁难，他不仅不因此恼怒，反而认为是自己没有做出好榜样，才让弟弟的德行有所缺失。他经常深切地自责，有时甚至跑到田间嚎啕大哭，自问为什么不能做到尽善尽美，得到父母的欢喜。人们看到他小小年纪就能如此懂事孝顺，都深为感动。

舜一片真诚的孝心，不仅感动了邻里，甚至还感动了天地万物。他曾在历山这个地方耕种，与山石草木、鸟兽虫鱼相处得非常和谐，动物们都纷纷过来帮他。温驯善良的大象，来到田间帮他耕田；娇小敏捷的鸟儿，成群结队，吱吱喳喳地帮他除草。人们为之惊讶、感佩，目睹德行的力量是如此巨大。即便如此，舜仍是那样恭顺和谦卑，他的孝行得到了很多人的赞美和传颂。不久，各地都知道了舜是一位大孝子。

那时候尧帝正为传位的事情操心，听到四方大臣的举荐，知道舜淳朴宽厚、谦虚谨慎。但唯有德才兼备的人才能治理天下，尧帝便把两个女儿——娥皇和女英嫁给舜，并让九个儿子来辅佐他。希望由两个女儿来观察、考验他对内的行持，由九个儿子来考验他对外立身处事的能力。

娥皇和女英明理贤惠，侍奉公婆至孝，操持家务农事也井然有序，不仅是舜的得力助手，也成全了舜始终不渝的孝心。有一次，瞽叟让舜上房修补屋顶。舜上去之后，想不到瞽叟就在下面放火。当大火熊熊往上燃烧，万分危险之时，只见舜两手各撑着一个大的竹笠，像大鹏鸟一样从房上从容不迫地跳了下来，原来

聪慧的娥皇和女英早已为他做好了相应的准备。

　　又有一次，舜的父母又用其他方法来谋害他，想把他灌醉后杀害。可是他的两个妻子事前就给他先服药，让舜即使终日饮酒也不能伤害到自己的身体。

　　还有一次，瞽叟让舜凿井。舜凿到井的深处，瞽叟和象想把舜埋在井里，就从上面往井里拼命倒土，以为这样舜就永远回不来了。没想到舜在二位夫人的安排下，早已在井的半腰凿了一个通道，又从容地躲过了一劫。当象得意地以为舜的财产都归他所有时，猛然见到舜走了进来，大吃一惊，慌忙掩饰了一番，但舜并未露出愤怒的脸色，仍旧若无其事。此后侍奉父母，对待弟弟，反而越加谨慎了。

　　舜初到历山耕种的时候，当地的农夫经常为了田地互相争夺。舜便率先礼让他人，尊老爱幼，用自己的德行来感化众人。果然，一年之后，这些农夫都大受感动，再也不互相争田争地了。

　　他曾到雷泽这个地方打鱼。在这儿，年轻力壮的人经常占据较好的位置，孤寡老弱的人就没办法打到鱼。舜看到这种情形，率先以身作则，把水深鱼多的地方让给老人家，自己则到浅滩去打鱼。由于一片真诚，没有丝毫勉强，令众人大为惭愧和感动，所以短短的一年内，大家都互相礼让于老人。

　　舜还曾经到过一个叫陶河的地方，此地土壤质量不佳，出产的陶器粗劣。令人惊讶的是，舜在此地治理一年后，连陶土的质量都变好了，所做出来的器皿相当优良。大家一致认为这是舜的德行所感召的结果。后来，只要他所居之处，来者甚众，一年即成村落，二年成为县邑，三年就成为大城市，亦即是史上所称的"一年成聚，二年成邑，三年成都"。

　　尧帝得知舜的德行后，更加赞赏。于是进一步考验他种种的能力，舜也毫不畏惧接受了诸多艰难的考验。一次，尧帝让舜进入山林

虞舜大孝
竭力于田
象鸟相助
孝感动天
古越周顺卿绘

川泽，考验他的应变能力。虽遇暴风雷雨，然而舜凭着智慧与毅力，安然无恙地回归，他的勇敢镇定，使尧帝坚信舜的德行与能力足以治理天下。

舜历经种种考验之后，尧帝还是并未马上将王位传给他，而是让他处理政事20年，代理摄政8年，28年之后才正式把王位传给舜。足见古代的帝王对于王位的继承，确实是用心良苦，丝毫不敢大意。假如不能以仁治世，以德治国，国家就难以长治久安。

当舜继承王位时，并不感到特别的欢喜，反而伤感地说："即使我做到今天，父母依然不喜欢我，我作为天子、帝王又有什么用？"他的这一片至德的孝行，沥血丹心，莫不令闻者感同身受，继而潸然泪下！皇天不负苦心人，舜的孝心孝行，终于感化了他的父母，还有弟弟象。

谏不入　悦复谏　号泣随　挞无怨
亲有疾　药先尝　昼夜侍　不离床

【原文】

谏不入①，悦复谏，号②泣随，挞③无怨。

【译文】

如果父母不听劝说，就等到他们高兴时再劝说，如果还是不听，就要哭泣恳求，纵使被打也毫无怨言。

【注释】

①入：听从，采纳。

②号：大声哭号。

③挞：鞭挞。

【解读】

《礼记》中说："三谏而不听，则号泣而随之。"意思就是说对不听劝告的父母，要规劝三次，仍然不听的，子女以号啕大哭来表达自己的心意，做到孝义之至，最终才放弃规劝。为什么说子女一定要三次规劝有错误的父母才是孝道的表现呢？因为孝的目的是让父母能够安心安体健。如果对于犯错的父母，不能够及时规劝，小错就会发展成大错，以致酿成祸患，这就会使父母的身心受到摧残，子女心里也会痛苦，孝心就丧失了。父母生气时，鞭挞子女，一是为了发泄怒气，二是这是古代教育子女的一种简单粗暴的方法，尽管教育方法不对，但作为子女不能有怨言，甚至顶撞，这就会更加激起父母的怒气，使他们身心受到更大的损伤。老话说："棍棒底下出孝子。"指的是受到父母严厉管教的子女，心里反而更加感激父母，增加孝敬之心。

崔烈买官

东汉时的崔烈，是涿郡安平望族崔氏子弟，其祖崔骃是东汉大儒，与班固等人齐名。

崔烈在当时也很有名望，已经担任过郡守和九卿。当时汉灵帝下令在鸿都门标榜卖官，级别一石卖价一万。比方说买一个两千石的郡守做，要两千万钱；如果想位列三公，做太尉、司徒、司空，就再加一千万。不想公开买官的人也可私下通过宦官、皇宫保姆等人缴纳。

崔烈虽然是个清官，靠着自己的能力当了郡守，当了九卿，但他也还想暗地里买个三公职位，光宗耀祖。本来需要一千万钱才能买到三公职位，恰好皇帝的一个保姆姓程，来跟崔烈说，只要一半钱就可以帮他买到三公的职位。

崔烈交了钱以后，皇帝果然正式宣布任命崔烈为司徒。刚宣布完毕，皇帝突然说，崔烈才花了一半的钱啊，朝廷赔本了。保姆程夫人马上说，崔大人是个好官，他的官怎么是花钱买的呢，他是因为我才花得少。众官哗然，都笑崔烈靠女人弄个官来还不如花钱买呢，崔烈想不到自己买官的事被这位保姆当众抖了出来，羞得满面惭红。此后，崔烈的名望一天不如一天，这使得他的内心常常感到不安。

一天，崔烈问儿子崔钧说："父亲我位列三公，你在外边听到什么议论吗？"

崔钧回答说："父亲少年时代就有英名，后来又历任郡守，都说你位列三公是很自然的事。可是您今天坐上了宰相的高位，反倒叫天下人失望了。"

崔烈不解地问道："为什么会这样？"

崔钧说："大家嫌您有铜臭味了。"

崔烈听后，气得拿起棍棒打崔钧。崔钧当时为虎贲中郎，穿着一身官服狼狈而逃。崔烈骂道："父亲责罚你，你竟然逃跑，这算孝顺吗？"崔钧说："舜对父亲的责打也是小杖打承受，大杖打就逃走。这是害怕打坏儿子，陷父于不义，不是不孝。"崔烈听后觉得很惭愧，就不再追打儿子了。没过多久，他也辞官了。

哭谏追师

在隋唐之际，李渊率军东征西讨，儿子李世民是他手下最重要的一个将领。根据《资治通鉴》的记载，李渊当时是太原留守，他在太原起兵的第一仗，碰到的第一个劲敌，是一个叫宋老生的人。仗还没有打，就遇上阴雨连绵，道路泥

泞，军粮匮乏。这时，又传来一个消息，说另外一个对头，叫刘武周的，居然和北方的突厥联手，准备从后面袭击李渊。前面是一个对头，但是因为下雨，粮食运不上来。后面又是一个对头，要抄自己的后路。李渊就决定退兵回太原。而李世民判断，刘武周要抄后路的消息是讹传。

李世民认为，现在应该坚定军心，攻灭宋老生。李渊不听，断然拒绝了儿子的劝谏。李世民劝谏了几次，李渊就是不听。怎么办？晚上马上就要下令撤军了，李世民就来到李渊住的帐篷门口，准备再次劝谏父亲攻打宋老生。但守卫的士兵不让他进帐篷。李世民就在帐篷外面嚎啕大哭，哭声震天，这一下把李渊给哭醒了。李渊问李世民："这是怎么回事？为什么哭成这个样子？快进来谈谈。"最后一次努力，李渊接受了李世民的建议，不撤军，坚持打下去。这一仗在某种意义上来讲，是影响了中国历史进程的。如果没有这一仗，后面有没有唐朝还是一个问题。这就是"号泣随"的故事，也叫哭谏追师。

原谷谏父

原谷是春秋时陈留一带人。虽然他只有9岁，却是个孝顺长辈的好孩子。但他的父亲却正相反，一点都不喜欢原谷的祖父，有时为一点小事就大骂不止。

一天，原谷的祖父不小心打碎了一个碗，原谷的父亲就破口大骂："老不死的，什么事也干不好，活着还有什么劲，去死得了！"原谷的祖父听了儿子的咒骂，也不敢反驳，把头埋得低低的，默默流着泪。自从老伴死后，自己的儿子便越来越过分，有时甚至拳脚相加。从那时起，原谷的祖父只能悄悄流泪，幸好有这个孝顺的孙子陪伴他安慰他。

在外面盛饭的原谷听见父亲对祖父的谩骂，心里很不是滋味，便对父母说："爷爷都这么大年纪了，你们就对他好点吧，别这样对待他……"原谷的话还没有说完，筷子就双双打在了他的头上，原谷没有躲，只是和爷爷一样默默流泪。

当天晚上，原谷的父母便商量着："老头子现在已经不能耕作了，留着始终是个累赘，找个时间将他扔到荒郊野外让他自生自灭吧。"不想这些话被门外的原谷听到了，原谷推门冲进屋内，跪倒在父母面前，哭着说："爹，娘，我求求你们了，留下爷爷吧，以后我来照顾他。"原谷的父母没办法，只好假意答应了原谷，但是第二天一大早，原谷的父母还是生拉硬拽把老头子弄上了车，向深山走去。

原谷看到父母真要把爷爷扔到荒郊野外，他便疯了一般跑在父母面前，哭着往回拽父母，父母一使劲，将原谷甩在一旁，原谷生气地对父母喊道："你们这么残忍，一定会遭天打雷劈的！"这时，恰巧一声响雷，惊到了山中的鸟儿，成群地飞了出来，原谷的父母不敢再向前走，只得将原谷的爷爷扔下就惊慌离开了。

原谷看到父母心意已决，知道这样贸然将爷爷推回家，他们以后还是会把爷爷赶出家门。于是，他安顿好爷爷，将车推了回来。原谷的父母见了，大惊失色地说："快把它扔了，这东西不吉利！"

原谷满不在乎地说："没关系，我留着还有用，等你们老了，我再用它将你们推出去扔了！"

原谷的父亲指着原谷骂道："逆子，我们这么多年把你养大，你就这样对待我们吗？"

原谷反驳道："爷爷辛辛苦苦将你养大，你不照样将他丢弃在荒郊野外了吗？你能这样对待爷爷，我为什么就不能用同样的方法对待你呢？"

原谷的话使父亲大为震惊，继而羞愧难当。于是，他带着愧色将老人抬回家中，精心赡养，孝敬终身。

【原文】

亲有疾，药先尝，昼夜侍，不离床。

【译文】

父母生病时，煎好的汤药，做子女的要先尝一尝药温，而且要日夜服侍，不离开床前。

【解读】

每个人在生病时，最需要的就是安慰，所以当父母生病时，要时刻守在病床前服侍父母，听从父母的召唤，小心伺候。对于久病卧床的父母，最不易做到的是不离不弃地细心护理。能做到几年以至上十年如一日地照料生病的老人，毫无怨言，毫不马虎的，可谓是至孝之人。

史鉴典例

汉文尝药

汉文帝，姓刘名恒，是汉高祖刘邦的第三个儿子。他是历史上有名的仁孝皇帝，他侍母尝药的故事，在后世广为流传。

汉文帝的母亲姓薄，吴地人。薄氏生下汉文帝后，虽地位尊贵，但仍被刘邦冷落，于是她便把全部心思放在教育儿子身上。

汉朝初期，镇守代地的相国陈豨起兵造反。高祖刘邦出兵平定叛乱，由于代地位处边疆，是重要的边防要塞，必须由可靠又有才干的人镇守，才可保家国的安全。在众臣的举荐下，贤孝稳重的刘恒被封为代王，镇守边防。蛮荒偏远的代地，远离京畿，恶劣的环境使人难以适应。但是，代王刘恒不愧是贤明之人，听从母亲的教诲，恪守祖训，把代地治理得井井有条，使边疆恢复了安定。

不久，吕后宗亲谋反，后被忠臣平定。刘恒遂在丞相、太尉拥立下，登上了帝位。当了一国之君的汉文帝，坚持以仁孝治理天下。平日，他身体力行，每天都向母亲问安，如果公务不是太忙，文帝还要特别抽出时间，陪伴在母亲左右。在文帝心中，始终把侍母尽孝当作是自己生命中的大事。只要母亲身心安泰，自己也会感到莫大的快乐。

日月如梭，母亲开始日渐衰老。文帝不免担忧起母亲的身体。一天，母亲突然得了重病，昏迷不醒，文帝又是请医生给母亲治病，又是祷告神灵保佑。

此时此刻，文帝焦急万分，他深恐母亲一病不起，甚至会离自己而去。他时刻牵挂着母亲，已经放心不下宫女们的照顾。只要完成公务，文帝便会径直来到母亲寝宫，守护在母亲床前。看到母亲憔悴的面容，文帝食不甘味，夜不能眠，他亲自为母亲端水送药，一心想着让母亲尽快好起来。只要母亲感觉好了一些，文帝心中就感到无限的喜悦。

身为一国之君的汉文帝，在侍奉母亲的三年里，几乎没有睡过一个安稳觉。即使在休息时，文帝也从不宽衣解带，生怕在母亲呼唤时，由于自己一时的怠慢而无法应母亲之需。为了更好地照顾母亲，文帝还学习所用汤药的药效、剂量，而且牢记于心，对什么时候用药，如何熬制才能充分发挥药效等等，他都能恰当地掌握。母亲每次服药前，文帝必会亲自先尝，品一品熬煮的浓度是否适当，温度是否合适，然后再嘱咐进行调制调温，直到适宜母亲服用之后，才放心地端给母亲。母亲在皇子三年如一日的侍奉护理下，终于病愈，但文帝却因为操劳过度而累倒了。

文帝对母至孝，身为皇帝，也把百姓当作亲人。他倡导："孝悌，天下之大顺也。力田，为生之本也。三老，众民之师也。廉吏民之表也。"还命令各地官员深入民间，慰问孝子和老人，给每人赐帛五匹。汉文帝在位23年，不管是宫室、苑囿，还是车骑、服御，从来都没有增添过。他仁

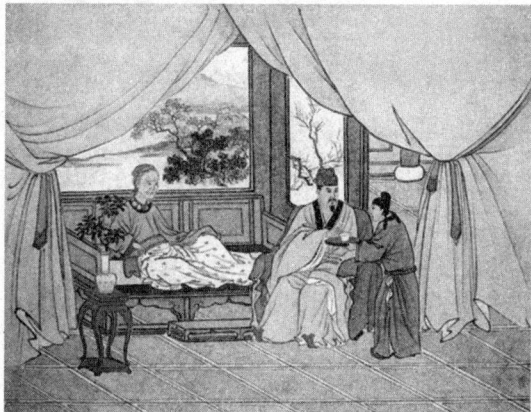

慈恭俭，以敦伦尽分，崇尚简朴示范天下，自然得到万民爱敬、海内殷富、远者悦服、天下大治的盛景。

黔娄尝粪

庾黔娄，新野人，字子贞。其父庾庚易，移居江陵（今荆州），隐居而不出，南齐朝廷数次征聘他，都不肯就职。庾黔娄少时即好学，且性至孝。

庾黔娄在当孱陵县令时，到任还不满十天，忽然感觉心惊肉跳，满身流汗。俗话说："父子连心。"黔娄就想一定是家里出事了，便要辞官回家。衙门里的人听说后，觉得辞掉官职很可惜，便说："你要是不放心，就先派个人回家看看，要不然你直接回家把把家人接到这里。"但黔娄一想到家中年迈的老父亲，便毅然决然地谢绝了众人的好意，马上起程。他路上不敢耽误片刻工夫，日以继夜地赶路。

庾黔娄到家后，他的父亲果真生病了。身患痢疾，卧床不起，刚开始两天。他看到卧床的老父亲说："是我没有照顾好您，都是我的责任啊！"然后黔娄不顾路途的疲劳立即去找最好的医生来为父亲治病。

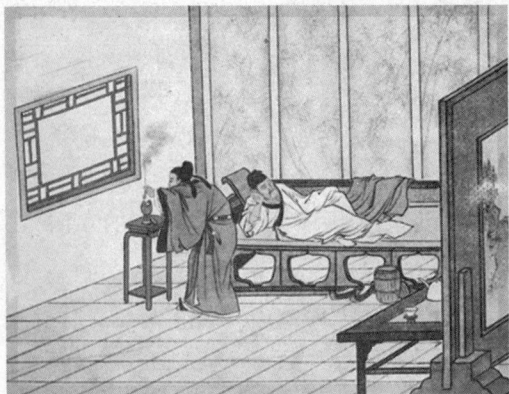

医生告诉黔娄说："如果你想要知道病情的严重与否，你就要去尝尝你父亲粪便的味道如何。如果是苦的，就很容易医治；如果是甜的就不好了。"在场的人都觉得这样很为难。但黔娄听说后，想都不想的便尝了。当场的人都深深的被黔娄的孝心感动了。黔娄尝过父亲的粪便后，感到有一丝甜味，他知道父亲的病很严重，就忧心如焚。于是，他就更加尽力的侍奉父亲，白天亲自服侍，到了晚上就向着北斗七星磕头祈求，希望能以他自己的身体代替父亲承担病情，希望以他的生命来换取父亲的存活。每天如此，头都磕破了。

但是父亲的病并没有减轻，没过多久，黔娄的父亲就过世了。黔娄在守丧期间非常哀痛，尽到了为人子女的守孝丧礼，他几乎没有办法承担父亲的过世，身体也在这时非常脆弱，可见他丧亲悲痛之深。更重要的是他为了能赶快回家看父亲可以放弃官职，完全抛弃名利，一点儿都不留恋。这是一般人无法做到的，可见黔娄对父亲的孝敬何其深。

丧三年　常悲咽　居处变　酒肉绝
丧尽礼　祭尽诚　事死者　如事生

【原文】

丧①三年，常悲咽，居处变，酒肉绝②。

【译文】

父母去世后必须守丧三年，要常常伤心哭泣，改变自己的生活起居，并断绝酒肉。

【注释】

①丧：守丧。
②绝：断绝。

【解读】

父母去世后，子女在为父母办丧事时，要尽量做到为人子女所应尽的礼节，虽然不必像古人那样守丧三年，但也应该表现出对父母的尊敬和追思。此时的你生活应该简朴，穿着也要朴素，虽然这些外在寄托哀思的形式是必要的，但不是主要的，主要的是内心中永远怀念着逝世的亲人，并用适当的形式表达自己的怀念。这才是子女孝心的具体表现。

史鉴典例

王裒泣墓

王裒，字伟元，是城阳营陵人，他的祖父王修，在魏国时就是个名士，父亲王仪，有高风亮节，文雅正直，做文帝的司马。

有一次，大将军司马懿出兵，在这次战争当中，很多士兵战死了，所以司马懿就在上朝的时候，询问手下的这些文武百官，要大家分析这次战役为什么会损

失惨重。结果没有人敢出口说话，唯独王裒是一个高风亮节之人，他就直陈说："这次战役的责任完全归于元帅。"大家都知道，元帅就是司马懿，所以司马懿非常生气，一怒之下就把王仪拉出廷外问斩。父亲如此冤屈而死，王裒非常难过。他痛恨父亲被杀，所以从不面向西面坐卧，以显示自己决不做朝廷臣子的决心。由于王裒自幼饱读诗书，所以他的学问、品行非常好，朝廷也屡屡征召他出来为官，可是王裒面对金钱名利的诱惑，都不为所动。

父亲去世后，王裒在母亲的抚育下渐渐长大，王裒对母亲也百般孝顺。只要是母亲的事情就亲力亲为，体贴入微。他将全部的孝心都放到了母亲身上。除了亲自照料母亲的饮食起居，还常陪她说话，逗她开心，解除老人精神上的孤独和凄苦。母亲病了，他日夜侍候在床前，衣不解带地喂汤喂药。母亲生性害怕打雷，每当下雨打雷的时候，他便将门窗关得严严实实的，拉着母亲的手，绝不离开半步。很多年以后，王裒的母亲久病不治，溘然长逝。他悲痛万分，将父母合葬一处，虔诚恭谨地守丧尽孝，每天早晚都到墓前祭奠。他惦记着母亲怕雷的事情，每当刮风下雨的天气，一听到轰隆隆的雷声，便狂奔到父母的墓地，跪拜着哭诉说："儿子王裒在此，母亲您千万别怕！"他也经常依靠着墓前的柏树号啕大哭，眼泪滴到柏树上，柏树都枯死了。可见一个人孝心孝行的力量有多么的伟大！这种发自内心而来的孝，它可以感动天地万物！

子平孝亲

南朝宋何子平，是庐江人，世代在会稽居住，少年时就有志行，被乡里人称道。他侍奉母亲十分孝顺。

在扬州做官时，每月官俸得到白米，他总是去换成其他粗粮。别人问他说："获利不多，为什么那么麻烦呢？"子平说："我的母亲在乡下，难得到白米，我怎么忍心独自吃白米饭呢！"每当有人给他馈赠新鲜美味，如果不能寄到家里，他就不肯接受。

子平的母亲原本是妾，户籍注册多报了几岁，实际上还没到需要儿子离职供养的年龄，而户籍上的年龄已经到了，子平便离开职务回到家里，当时镇军将军顾觊之

是州上的长官，对他说："你母亲的年龄实际上未满八十，你原来就知道。在州中任职略有少许俸禄，我将禀告上司挽留你。"子平说："官家从户口登记取得凭证，户籍年龄已经到了，我就应该在家俸养母亲，为何要以实际年龄未到冒取荣誉利益而宽容自己呢？况且归去奉养母亲，又符合我个人的情感。"觊之又劝他以母亲年老要求县令照顾，子平说："实际尚未到奉养之年，哪能借此以求得俸禄？"觊之更加看重他。子平回到家，便竭尽全力而使母亲供养充足。后来授予官职为吴郡海虞县令，县里给的俸禄只用来养母亲一个人，而他的妻子、孩子丝毫不允许用俸禄。有人疑心他太俭朴，子平说："俸禄本来是用来养母亲，不为自己。"问的人惭愧而退出去了。

母亲去世后，子平官也不做了，回家守孝，每到悲哭时，常常哭得昏厥过去。当时正值饥荒兵乱，何子平八年不能办理丧事，昼夜号哭，一哭就停不下来，哭叫亡母的声音，还是像母亲刚刚去世小殓时那样。他冬天不穿棉絮衣服，暑热天不到清凉的地方，每天只以一些米做粥，也不用盐、不吃菜。他居住的屋子破败不堪，不能遮蔽风雨烈日，他哥哥的儿子伯兴采伐茅竹，想给他修葺一下。子平不让，说道："我母亲都无法埋葬，孝亲之情事不能伸张，是天地间的一个罪人罢了，住在这里已经很过分了。"

当时，蔡兴宗任会稽太守，对何子平非常赞赏。知道他的母亲还在停枢待葬，就帮助他营造家椁安葬了母亲。由于居丧期间子平过度悲伤，长期生活清苦困瘠，所以等到免丧后，他的身体几乎支持不住了。

顺帝升明元年，何子平在60岁时去世。

【原文】

丧尽礼[①]，祭尽诚，事[②]死者，如事生。

【译文】

办理丧事要合礼仪，祭祀要竭尽诚意，对待去世的父母，就要像生前一样。

【注释】

①尽礼：竭力符合礼仪。
②事：对待。

【解读】

在祭拜过世的父母时，要恭恭敬敬，人要以感恩的心去对待，感激过世的父母，并深刻提醒自己不要给父母丢脸，如果用这样的心去祭拜过世的人才有意义。

在日常生活中，要觉得父母的精神常在左右，时刻不忘记父母的教诲，并秉承父母所教，代代相传，这样才不辜负父母的养育之恩。

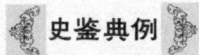

丁兰刻木事亲

丁兰，相传为东汉时期河内人，幼年父母双亡，他经常思念父母的养育之恩，于是用木头刻成双亲的雕像，供在家中堂上敬奉，俨然如对活着的父母，在生活点滴之处都不失恭敬。

一天，置邺县一位名叫张叔的人，到丁兰家借东西，恰巧丁兰外出了，只有他妻子在家。丁妻当时不知道是否当借，迟疑中，她想起平日里，自己和丈夫遇到难以决定的事情，都是在父母的像前问卜，然后遵照卜到的"父母意见"再作决定。其实在丈夫的影响下，妻子早在不知不觉中，也将木像视为活着的公公婆婆，十分孝敬。

丁兰的妻子洗净双手，整理仪容，点燃香烛，在木像前躬身礼拜后，就虔诚地问卜，结果得到的是"不借"的答案。于是，她只好将结果如实告诉张叔。哪知道张叔先前刚刚喝过酒，在酒精的作用下，他一时失去理智，当场对着木像大骂起来，气愤至极，还动手打了木像几下，然后才愤愤离去。

丁兰回来后，像以往一样，首先到父母的像前禀告。当他瞻仰父母的面容时，看见父母的脸色似乎很不高兴，心中深感不安，急忙向妻子询问，才得知是张叔对木像有过无礼的打骂行为。

父母过世后，丁兰就视木像为父母，从未曾有丝毫轻慢，如今有人居然如此非礼木像，他感到内心宛如刀割。情急之下，他跑去找张叔理论。不料张叔根本无法理解丁兰的感受，出言更加不逊。二人话不投机，丁兰忍不住和他争执起来，情急之中，还出手用力责打了他。张叔见丁兰为了两个木像，竟然责打自己，心里更感到忿忿不平，就向衙门告状。

由于证据确凿，衙门便派衙役捕捉丁兰归案。丁兰被捕走前，十分伤心难过，他来到

父母的木像前，双膝跪下，一边流着眼泪，一边忏悔地说："儿子不孝，没有照顾好您二老，不但使你们受了委屈，现在又不理智地动手打了人，将要受到官府的惩罚。这样不仅让你们为孩儿担忧，还使二老蒙受羞辱，实在是罪过！"

就在丁兰发自内心向父母忏悔之时，想不到奇迹出现了：人们看见两尊木像的眼睛里，竟然缓缓流出了泪水，而木像的神情，是那么痛苦难当，在场的所有人无不为之惊奇震撼。

地方官得知后，也为丁兰的孝心而钦佩，于是就向皇上奏明了情况，不但免除了对丁兰的处罚，还举荐他为"孝廉"。后来，皇上又传下诏令，命人把丁兰的孝行事迹画成图画，以彰显他的孝道德行，号召大家都来学习。

祭遵背土葬母

东汉时，颍川颍阳（今河南许昌）的一个富贵人家生了一个孩子，取名叫祭遵。小时候，尽管家境富裕，但祭遵却分外俭朴，尤其不喜欢穿新衣服，饮食上也从不挑剔，吃饱即可。可他抓起书本时，却十分专注，看书很会入神，常常通宵达旦。

祭遵对父母很孝顺，特别是当母亲病倒后，他每天除了侍候母亲吃饭、服药，还要坚持自己动手为母亲涮洗便盆，忙个不停。

十五岁时，他母亲不幸去世了。下葬时，他背起箩筐上山，要亲自背土将母亲埋葬。小小年纪，个子又长得不高大，上山下坡，背了大半天的土，累得上气不接下气。亲朋们看着心疼，也不懂他的心思，说："孝子背土葬母，自古未有，你这样做不是太惊世骇俗了吗？"

祭遵卸下了背上的土筐，舒了口气，深情地说："我还来不及尽孝，母亲就离我而去了，这切肤之痛，没齿难忘！对于死者来说，一切都已迟了。我现在能做到的，就是让自己苦累一番，流些汗水，让父母能安息于九泉之下。无非借此略表孝意而已，何必管别人怎么看。"亲朋们听了都很感动。

后来光武帝刘秀起兵，路过颍阳，听说祭遵贤孝博学，便将他收入帐下。因为他屡立战功，东汉初被封为征虏将军、颍阳侯。

董永卖身葬父

董永原本是山东高宛县人，很小的时候母亲就去世了，只剩下他与年迈的父亲相依为命。

44

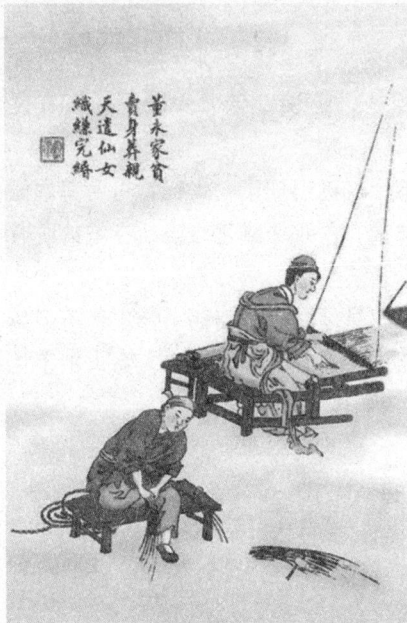

董永自小非常孝敬父亲，他每天跟随父亲一起去田里耕种，以分担父亲的辛劳，从来不把自己当小孩看。每次在回家的路上，他总是让辛苦了一天的父亲坐在牛车上，自己则拖着疲软的双腿跟在后面步行。

东汉末年，地方割据，盗贼四起，董永看到山东不太平，就带着年迈的父亲，到湖北德安避难。

后来，董父得了重病，请医吃药毫无效果，离开了人世。董永悲痛不已，自己为避难漂泊之身，哪里有钱买棺埋葬父亲呢？无计可施。孝顺的董永只好出卖自己，以换取安葬父亲的费用，使父亲早日入土为安。

当地有位姓裴的富翁，听说董永的情况后，被他的孝心所感动，便借钱给他，让他买棺安葬了父亲。董永也从此卖身为奴，进了裴家。

一次，董永遵照主人的吩咐，外出办事。在办完事回来的路上，遇到一个丰姿美貌的少妇。少妇流露真情地说："你没有娶妻，我是一个被丈夫离弃的少妇，能否给你做妻子？"董永生性淳厚老实，现在又在裴家为奴，他觉得这事要先经过主人的同意。于是他就对这位少妇说："这件事，我自己不敢作主，须禀告主人。"少妇笑说："你怎么这样怕主人？既是这样，我愿与你一同前去见你的主人。"董永便带着少妇，一同返回裴家。裴翁欣然地答应了，还为他们作主配成夫妻，并让他们在一百天内，织出三百匹绢布赎身，做自由的农人。从这天起，少妇日夜纺织绢布，快速异常，非常人可及。在一百天的前一天，董永夫妇将三百匹绢布交给裴翁，裴翁按照他自己说的诺言，把董永的卖身契退还给了他。从此，董永成了自由的农人。

没想到董永刚脱离奴籍，少妇忽然向董永告别，说她马上要走了。董永哭着说："你为我赎身的恩德，我还没有来得及报答，你怎么就抛下我走呢？"少妇答道："你我夫妻一场，我也舍不得你。但是，我是银河旁的织女，天帝念董郎孝心，令我下凡相助，今百日缘满，当回去向天帝复命。"少妇说完便不见了。

现在湖北省的孝感，原来叫德安，即是因为董永的孝心感动了天，所以改名为孝感。

出则弟篇

兄道友　弟道恭　兄弟睦　孝在中

财物轻　怨何生　言语忍　忿自泯

或饮食　或坐走　长者先　幼者后

长呼人　即代叫　人不在　己即到

称尊长　勿呼名　对尊长　勿见能

路遇长　疾趋揖　长无言　退恭立

骑下马　乘下车　过犹待　百步余

长者立　幼勿坐　长者坐　命乃坐

尊长前　声要低　低不闻　却非宜

进必趋　退必迟　问起对　视勿移

事诸父　如事父　事诸兄　如事兄

兄道友　弟道恭　兄弟睦　孝在中
财物轻　怨何生　言语忍　忿自泯

【原文】

兄道友①，弟道恭，兄弟睦，孝在中。
财物轻，怨何生？言语忍，忿自泯②。

【译文】

兄长对弟弟要友善，而弟弟对兄长要恭敬，兄弟和睦相处，孝道也体现在其中。互相把财物看得很轻，兄弟之间的怨恨又从哪里滋生呢？说话时要彼此忍让，忿恨就自然会消失。

【注释】

①道友：道，应遵循的道德原则。友，相好亲近。
②忿自泯：忿，怨恨。泯，消失。

【解读】

俗话说"兄弟如手足""兄弟情，手足情"，姐妹和兄弟之间，只是性别不同，因此，姐妹也是手足情，兄弟姐妹也都如同手足一样亲密无间。

在一个家庭里，兄弟姐妹之间，应该做到"兄则友""弟则恭""姐爱妹""妹尊姐"，哥哥对弟弟友善、关怀，弟弟对哥哥恭敬、亲近，姐姐爱护妹妹，妹妹尊重姐姐。有了这种前提，不论出现什么矛盾，兄弟姐妹之间都可以心平气和地相互商量、耐心解决。

赵孝争死

汉朝时候，有一对兄弟叫赵孝和赵礼，他们相亲相爱，手足情深。

有一年，天下饥荒，社会动荡不安。一天，一伙强盗突然占据了宜秋山，四处抢掠，百姓们都慌忙逃命。

强盗们在老百姓的家中大肆搜寻一阵，见找不出多少食用的粮食和换钱的东西，一怒之下，就开始抓人，恰好把弟弟赵礼给抓走了。

强盗们将弟弟赵礼五花大绑，系在一个树上，然后在旁边架起炉灶生起火来，开始烧水，准备拿赵礼来充饥。

哥哥赵孝虽然幸运地躲过了这一劫，却找不到弟弟了。经四处打听，才得知弟弟赵礼被强盗抓走了。

弟弟被掠走的消息让赵孝心如刀割。他焦急地想："我该怎么办？要是弟弟有个三长两短，可怎么对得起父母啊！我这个做哥哥的又怎么能再活在这个世上？""弟弟是同胞骨肉，哪怕赔上自己的性命，我也要救出他。"想到这里，赵孝就下定了决心，寻着强盗撤离的方向一路追了过去。

由于赵孝救弟弟心切，马不停蹄，所以很快就赶到了强盗那里，见到了被捆绑的弟弟，同时也看到旁边一锅正呼呼冒着热气的开水。弟弟赵礼见哥哥来了，先是一阵惊喜，随后便埋怨哥哥说："哥哥，您怎么会找到这个地方，你赶紧走吧，要不会没命的。"

赵孝顾不上与弟弟搭话，就冲到强盗的面前哀求道："我弟弟是一个有病的人，而且身体也很瘦弱，他的肉一定不好吃，请你们放了他吧！"

强盗们气势汹汹地对赵孝说："放了他，那我们吃什么？"赵孝听强盗这样一问，不假思索地说："只要你们放了我弟弟，我愿意用自己的身体给你们吃。你们看，我的身体很好，还很胖。"

强盗们听了赵孝的这番话，震惊地相互对视着。

赵礼听哥哥这么一说，就在旁边大声地喊："不行！你们不可以吃我哥哥！"边上一个强盗向赵礼吼道："为什么不行？"赵礼哭着说："被捉来的是我，被你们吃掉，这是我自己命里注定的，可是哥哥他有什么罪过呀？怎么可以让他去死呢？"说罢，兄弟二人相拥在一起互劝对方要让自己去死。

强盗们听着兄弟互相争死的话语，望着手足之间舍身相救的场面，被深深震慑住了。他们那尘封已久的恻隐之心，被这人间真情真义的感人场面唤醒了，都淌下了热泪。旋即，他们无声地放走了兄弟两人。

后来，这件事辗转传到了皇帝那里，皇帝是一个深明仁义道德之君，不仅下诏书封了兄弟二人官职，而且把他们以德感化强盗的善行，昭示于天下，让全国百姓效仿学习。

姜肱大被

汉朝时，有个人叫姜肱。他和两个弟弟姜仲海、姜季江非常友爱。

姜肱和他的两个弟弟一起读书，下课又一起温习功课、玩耍，还一起帮家里做家务事。三兄弟还缝了一床大棉被每天都睡在一起。

几年以后，三兄弟慢慢长大并成家立业了。可是姜肱三兄弟长大之后感情依旧非常好，好到有时还三个人睡一块。一次，姜肱跟他的弟弟一同去京城，回来得晚了，结果半夜路遇到了强盗。月光下，强盗面目狰狞，手里的匕首泛出幽幽寒光，看了直叫人打战。强盗晃着寒光闪闪的匕首一步步逼进抱在一起的两兄弟。突然，哥哥推开弟弟，走上前一步说："我弟弟还小，我是做哥哥的，你们杀了我，放了他吧。"这时，后面的弟弟也走上前来说道："不！你们不可以伤害我哥哥，还是杀我吧！"兄弟俩都争着让对方活着，想到兄弟就要生离死别，俩人不禁抱在一起，痛哭流涕。

盗贼深深被兄弟俩的手足情感动了，于是抢了一些财物便匆匆离开了。

回到家中，家人见姜肱衣冠不整，穿得很破烂，就问他："出了什么事，你会如此的落魄？"但是姜肱绝口不提被抢的事，因为他深盼盗贼能悔改。

后来事情辗转传到盗贼那里，他听到姜肱被抢而不说，非常感激，悔恨交加。于是隔天就跑去请求拜见姜肱，亲自把所有抢来的衣物还给了姜肱，并表明痛改之意。

姜肱可以说仁慈到极点，怎会不感化人？何况盗贼也是人啊。姜肱这样仁慈，这样有爱人之心，实在是难能可贵。

或饮食　或坐走　长者先　幼者后
长呼人　即代叫　人不在　己即到

【原文】

或饮食，或坐走，长者先，幼者后。
长呼人，即代叫，人不在，己即到。

【译文】

不论是吃饭时，还是坐着，或者是行走时，都应让年长者优先，年幼者居后。长辈叫人，要马上代为呼叫，如果所叫的人不在，自己要立刻赶到。

【解读】

"长者先，幼者后"倡导的是一种长幼有序、尊重别人的道德规范。我们如果跟长辈走在一起，肯定要先礼让长辈。长辈走在前面，做晚辈的我们就跟在后面。如果没有礼让，只顾自己走，莽莽撞撞，我们就显得粗鲁没有涵养，没有礼貌，不懂得尊老爱幼。年纪大的人走路行动比较缓慢，我们跟在后面也可以照顾他们。所以，不管是对自己的亲人，还是外面的人，面对老者，我们应该礼让。"老吾老，以及人之老，幼吾幼，以及人之幼。"懂得礼让，就是懂得真正做人的道理。只要人人都献出一点爱，人人都懂得礼让，这个世界就会充满更多欢乐的笑声。

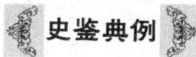

史鉴典例

杨乙行乞养双亲

杨乙，江苏武进县圩桥人，他毫无资产，家徒四壁，全靠乞讨来供养父母。

杨乙在年少时，曾经在同镇的徐老汉家当酒保，挣的钱，全部拿回家供养父母。一有空，他便独自伤心落泪，徐老汉瞧见了，告诫他别这样，他呜咽着答不出话来。

一天，他突然要告辞回家，无论怎样留都留不住。他说："父母年岁很大了，说不定哪天不幸死了，我会一辈子遗恨，我不过是想回去让他们高兴高兴罢了。"

回家后，由于没有了经济来源，杨乙就去讨饭，每次讨到食物，就算自己饿极了，也不敢尝一口，总是让父母先吃，等父母吃饱后，自己才吃剩下的食物。要到了酒，就跪着捧给父母，等父母端了杯子，自己才肯站起来。他还时常唱歌跳舞，逗父母高兴。

看到这种情形的人都称赞道："杨乙真是个大孝子，他不过是一个要饭的，却能这样侍奉双亲，那他的人品一定非常可取。"从此乡里人都传颂杨乙的孝行。有人敬佩他的孝行，就送给他一些钱。但杨乙每次都婉言谢绝了，他说："我讨要来的东西就已经足够让父母感到屈辱了，怎么还可以再伸手拿别人的钱。"

就这样，杨乙靠讨饭过了十年，他的父母也先后去世。父母去世后，他又为父母乞讨棺材，脱下自己身上的衣服为他们装裹入殓。那时正是严冬，他光着身子，把父母埋在野外，自己露宿在坟边，白天夜晚，伤心哭泣。

崇祯六年，徐老汉病重，做梦梦见自己到了冥府，刚到阎王的殿前，就听见有人向上传话，差役报告："杨孝子到了。"他一看，这阎王原来就是他曾经的酒保。这时阎王急忙走下台阶迎接。请杨乙换衣，戴上帽子，系上袍带，请他在上位坐下。阎王又向杨乙作揖，说："天帝嘉奖你诚挚的孝心，下达指示，特别任命你作一方之神。"接着，又献上歌舞，设宴款待他。那时，徐老汉站在一旁，杨乙看见他，就对阎王说："这是我的熟人，请你赏赐他生还。"阎王同意了，对徐老说："你回到人间，要多多劝人行孝道，孝顺一定有好报，杨大人就是最好的证明。"

徐老汉苏醒后，马上派人去探访杨乙的消息，杨乙已经死在他父母的坟墓旁了。于是徐老汉就传扬他的故事，劝导世人多行孝道。

孔氏兄弟争死

孔融，东汉文学家，鲁国（今山东曲阜）人，字文举，家学渊源，"建安七子"之首。是孔子的二十世孙。

孔融很小的时候，就懂得友爱和谦让。他4岁时，有一次家里人在一起吃梨。父亲将洗好的梨放在盘子里，让年纪最小的孔融先拿。孔融看到盘子里的梨有大有小，他就从其中挑了一个最小的梨。父亲问他为什么要这样做，他回答说："我年龄最小，应该吃最小的梨。"

东汉末年，宦官把持着朝
政，政治十分腐败。孔融15岁的
时候，有个叫张俭的官员，揭发
了当权的宦官侯览和他的家人所
犯的罪恶，却反遭陷害，官府要
抓捕他治罪。

张俭是孔融哥哥孔褒的好
友，急迫之中，他逃到孔家，
请求掩护。不巧孔褒外出不在
家，孔融就出来接待了他。张俭见孔融还是个孩子，就不敢把被追捕的情况告诉
他。孔融看出了张俭急难窘迫的样子，就说："我哥哥虽然在外面没回来，但我
知道你是好人，哥哥出门在外，难道我就不能作主吗？"听了孔融的话，张俭心
里踏实下来，他在孔融家里躲藏了好几天，找了个机会，终于安全地逃走了。

不料有人知道了这件事情，就去向官府告发了。官府抓不到张俭十分生气，
就把孔融和他的哥哥孔褒抓了起来。

主审官员对孔融和孔褒说："你们兄弟到底是谁放走了张俭？你们知道不知
道，张俭是朝廷的要犯，放走了他就是犯了杀头之罪！"

听了主审官员的话，孔融知道哥哥和张俭是好朋友，朝廷是不会轻易放过他
的。只有自己主动承担罪责，才会保全哥哥的性命。于是，他对主审官员说："留
藏张俭的是我，你要治罪的话，就请治我的罪吧！"听到弟弟把罪责承担在自己身
上，孔褒忙说："张俭是来投奔我的，不关我弟弟的事！要杀就杀我吧！"

孔融、孔褒兄弟在堂上争了起来，都说是自己放走了张俭。主审官员见兄弟
俩争罪，怎么也拿不定主意。最后，只好向皇上如实回报。

不久，皇上的诏书下来了，孔褒抵罪，孔融被释放回家。从此，少年孔融的
名声更大了。他继续刻苦读书，成为东汉末年最有名的儒生和学者之一。

称尊长　勿呼名　对尊长　勿见能
路遇长　疾趋揖　长无言　退恭立
骑下马　乘下车　过犹待　百步余

【原文】

称尊长，勿呼名，对尊长，勿见①能。
路遇长，疾趋②揖③，长无言，退恭立。
骑下马，乘下车，过犹待，百步余。

【译文】

称呼长者时，不可以直呼名字，在长辈面前，不要过于表现自己的才能。在路上遇到长辈，要快步迎上去行礼问候，长辈不说话，就要退后一旁恭恭敬敬地站立。外出见到长辈，骑马的要下马，乘车的要下车，长辈过去后还要恭待，目送百步开外。

【注释】

①见（xiàn）能：逞能，炫耀。见，同"现"。
②疾趋：快步向前。疾，快步。趋，礼貌性小步快走。
③揖：拱手行礼。

【解读】

称呼长辈时，不可以直呼名讳，同时在尊长面前，也不要表现自己很有才能，从而藐视长辈。

"称尊长，勿呼名"：我们在日常行为中，随时对尊长要有恭敬心。如果没有恭敬心，就会阻碍智慧的生起。可现在的世间人都直呼名字，对长辈没大没小，这样非常不好。对长辈要尊敬地称呼，否则，从这一点上，也能看出你没有修养。

"对尊长，勿见能"：在长辈面前，千万不可夸夸其谈、高谈阔论，大肆宣扬自己的功德。有些人跟别人交流的过程中，一半都是讲自己的经历，人家没问你的经历，就不必处处自我宣传。

张良拾履

张良是汉高祖刘邦的主要辅佐大臣，他如何学来的一身本领，还有一段传奇的故事。

张良从小就非常尊敬长辈。一天，他漫步来到一座桥上，对面走过来一个衣衫破旧的老头。那老头走到张良身边时，忽然脱下脚上的破鞋子丢到桥下，还对张良说："去，把鞋给我捡回来！"张良当时感到很奇怪又很生气，觉得老头是在侮辱自己，真想上去揍他几下。可是他看到老头年岁很大，便只好忍着气下桥给老头捡回了鞋子。谁知这老头得寸进尺，竟然把脚一伸，吩咐说："给我穿上！"张良更觉得奇怪，简直是莫名其妙。尽管张良已很有些生气，但他想了想，还是决定干脆帮忙就帮到底，他还是跪下身来帮老头将鞋子穿上了。

老头穿好鞋，跺跺脚，哈哈笑着扬长而去。张良看着头也不回、连一声道谢都没有的老头的背影，正在纳闷，忽见老头转身又回来了。他对张良说："小伙子，我看你有深造的价值。这样吧，五天后的早上，你到这儿来等我。"张良深感玄妙，就诚恳地跪拜说："谢谢老先生，愿听先生指教。"

第五天一大早，张良就来到桥头，只见老头已经先在桥头等候。老头见到张良，很生气地责备他说："同老年人约会还迟到，这像什么话呢？"说完他就起身走了。走出几步，又回头对张良说："过五天早上再会吧。"

张良有些懊悔，可也只有等五天后再来。

到了第五天，天刚蒙蒙亮，张良就来到了桥上，可没料到，老人又先他而到。看见张良，老头这回可是声色俱厉地责骂道："为什么又迟到呢？实在是太不像话了！"说完，十分生气地一甩手就走了。临了依然丢下一句话，"还是再过五天，你早早就来吧。"

张良惭愧不已。又过了五天，张良刚刚躺下睡了一会儿，还不到半夜，就摸黑赶到桥头，他不能再让老头生气了。过了一会儿，老头来了，见张良早已在桥头等候，满脸高兴地说："就应该这样啊！"然

后，老头从怀中掏出一本书来，交给张良说："读了这部书，就可以帮助君王治国平天下了。"说完，老头飘然而去，还没等张良回过神来，老头已没了踪影。

等到天亮，张良打开手中的书，他惊奇地发现自己得到的是《太公兵法》，这可是天下早已失传的极其珍贵的书呀，张良惊异不已。

此后，张良捧着《太公兵法》日夜攻读，勤奋钻研。后来真的成了大军事家，做了刘邦的得力助手，为汉王朝的建立，立下了卓著功勋，名噪一时，功盖天下。

晁错敬老修《尚书》

经秦始皇焚书坑儒和秦、汉之交的战乱，古代文化典籍遭到严重破坏，许多著作都已遗失。秦亡汉兴，书禁复开，儒家学派逐渐复兴。至文帝继位，更是广搜古代的经典书籍，而《尚书》这部儒家经典却多方搜集而不得。

于是汉文帝就向天下广招能编修《尚书》的人才，但一时无一人应召。一天，一个朝臣对汉文帝说，有个叫伏生的老人能编修《尚书》。汉文帝一听，很高兴，立即派人召伏生进京。但伏生已经九十多岁了，汉文帝听说伏生行走困难，不能成行，十分遗憾。但他想，要整理古籍，就要靠伏生这样有学问的人啊！现在他既然老了，何不派人亲自前往求教呢？越是难得的人才，越应该尊重啊！于是派晁错带了大量财物前往伏生住处。

伏生听见外面车声辚辚，忙迎出来。他见是朝廷派了人来，忙不迭下跪叩拜。晁错见状，赶忙上前扶住，并施礼道："学生叩拜老师！"

伏生不由愣在那里，怎么朝廷命官今天突然带着人马财物来叩拜自己呢？

晁错说了汉文帝派他来求教之事，伏生欣喜不已，汉文帝如此尊重他，真是贤明君主啊！伏生当下就答应向晁错口授《尚书》。

原来，载有《尚书》的典籍已在秦代被焚毁了，而只有伏生将《尚书》全文装在脑子里。

晁错见伏生答应传授，十分高兴，还未休整停当，就请伏生赶忙向他口授。伏生九十高龄，牙齿脱落殆尽，口齿已不太清楚了。晁错听得很困难，晁错敬重长者，亲自给伏生端水，又给他抬来一张舒适的椅子。

就这样，伏生讲，晁错记，失传的《尚书》终于修订完毕。

长者立　幼勿坐　长者坐　命乃坐
尊长前　声要低　低不闻　却非宜

【原文】

长者立，幼勿坐，长者坐，命乃坐。

【译文】

长辈站着，年幼的人就不要坐下，长辈坐下之后，命令你坐你才能坐。

【解读】

这是教导我们在日常生活中要重视社交礼节，当有长者、长辈在场时，长者如果没有坐下来，作为晚辈的你就不要坐下来；主人没有坐，所有的客人也不能坐下来。这是一种非常重要的社交礼节。

所以，作为家长，要在孩子小的时侯让他注意礼节中的细节，什么都不在意，什么都无所谓，自己家人倒容易容忍，但是外人不一定能容忍，一旦遇到粗鲁之人就不会那么客气了，话不一定好听，脸不一定好看，也许有的人看到孩子无老无少地先坐下，老人还立在一边，说不了会把孩子一把拉起来训斥一番。在公共汽车上有时会看到年轻人若无其事地坐着，老人在一旁颤颤巍巍地站着，被周围仗义、看不顺眼的人一把拽起来强行让座给老人的情况。

中国自古以来就是众所周知的礼仪之邦，无礼会被人取笑，会受到他人的羞辱，会将自己置身于不利的地位。

人人都不知道未来会发生什么，会碰到什么样的人和事。孩子长大成人后步入社会，将会碰到什么样的人，什么样的事，谁知道呢？礼节不注意，会不会被人取笑，遭受羞辱？礼节不注意，会不会成为无聊之人的闲话，小人口中的把柄？

实际上，敬他人就是敬自己，善待他人就是善待自己。还是古人说得好：人有礼就会活得安稳，活得平安，无礼就会受到危害，就会遇到危险。

史鉴典例

张释之尊老

张释之是汉文帝时代的名士，字季，南阳人，因德才兼备，汉文帝任命他做了谒者仆射，史书有传。

张释之，不仅廉洁奉公，还非常尊重长辈。

有一次，朝廷举行朝会，许多达官贵人都前来参加，场面十分热闹。有位叫王生的老人也来参加了，他早就听说张释之对长辈非常尊重，这次他看到了张释之，就想试试，看看张释之是不是真的很尊重长辈。

于是王生就对张释之说："我袜子的带子开了（古时穿的袜子袜口是用绳子系着的），麻烦你给我绑上吧。"张释之听到后，二话没说，在众目睽睽之下很坦然地跪下来，恭恭敬敬地给王生绑好袜子。王生看着张释之，不停地点头称赞。

张释之身为高官，能具有礼贤下士，敬老尊贤的美德，群臣无不称赞，从此他的威信就更高了。

子发门外受训

子发是战国时期楚国的一位大将。一次，子发奉楚宣王之命，带兵和秦国作战，在前线断了粮草，派人向楚宣王告急。使者见过楚宣王以后，又到子发家，问候子发的母亲。

子发的母亲问来使："士兵们都还好吗？"

使者回答说："由于粮食短缺，军队里只剩下一点豆子，大家只好一粒一粒地分吃充饥。"

子发的母亲又问："你们的将军身体好吗？"

使者说："将军每顿都能吃上肉食和米饭，身体很好。"

子发的母亲听后很不高兴。

等子发打败秦军凯旋，他的母亲却紧闭大门，不准儿子进家，并且派人对他说："你听说过越王勾践讨伐吴王的事吗？有人献给越王一罐酒，越王就派人把酒倒在江的上游，让士兵们一起饮下游的水。虽然大家并没尝到酒味，每个人的战斗力却提高了五倍。过了几天，又有人献给越王一口袋干粮。越王又把它分给了士兵。虽然大家并没有能够吃饱肚子，每个人的战斗力却大大提高了。"

"现在，你身为将军，粮食不足，士兵们只能分一点豆粒吃，你自己却早晚都是肉食米饭，这是什么道理？"

"你使士兵陷于死地，而自己却在上面享乐。这样做将军，即使打了胜仗，也只是出于偶然，并不是你的功劳。你这样做，还能算是我的儿子吗？你不要再进我的门了。"

子发听了母亲的批评，觉得很有道理，赶紧向母亲承认错误，表示决心改过，他母亲这才叫人打开大门，让他回家。

【原文】

尊长前，声要低，低不闻，却非宜①。

【译文】

在长辈面前，说话声音要放低，但低到不能听到，那也不适宜。

【注释】

①宜：合适。

【解读】

日常生活中，在与长辈尊长说话时，我们讲话声量要尽量放低一点，要小声一点。有很多人往往不知道自己的声量很大，讲起话来许多人都要为之侧目，都会看着他，但是他往往不知道自己的讲话声音非常大。相反，如果说话的音量低到听不见的程度，那也不合适。所以当孩子在家中时，做父母的要经常告诫孩子，要注意到他们讲话的声音。父母如果发觉孩子有哪些过失，或者表现得不妥的地方，一定要当下就对他指导，教他应该如何做最好。

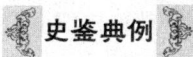

史鉴典例

车胤问学

车胤，字武子，晋南平（湖北公安）人。曾祖车浚，为三国吴会稽太守，以郡饥求赈，为孙皓以欲树私恩罪所杀。父名育，是南平太守王胡之的主簿。

车胤自幼刻苦读书，通晓了许多学科的知识。后来，他被晋武帝选拔做了

晋武帝是个有文才的皇帝，常给大臣们讲经，讲了以后还要提问，大臣中有两个大学问家，即谢安、谢石两兄弟。每当皇帝提问，他们总能侃侃而谈，畅抒己见。车胤非常佩服，决定去向他们请教。

一次，晋武帝又给大臣们讲《孝经》，谢家兄弟就预先在自己家里开了一个讨论会。会上，众人高谈阔论，出语不凡。车胤听了大家的发言，感到有个问题还不明白，就想问问谢家兄弟，但又怕他们嫌自己啰嗦。坐在他旁边的远羊说："哪里见过明亮的镜子厌恶人们常去照它，清澈的流水害怕和风吹拂呢？"车胤听了，勇敢地走上前去，向谢家兄弟请教。谢家兄弟看到他脸色恭敬、言语恳切，就详细地给他讲解，使他的问题得到了圆满的解答。

第二天，晋武帝向大臣们提问。轮到车胤回答时，他不慌不忙，胸有成竹，把问题阐述得非常清楚。晋武帝听后，十分满意。

从此，车胤经常向谢安、谢石请教，与他们共同探讨学问，最后成为了一个学识渊博的人。

鲍永休妻

鲍永，字君长。生年不详，卒于后汉光武帝建武十八年(42年)，上党屯留(今山西长治市屯留县)人。他活动于西汉末年与东汉初年，曾为绿林军的重要将领。刘秀继皇帝位后，他又成为东汉初期敢于抗击强梁的地方官。

鲍永出身仕宦之家，其父鲍宣曾在西汉哀帝时任司隶校尉，被王莽所杀。父亲被王莽杀害后，鲍永孝敬后母恪尽孝道。

有一天，鲍永的妻子在他后母面前大声骂狗，鲍永看见了就说："按照礼节，在宾客面前尚且不能骂狗，你怎么能在母亲面前大声骂狗呢？你太不尊敬母亲了。你既然轻视我的母亲，那你就不是我的妻子了。"

鲍永认为妻子在母亲面前大声喧嚷是不懂礼节，不知孝道，就这样把妻子休掉了。

鲍永的妻子哭着认错，请求给她改过自新的机会，鲍永最终没有答应。

鲍永在王莽当政时举秀才，后来做过谏议大夫、鲁郡太守、扬州牧等官，被封为关内侯。

进必趋　退必迟　问起对　视勿移
事诸父　如事父　事诸兄　如事兄

【原文】

进必趋，退必迟，问起对，视勿移。

【译文】

去见长辈时要快步向前，告退时行动要缓缓而行，长辈问话时要起身作答，眼睛不要左右移动。

【解读】

在与长辈相处时，晚辈要时刻注意自己的言行举止，在长辈问话时，要彬彬有礼，温和地目视长辈，并一一回答长辈的问题，不要东张西望，心不在焉。

礼所起到的作用，贵在能让人与人之间和谐相处。孔子曾说过："一个人对人恭恭敬敬，彬彬有礼，就不会被人耻笑，遭受侮辱。"孔子还说："一个人如果不懂得礼，就无法立足于社会。"所以，一个人学礼，知礼，是用来让自己能够与他人和谐相处的，是用来规范自己的行为的，而绝不是用来去指责，苛求他人的。对他人礼仪不周到的地方应该有包容之心，宽容之心，应委婉善意地指出，不能因此去轻视、凌辱他人，更不能因此去"扇阴风，点鬼火"，人为地造成人与人之间的不和。西汉时的董仲舒说得好："所谓道义的法则，在于端正修养自身的品行，而不在于指责他人的品行。"

史鉴典例

曾子避席

曾子是孔子的弟子，他16岁拜孔子为师，勤奋好学，尊师重道，颇得孔子真传。

有一次，他在孔子身边侍坐，孔子就问他："你知道人民和睦相处，君臣关系融洽

的原因是什么吗？"曾子听到这个问题，立刻从席子上站起来，走到孔子面前，垂下双手，恭恭敬敬地回答道："我才能有限，想不出这是为什么，还得请老师告诉我。"孔子看到自己的弟子这么懂礼貌，赞许地点点头，耐心地给他讲述其中深刻的道理。

"避席"就是离开坐席的意思。春秋时期，当老师单独教导一位学生时，为了表示对老师的尊重，这位学生会起身，离开坐席，走到老师面前，恭敬地听老师说话。曾子的做法恰恰表现出他是一个讲礼仪、敬师长的人。后来，这个故事也被记载到《孝经》中，被后人传诵，很多人都向他学习。

孔鲤过庭

孔鲤，字伯鱼，孔子的儿子，据说他降生时，鲁国国君差人送来一条鲤鱼表示祝贺，孔子便给儿子起名为"鲤"。

孔子虽然忙于政事或和教学，但对自己的儿子也是管教很严，《论语》"孔鲤过庭"的典故就描述了孔子教育儿子的故事。

一天，孔子站在庭院里，他的儿子孔鲤"趋而过庭"，什么叫"趋"呢，"趋"就是小步快走，是表示恭敬的动作，在上级面前、在长辈面前你走路要"趋"，低着头，很快地走过去，这就叫"趋"。所以，孔鲤看见父亲孔子站在庭院里面，于是低着头"趋"，孔子喊住他，问孔鲤学过《诗经》没有？孔鲤回答说还没有。因为那时候诸侯国之间主宾的应答，以及上层社会交际场合的交谈都要引上《诗经》上的几句话。孔子就教育他的儿子说，不学习《诗经》是无法同人交谈的。于是孔鲤慢慢退下去，认真地学习《诗经》去了。

又过了一段时间，孔鲤从庭院中小步走过时，又被孔子叫住了，问他学《礼》了没有，孔鲤回答说没有。孔子又教育他说，不学习《礼》是难以在社会上立身做人的。于是，孔鲤就退下去学习《礼》了。

【原文】

事诸父①，如事父，事诸兄②，如事兄。

【译文】

侍奉叔伯，要如同侍奉父亲一样，侍奉同族兄长，也要向亲兄弟一样对待。

【注释】

①诸父：叔叔、伯父。

②诸兄：同族兄长，堂兄。

【解读】

在"弟"的范畴当中，"事诸父，如事父；事诸兄，如事兄"或许是一种高山仰止的境界，是对于所有尊重的总结，是内心恭敬的一个终点。如果对待所有的长辈都像对待自己的长辈一样尊敬；对待别人的兄弟姐妹都像对待自己的亲兄妹一样，去关心、去照顾、去爱护，这个社会将成为一个充满爱的天堂。

史鉴典例

代人行孝

张苍是汉朝的丞相，他是一个非常尊敬长辈的人，在他年轻的时候，曾经得到过王陵的许多照顾。后来张苍当官后，为了感谢王陵，常常像对待父亲一样照顾他。王陵死后，他的老母还健在。虽然当时张苍已是丞相，公务很忙，但他总是抽空去照顾王陵的母亲，甚至亲自伺候王母吃饭。张苍贵为丞相，能这样恭敬地照顾长辈，足见中华民族尊老美德的源远流长。

海神妈祖

在台湾海峡的绿色通道、莆田湄洲湾里，有一个美丽的岛屿——湄洲岛。岛上有座雄伟辉煌的庙宇——湄洲祖庙，供奉着世界闻名的"海神"——妈祖。妈祖原名林默，是宋代莆田湄洲的一位传奇式人物。宋朝建隆元年（960年）农历三月二十三日出生于仕宦家庭，相传她从出生到满月都不啼不哭，所以取名为"默娘"。

林默秉性聪颖，善观天象，救人济世，治病救人，拯救海难，是福建莆田湄州岛的一位传奇式人物。

相传妈祖26岁那年上半年，阴雨连绵，福建与浙江两省倍受水灾之害。当时当地官员上奏朝廷，皇帝下旨就地祈雨，但祈求毫无改观。当地请求妈祖解害，妈祖道："灾害是人积恶所致，既然皇上有意为民解害，我更是应当祈天赦佑。"说完便焚香祷告，突然天开始起大风，并见云端有虬龙飞逝而去，天空晴朗了。那一年百姓还获得了好收成，人们感激妈祖，省官于是向朝廷为妈祖请功并准得到褒奖。

还有一年，莆田瘟疫盛行，县尹全家也染上了疾病，有人告知县尹，林默有解难的法力。于是，县尹亲自拜请林默，林默念他平时为官不坏，加上他是外来官，便

62

弟子规诠解

告诉他用九节菖莆煎水饮服，并将咒符贴在门口。县尹回去后遵嘱施行，没过几天病就痊愈了。

林默的父亲和哥哥都是船夫。有一次秋天出海，父亲和哥哥的船遇到了海难，虽然经过林默和大家的努力，父亲得救了，而哥哥却再也没有回来。后来，林默为了避免更多的人遭遇哥哥那样的悲剧，便经常冒着危险去救助那些过往的船只。

有一次，乡亲们要出海，由于林默会观天象，就告诉他们海上有大风不便出海。可是，乡亲们为了养家糊口，坚持要出海。林默无奈，便告诉他们，如果真发生了海难，一定要看哪里有亮光，往亮光的方向行驶。当天真的发生了海难，狂风大作，风起云涌，所有的航标全部失灵。这时，林默为了解救乡亲们，毫不犹豫地把自己家的房子点着了，熊熊大火将海面照得通亮，乡亲们看到光亮后都得救了。

妈祖像

由于操劳过度，在宋雍熙四年农历九月初九日，年仅28岁的林默在湄洲岛过早地去世了，传说林默"羽化升天"了。

后来，在我国沿海的许多地方，人们为了纪念林默，专门修建祠堂。如今妈祖已成为中国大陆、中国台湾、东南亚甚至欧美等很多地方的人们，特别是渔民、船民、舟商、华侨、华人所敬仰和崇拜的偶像。

杜环代人养母

杜环，字叔循，祖先是庐陵人，他随侍父亲杜一元远游到江东做官，于是就在金陵定居。杜一元本来就是位好人，他所交往的人都是地方的知名人士。杜环特别好学，专精书法；个性谨慎而又有节制，很守信用，喜欢救助别人。

杜环父亲的一位朋友，兵部主事常允恭在九江死了，家庭破碎。常允恭的母亲张氏，年纪六十多岁，在九江城下痛哭，无家可归。有认识常允恭的人，可怜张氏年纪老迈，就告诉她说："现在的安庆太守谭敬先，不正是常允恭的朋友吗？为什么不去投靠他呢？他看到了您，顾念和常允恭的旧情，一定会善待您的。"张氏听了那人的劝说，就搭船去见谭敬先，没想到谭敬先却避而不见。张氏处境大为困窘。她想到常允恭曾经在金陵做过官，那儿也许还有亲戚、朋友活在世上，还有万分之一的希望，张氏就再度哭哭啼啼随人到了金陵。向人打听杜

一元家在哪里，问："杜一元现在可安好？"路上的人回答她说："杜一元已经死很久了，只有他儿子杜环还活着；他家就在鹭洲坊里头，门内有两株橘子树可以辨认。"

张氏穿着破烂的衣服，淋着雨来到杜环家里。杜环当时正与宾客对坐，当他看到张氏时，大为吃惊，觉得似乎在哪里见过她，但一时又想不起来。于是就问她说："您是常夫人吗？您为什么会到这里呢？"张氏哭着告诉杜环原因，杜环听了也哭了出来。杜环扶着张氏坐下，向她礼拜行礼。再把妻子叫出来拜见她。杜环的妻子马氏拿了衣服让张氏换下淋湿了的衣服，捧粥给她吃，又抱出棉被让她睡觉。张氏问起允恭这生所亲近、交情深厚的老朋友近况，也问起她的小儿子常伯章在哪里。杜环知道常允恭的老朋友没有一个在这儿，张氏不能够托付给他们，可又不知道常伯章是死是活，就姑且安慰她说："现在正在下雨，等雨停了后，我再替您老人家去找找看吧！如果真没有人侍奉您老人家的话，我杜环虽然贫穷，难道就不能侍奉您老人家吗？况且先父和允恭交情好得像亲兄弟一样，现在您老人家贫穷困顿，您不到别人家里去，而来了我杜环家里，这正是他们两位老人家在冥冥中引导的啊！希望您老人家不要再多想了。"当时正是战争过后饥荒的岁月，百姓连亲生骨肉都难以保全了。张氏看杜环家境贫穷，雨停后，就坚决地要出去找找常允恭其他的老朋友。杜环就叫丫环跟在她后面。到了傍晚，张氏果然没找到任何亲友而回来了。这时张氏才在杜环家里定居下来。杜环买了些布帛，叫妻子替张氏缝制衣裳。从杜环以下，杜环全家人都把张氏当母亲一样侍奉。

张氏的个性急躁而又狭隘，只要稍稍不顺她的意，就发怒骂人。杜环私底下告诫家里人，尽量顺从张氏，不可以因为她贫穷困顿，就对她轻视、傲慢，和她计较。张氏患有痰疾，杜环亲自替她煎烹药材，还一匙一匙地喂她喝。因为张氏的缘故，杜环家人都不敢大声说话。

就这样过了十年，杜环担任了太常赞礼郎的官职，奉诏令去祭祀会稽山。杜环回来路过嘉兴，正好遇到了张氏的小儿子常伯章，就哭着对他说："太夫人在我家里头，因为日夜思念着你而生病了，你真应该早点儿去看看她老人家啊！"常伯章充耳不闻，只说："我也知道这件事情，只是路途遥远不能去啊。"在杜环回家半年后，常伯章才来。这天正好是杜环的生日，张氏看到了小儿子，两人抱在一起痛哭了起来。杜环家人认为这样不吉祥，就去劝阻他们。杜环说："这是人之常情，有什么不吉祥的？"后来，常伯章看母亲年纪老迈，怕她无法远行，竟然拿其他事情欺骗张氏就走掉了，而且再也没有回来看她了。杜环更加谨慎地侍奉张氏，然而张氏由于想念小儿子伯章，病情突然加重，三年之后就过世了。

张氏快死的时候，举起手对杜环说："是我拖累了你啊！是我拖累了你啊！盼望以后杜君您的子子孙孙，都能够像您一样的好。"话说完就断了气。杜环替她准备了棺木，举行入殓安葬的礼仪，在城南钟家山买了一块地给她安葬，逢年过节去那儿扫墓、祭拜。

皇甫谧好学孝婶娘

皇甫谧，字士安，幼名静，自号玄晏先生，安定朝那（今甘肃灵台县）人。是中国历史上的著名学者，在文学、史学、医学诸方面都很有建树。古人曾赞云："考晋时著书之富，无若皇甫谧者。"

皇甫谧出身显赫世家，是汉太尉皇甫嵩的曾孙，后因家境破落，幼年过继给叔父。婶娘任氏觉得他从小就没了爹娘，平日里总是忍让他，所以皇甫谧便养成了懒散的习惯。

皇甫谧的叔叔婶娘起初总觉他还是个孩子，盼他"树大自然直"。可谁知，日子越久，他在外捅的娄子越多，好心劝说，他根本听不进去。

一次，皇甫谧偷了人家的瓜果请叔叔婶娘尝鲜，任氏望着皇甫谧深情地说："孩子，婶娘养育你是为了这几个瓜果吗？如果这样长期下去，你以后怎么生活呀？"

任氏说完，流着泪回到织房，木梭的响声，下下都打在皇甫谧的心上，往复的木梭多像已逝的岁月啊，一边织出的是暖儿的锦绸，一边换来的却是寒心的忤逆。

皇甫谧再也承受不了梭声的撞击了，跑进机房，"扑通"跪在地上，一把抱住婶娘的腿，哭道："婶娘，我错了，我以后一定改。"

自此，皇甫谧不再游荡了，潜心苦读，博览群书，广拜名师。学业有成，写出了《高士传》《帝王世纪》《烈女传》《玄晏春秋》等书，终于成为了赫赫有名的文史学家。

皇甫谧40岁时，不幸身患风痹病，半身不遂，病卧床榻。但他仍牢记婶娘的教诲，苦读医书，以顽强的毅力，在病榻上完成医学巨著《针灸甲乙经》，为发展医

学做出了巨大贡献。

皇甫谧没辜负婶娘的教导，浪子回头。因他读书多，见识广，著述博，被世人称为"书淫"，即读书最多的人。

西晋太康三年，皇甫谧病逝。后人为纪念他在文学和医学上的伟大功绩，建造了"贤人祠"，至今人们仍在怀念他。

谨 篇

朝起早　夜眠迟　老易至　惜此时
晨必盥　兼漱口　便溺回　辄净手
冠必正　纽必结　袜与履　俱紧切
置冠服　有定位　勿乱顿　致污秽
衣贵洁　不贵华　上循分　下称家
对饮食　勿拣择　食适可　勿过则
年方少　勿饮酒　饮酒醉　最为丑
步从容　立端正　揖深圆　拜恭敬
勿践阈　勿跛倚　勿箕踞　勿摇髀
缓揭帘　勿有声　宽转弯　勿触棱
执虚器　如执盈　入虚室　如有人
事勿忙　忙多错　勿畏难　勿轻略
斗闹场　绝勿近　邪僻事　绝勿问
人问谁　对以名　吾与我　不分明
将入门　问孰存　将上堂　声必扬
用人物　须明求　倘不问　即为偷
借人物　及时还　后有急　借不难

朝起早　夜眠迟　老易至　惜此时

【原文】

朝起早，夜眠迟，老易至，惜此时。

【译文】

清晨要早起，晚上要晚睡，人容易变老，所以要珍惜时间。

【解读】

常言说得好，时间就是金钱，时间就是生命。古往今来，中外一切有大建树者，无一不惜时如金。古书《淮南子》有云："圣人不贵尺之璧，而重寸之阴。"汉乐府《长歌行》有这样的诗句："百川东到海，何时复西归？少壮不努力，老大徒伤悲。"晋朝陶渊明也有惜时诗："盛年不重来，一日难再晨，及时当勉励，岁月不待人。"唐末王贞白《白鹿洞》诗中更有"一寸光阴一寸金"的妙喻。法国作家巴尔扎克把时间比作资本。德国诗人歌德把时间看成是自己的财产。鲁迅先生对时间的认识更深刻，他说："时间就是生命。无端地空耗别人的时间，其实无异于谋财害命。"

因此，我们一定要珍惜时间，"莫等闲，白了少年头，空悲切。"只有珍惜今天的一分一秒，在生命旅途中不断跋涉，才能创造辉煌的人生。

史鉴典例

爱迪生惜时

托马斯·阿尔瓦·爱迪生是举世闻名的电学家和发明家，他除了在留声机、电灯、电话、电报、电影等方面的发明和贡献以外，在矿业、建筑业、化工等领域也有不少著名的创造和真知灼见。爱迪生一生共有约两千项创造发明，为人类的文明和进步做出了巨大的贡献。

爱迪生做出了如此大的贡献，你一定会以为他受过很多的教育，其实，爱迪生一生只上过三个月的小学，他的学问是靠母亲的教导和自修得来的。他的成功，应该归功于母亲。母亲自小对他的谅解与耐心的教导，才使原来被人认为是低能儿的爱迪生，长大后成为举世闻名的"发明大王"。

爱迪生从小就对很多事物感到好奇，而且喜欢亲自去试验一下，直到明白其中的道理为止。长大以后，他就根据自己这方面的兴趣，一心一意做研究和发明的工作。他在新泽西州建立了一个实验室，一生共发明了电灯、电报机、留声机、电影机、磁力析矿机、压碎机等总计两千余种东西。爱迪生强烈的研究精神，使他对改进人类的生活方式，做出了重大的贡献。

"浪费，最大的浪费莫过于浪费时间了。"爱迪生常对助手说。"人生太短暂了，要多想办法，用极少的时间办更多的事情。"

一天，爱迪生在实验室里工作，他递给助手一个没上灯口的空玻璃灯泡，说："你量量灯泡的容量。"说完又低头工作了。

过了好半天，他问："容量多少？"他没听见回答，转头看见助手拿着软尺在测量灯泡的周长、斜度，并拿了测得的数字伏在桌上计算。他说："时间，时间，怎么费那么多的时间呢？"爱迪生走过来，拿起那个空灯泡，向里面斟满了水，交给助手，说："里面的水倒在量杯里，马上告诉我它的容量。"

助手立刻读出了数字。

爱迪生说："这是多么容易的测量方法啊，它又准确，又节省时间，你怎么想不到呢？还去算，那岂不是白白地浪费时间吗？"

助手的脸红了。

爱迪生喃喃地说："人生太短暂了，太短暂了，要节省时间，多做事情啊！"

鲁迅惜时

鲁迅，浙江绍兴人，原名周树人，字豫山、豫亭，后改名为豫才。他时常穿一件朴素的中式长衫，头发像刷子一样直竖着，浓密的胡须形成了一个隶书的"一"字。毛主席评价他是伟大的无产阶级文学家、思想家、革命家，是中国文化革命的主将。也被人民称为"民族魂"。

鲁迅的成功，有一个重要的秘诀，就是珍惜时间。他有一句至理名言："时间就是生命，无端地空耗别人的时间，其实无异于谋财害命。"

鲁迅自幼聪颖勤奋，三味书屋是清末绍兴城里一所著名的私塾，鲁迅12岁时到三味书屋跟随寿镜吾老师学习，在那里攻读诗书近五年。鲁迅的座位，在书房的东北角，他使用的是一张硬木书桌。现在这张木桌还放在鲁迅纪念馆里。

鲁迅13岁时，他的祖父因科场案被逮捕入狱，父亲长期患病，家里越来越穷，他经常到当铺卖掉家里值钱的东西，然后再在药店给父亲买药。有一次，父亲病重，鲁迅一大早就去当铺和药店，回来时老师已经开始上课了。老师看到他迟到了，就生气地说："十几岁的学生，还睡懒觉，上课迟到。下次再迟到就别来了。"

鲁迅听了，点点头，没有为自己作任何辩解，低着头默默回到自己的坐位上。

第二天，他早早来到学校，在书桌右上角用刀刻了一个"早"字，心里暗暗地许下诺言：以后一定要早起，不能再迟到了。

以后的日子里，父亲的病更重了，鲁迅更频繁地到当铺去卖东西，然后到药店去买药，家里很多活都落在了鲁迅的肩上。他每天天不亮就早早起床，料理好家里的事情，然后再到当铺和药店，之后又急急忙忙地跑到私塾去上课。虽然家里的负担很重，可是他再也没有迟到过。

在那些艰苦的日子里，每当他气喘吁吁地准时跑进私塾，看到课桌上的"早"字，他都会觉得开心，心想："我又一次战胜了困难，又一次实现了自己的诺言。我一定加倍努力，做一个信守诺言的人。"

鲁迅确实惜时如命，他把别人喝咖啡、谈天的时间都用在工作和学习上。鲁迅还以各种形式来鞭策自己珍惜时间，刻苦学习和工作。在北京时，他的卧室兼书房里，挂着一副对联，集录我国古代伟大诗人屈原的两句诗，上联是"望崦嵫而勿迫"（看见太阳落山了还不心里焦急），下联为"恐鹈鴂之先鸣"（怕的是一年又去，报春的杜鹃又早早啼叫）。书房墙上还挂着一张鲁迅最崇敬的日本老师藤野先生的照片。鲁迅在《朝花夕拾》中写道："每当夜间疲倦，正想偷懒时，仰面在灯光中瞥见他黑瘦的面貌，似乎正要说出抑扬顿挫的话来，便使我忽又良心发现，而且增加勇气了，于是点上一支烟，再继续写些为'正人君子'之流所深恶痛疾的文字。"鲁迅用这朝夕相处的对联和照片督促自己抓紧时间。正是因为有了这种惜时如命的精神，鲁迅在他56岁的生命旅途中，广泛涉及到自然、社会科学的许多领域，一生著译一千多万字，留给后人一份宝贵的文化遗产。

司马光制"警枕"

司马光（1019年—1086年），北宋大臣、史学家。字君实，陕州夏县（现在属山西省）涑水乡人，世称涑水先生。

他从小就喜欢读书，酷爱历史著作。在他六、七岁的时候，有一回到邻居家去玩，恰巧赶上那家的大人给孩子们讲书。司马光站在一旁安静地听，不知不觉听得入神。回家以后，司马光兴冲冲地把自己听来的故事讲给家里人，大人们夸奖他能懂得书的大略意旨。从此，司马光对读书就来了劲头，他最先阅读的史书就是那天他听到的《左氏春秋》。

司马光虽然喜欢读书，理解能力也比较强，但是记忆力远不如他的兄弟们。古时候读书非常注重背诵，学生在诵读的过程中来加深对文章内容的理解，领会写作的技巧。家中请来的老师也要求司马光他们背诵。司马光的兄弟们只需要背诵一两遍就会了，可是司马光往往需要背上十多遍。

又要多读，又要熟读，司马光就把自己的全部时间都花在读书上。但他毕竟是个十几岁的少年，免不了有读书困倦的时候。怎么办呢？他想起战国时期"锥刺股"的苏秦，又想到东汉"头悬梁"的孙敬。在刻苦读书的精神上，司马光觉得苏秦、孙敬的榜样是可贵的，值得效法。但是他自幼受儒家思想熏陶很深，想起"身体发肤，受之父母，不可毁伤"，他又不愿采用苏秦、孙敬的苦读方式。

一天，司马光吃过午饭后没有像往日那样忙着读书。他到柴房找来锯子和砍柴刀，精心挑选几段圆木，每段圆木的直径都有碗口那么粗。他把这些都拿到院子里，然后在大树荫下摆上凳子，开始干起"木匠"活。他把圆木外表的树皮用砍柴刀剥掉，长一块、短一块的树皮剥了一地，总算把圆木外表弄得光滑些了。他擦了擦头上的汗，又开始用锯来锯圆木。尽管他事先挑选过一遍，但还是有几段圆木不理想，遇到有树突的地方就锯不下去，再加上他没干过这种活，拉锯很费劲，而且用力不均匀，弄断了不少锯条，人也累得大汗淋漓。但他到底把一段圆木截短了，像枕头那样长短的一段。

司马光做了一个木枕头。用这个枕头睡觉，很不舒服，头只要一转动就会滑下来，这样司马光就会惊醒，起来读书。

这只木枕头伴随司马光许多年，他自己给它起了个名字，叫"警枕"。

由于司马光勤奋攻读，终于成为一位学识渊博的大学者。他20岁就考中进

惜时苦读

刘恕，字道原，筠州（即今江西高安）人。生于宋仁宗明元年，卒于神宗元丰年，年47岁。《资治通鉴》副主编之一。

刘恕出生一个贫穷人家，自幼就有爱学习的习惯，惜时发奋，不畏艰辛。他为了钻研各朝历史，总把吃饭和睡觉的时间挤到不能再少的限度。白天，他埋头读书时，家里人喊他吃饭，他也舍不得放下书，直到饭菜都冷了，别人都吃完放碗了，他还在入神地读书，根本不觉得肚子有饿的感觉。

到了夜间，他在油灯下读书，一读就要读到夜深人静时才肯上床。上床以后，他往往还在思考着古往今来各朝历史的兴衰变化，他这样越思考，就越觉得需要弄清楚的问题越多；有时身子躺在床上，而脑子却在通宵达旦、彻夜不眠地工作着。刘恕由于生活艰难，根本没有钱买书，因此，家中藏书少得可怜。而研究历史又正需要多读书，熟悉各方面史实，掌握大量资料，进行比较和取舍。为了弥补这个客观上的不利条件，他只好到处求朋友借书读。一次，刘恕得到一个学者的允许，同意他到家中去自己挑书读。

他刚一迈进书房，就被那琳琅满目的书籍给迷住了，他先翻翻这本，又弄弄那卷，本本卷卷，都爱不释手，恨不得一口气把所有的书都读完。他在朋友家的日子里，非常珍惜自己好不容易才碰到的这样一个进书库的机会，抓紧一切时间，边读边抄。为了节省时间，他白天顾不上离开书房吃饭，晚上就在书房睡觉，除读书抄书以外，简直忘记了一切。就这样，刘恕在书房里昼夜不停地阅读和抄录了十多天时间，直到把需要的资料都读完抄完，才走出书库。这时，刘恕的双眼已经熬得通红，身体也瘦弱了，可是，他有一种从未有过的高兴。因为，通过这十多天的苦读，他的学问又有了新的长进。刘恕对史学的研究，尤其对于魏晋以后各朝史实的无比熟悉，很快扬名于整个史学界。

当时朝廷大臣、著名史学家司马光邀请刘恕同他一起修撰《资治通鉴》。等到所有参加编撰工作的人员全部到齐后，司马光亲自主持召开全体会议，他首先当众介绍了刘恕的才学，并且通知大家，在编撰《资治通鉴》过程中，凡是遇有史实纷杂和发生争议的时候，都由刘恕最后处理。除此以外，为了充分利用多年辛勤积累的资料，写出更多的历史著作，刘恕在贫病交加的晚年，自己又独自编写了《通鉴外纪》《五代十国纪年》等著作。这些著作丰富的学术内容和大量的第一手资料，都是我国史学著作中较为出色的，而这些又正是刘恕一生刻苦钻研的结果。

晨必盥　兼漱口　便溺回　辄净手
冠必正　纽必结　袜与履　俱紧切

【原文】

　　晨必盥①，兼漱口，便溺回，辄②净手。

【译文】

早晨一定要洗手，并且还要注意漱口，大小便回来之后，就要马上把手洗干净。

【注释】

①盥：浇水洗手，泛指洗。
②辄：立即。

【解读】

　　卫生习惯影响了人一生的健康，俗话说"病从口入"，一个人只有拥有良好的卫生习惯，才不会为疾病的侵入埋下隐患。

　　卫生习惯是从小养成的，好习惯如此，坏习惯也是如此。习惯一旦养成就难以改变，所以父母必须从小就培养孩子良好的习惯，因为只有拥有健康的身体，才有利于自身的发展，才能为社会、为国家做出更所有意义的事。

史鉴典例

不洗澡的宰相

　　王安石，字介甫，号半山，封荆国公。汉族。临川人，北宋杰出的政治家、思想家、文学家、改革家，唐宋八大家之一。

　　可是身为"唐宋八大家"成员的王安石，个人仪容并不体面，既不讲卫生，脾气又臭，甚至被史书描绘成集一切乱臣贼子之大成的元凶。

不讲个人卫生是王安石的一大招牌，其肮脏程度在中国古代的政治家中算是空前绝后的。他不是一天两天不洗，而是一年两年不洗。衣服就更不用提了，酸臭难闻，别人跟他见面经常是人还没看到鼻子就闻到了。苏洵曾这样描述他：穿着囚犯一样的衣服，吃牲口才会吃的食物，蓬头垢面，竟然还在那儿安之若素地大谈史书。

王安石在扬州做太守幕府时，经常彻夜读书。天将亮时才在椅子上打会儿盹。等睡醒时，不洗脸、不梳发就跑去办公。太守韩琦一看他那副样子，以为他彻夜纵情声色，就劝导他趁着年轻多用功念点儿书。

由于长期不洗澡不洗脸，王安石脸上积了厚厚一层灰，他的家人见他脸色发黑，以为他生病了，请来了大夫。大夫一看，说这哪儿是生病，把脸上的灰洗一下就好了。家人让他洗脸，王安石黑着脸说："我天生就长得黑，再怎么洗也白不了，别浪费工夫了！"

经常不洗澡使得王安石身上长了虱子。一次，王安石面见宋神宗，虱子爬到了胡须上。宋神宗忍不住笑出声来，可王安石自己却不知道是怎么回事，等出了门问同僚才明白过来。王安石让手下把虱子抓走，同僚还挖苦他说："这是宰相脸上的虱子，还被皇帝亲自鉴赏过，不能轻易抓走。"

王安石如此邋遢，却讨了个有点洁癖的老婆。王安石罢相后，家里有一个公家的藤床一直没有还。衙门派人来要，但管家们都不敢作主。王安石有一天光着脚躺在藤床上，被老婆远远看见，大概嫌他躺脏了，马上就叫人把床给还了。

据说王安石不讲卫生的恶习后来稍微改善了一点，这还要感谢他的两位好朋友吴仲卿和韩维。这俩人对王安石的邋遢形象实在看不过去了，又不好直说，就想了个办法：邀请王安石每月到寺院谈诗书、政治，谈得差不多了就一起去洗澡，趁王安石洗澡的时候让寺院里的人把他的脏衣服拿走，换一套新衣服摆在那儿。而王安石每次洗完澡总是看都不看就穿上了，从不问新衣服是哪儿来的。这样几次下来，王安石觉得比以前舒服多了，渐渐地也爱穿干净衣服了。

冠①必正，纽①必结，袜与履②，俱紧切。

【译文】

帽子一定要戴端正，衣服的纽扣一定要扣好，袜子和鞋都要穿戴整齐，鞋带要系紧。

【注释】

①冠：帽子。

②履：鞋。

【解读】

事业的成功，拥有真才实学固然重要，但在竞争激烈的社会中，除充实的内涵外，还必须注重个人形象，而个人形象又从整洁的着装开始。

着装体现了一个人的仪表，仪表代表了一个人的形象，不怕自己有不好的容貌，但一定要有整齐的着装。整齐的穿着表现出对他人以及社会的尊重。着装能增加你的社交魅力，给人留下良好的印象，使人愿意与你深入交往，从而有助于你事业的成功。

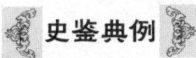 史鉴典例

绝缨之死

仲由，字子路，又字季路，春秋时期鲁国卞人。子路比孔子小九岁，年少时家贫，"常食藜藿之食，为亲负米百里之外"，后来生活好了，双亲却已经离世了，子路对此念念不忘，被孔子赞为"生事尽力，死事尽思"，是个孝顺的好孩子。

子路年轻的时候脑袋上插着公鸡毛、身上带着佩玉，是个好勇斗狠的混混，初次见到孔子的时候态度粗蛮，说："南山的竹子没人管理，不也照样长的直，砍下来直接就能当箭使，射穿犀牛皮都没问题。"孔子回答他说："括而羽之，镞而砺之，其入之不亦深乎？"于是子路折服，临走的时候宁愿要孔子赠言而不要孔子赠车。

后来，子路就成了孔子的学生，他喜欢跟着孔子出游，孔子也乐意带上他，毕竟子路以前是个恶人，而且又会些拳脚功夫，带着他很有安全感。见识多了，子路就想当官，经常询问孔子怎样才能当官，孔子回答说："必须要自己带头工

作，哪里苦哪里脏你就往哪里钻！"

子路："那还当官干吗？我见过的当官的都不是这样的！"

孔子："我说的是当官之前！"

子路后来果然当了官，他做了卫国大夫孔悝的家臣。

周敬王四十二年至四十三年（前478年—前477年），卫国贵族于卫都帝丘（今河南濮阳南）所进行的争权夺利的内战。当时正在国外的子路听说后，急忙往回赶。有人劝他："现在国中十分危险，回去了很可能遭受灾祸。"子路说："拿了国家的俸禄，就不能躲避祸难。"进城以后，子路竭力帮助国君平叛，但还是因寡不敌众，被敌人的武士击中，帽子上的缨带也被割断了。子路知道自己难逃一死，立即停止搏斗，说："君子虽死，但不能让帽子脱落而失礼。"于是从容地系好帽带而死。

唐开元二十七年（739年），子路被追封为"卫侯"。宋大中符二年（1009年）加封"河内公"。南宋咸淳三年（1267年）封为"卫公"。明嘉靖九年改称"先贤仲子"。

刘琎束带

南北朝时期的刘琎，字子敬，在泰豫年间（472年）曾经当过明帝的挽朗，是一位非常有德行的君子。他学识渊博，为人恭敬谨慎、刚方正直，与哥哥刘瓛都深为当世人所尊重。

一天晚上，刘瓛突然想到，有一件事情要跟弟弟作交代，于是就在隔壁房间叫着弟弟的名字。话音刚落，刘琎那边马上传来了一阵悉悉窣窣的声音。他满以为弟弟很快就会回应，可是左等右等，却没有等到他的回复，令人感到特别的奇怪。过来好一阵，才传来了弟弟那毕恭毕敬的声音："哥哥，您有什么事要吩咐吗？"

哥哥感到十分惊讶，于是就责问他说："我已经等了你很久了，你怎么到现在才回答？"刘琎深表歉意地说："因为我的腰带还没有系好，穿得这么随便，就回答您的话，是多么失礼的事情啊。所以我才耽误了这么长的时间，实在是对不起。"

原来，刘琎已经换好衣服，躺在了床上。他一听到哥哥在叫他，就赶紧下了床，把白天穿的正式的衣服拿出来，迅速穿上，束好腰带，全身上下都收拾得整整齐齐，并毕恭毕敬地站好了之后，才回应他。

中国古老的《礼记·曲礼》开端云："曲礼曰，毋不敬。""毋不敬"就是指哪怕是任何微小的细节，都不忘恭敬谨慎的态度。所以听到哥哥呼唤的时候，为什么刘琎他不先回应，然后再出来呢？因为他一心想到的就是，人一定要恭敬。

亲生兄弟并不是关系疏远的人，卧室也不是会客的正厅，夜晚睡眠时间，更不是进退礼节需要十分周全的时候。在这种情况下，每个人都不想太过于拘束，所以自然而然地言语行为也会变得任意随便。

可是刘琎并不这样认为，他觉得自己连腰带都没有束好，全身也没有打理好，怎么可以随随便便就回复哥哥呢？那是多没礼貌的事情啊。夜半时分，没有穿戴整齐，就连回应一声都不敢了。连小事都如此地谨小慎微，当他身临大节的时候，不就更是毫不苟且了吗？想必一定更为谦恭审慎、诚惶诚恐了。从这件事中也得以看出，他对哥哥是多么地敬重，兄弟二人的友爱之情，又是多么地深厚。

如此严于律己的刘琎，在品德学问，道德涵养等方面，都是出类拔萃的人物。文惠太子久仰其盛名，礼敬有加地把他请到东宫任职。刘琎不负众望，他忠心耿耿，兢兢业业，成为一代名臣。

置冠服　有定位　勿乱顿　致污秽
衣贵洁　不贵华　上循分　下称家

【原文】

置冠服，有定位，勿乱顿①，致污秽。

【译文】

脱下来的帽子和衣服，应放置在一个固定的地方，不可以随便乱扔，以免弄脏弄乱。

【注释】

①顿：放置。

【解读】

物品的摆放要有固定的位置，一个人若从小就没有一个良好的习惯，东西随处摆放，不知道干净整洁，等到有急用时却找不到，到处乱翻，那他日后不论是生活或工作也会很邋遢，很混乱，从而影响到生活的质量和工作的效率。

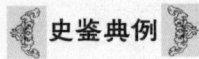

史鉴典例

曹冲智救库吏

东汉末年，丞相曹操为了稳定社会秩序，制订了许多严厉的刑法。属下稍有过失，就会受到惩罚。

一天，库吏发觉收藏在仓库里的曹操坐骑的马鞍被老鼠咬坏了，他惊恐万分，要知道马鞍可是曹操的心爱之物。库吏心想："这下可怎么办是好？丞相如果追究起来，我是必死无疑的。"想来想去，最后决定把自己捆起来，主动去曹操面前请罪，希望能够得到从宽处理。库吏在去见曹操的路上，碰到了曹操的小儿子曹冲。曹冲见状，奇怪地问："您这是出什么事情了？"于是库吏就将事情

的原委告诉了曹冲。

曹冲听后，要库吏先不要到父王那里去请罪，也不要声张，接着他又凑到库吏耳边低声地说了几句话，就走开了。

第二天，曹冲趁身边没有人，就用小刀将自己的一件单衣胡乱地割了几个小洞，弄得像老鼠咬的一样。完事后，便装成一副忧心忡忡的样子去见曹操。曹操看到自己心爱的儿子失意神色，觉得奇怪，就问他有什么心事。曹冲扑到父亲怀里，指着衣服上的破洞说："人们都说，谁的衣服让老鼠咬了，谁就不吉利。昨晚我的衣服被老鼠咬破了，所以心里很不痛快。"

曹操听了哈哈大笑，摸了摸儿子的头，劝慰道："好孩子，这些都是些无稽之谈，不要相信它。高高兴兴地玩去吧，别再为这事苦恼了。"曹冲拜别父亲后，去见那个库吏，充满信心地对他说："现在，您将这件事告诉我父亲吧，保您没事！"

库吏还有点将信将疑，便犹犹豫豫地将自己捆绑了前去报告，并请求曹操严惩自己。曹操听完库吏的话，非但不怪，反而哈哈大笑。他对库吏说："小冲儿的衣服放在身边尚且被老鼠咬破，何况那挂在仓库里的马鞍呢？回去吧，以后看管库房小心些就是了。"

说着，曹操让左右替库吏解除了绳索。

库吏跪谢了曹操，又马上跑到曹冲那儿，千恩万谢了一番。

齐桓公醉酒

齐桓公姓姜，名小白（前685年—前643年在位）。在众多的诸侯中首先称霸中原，成为春秋时期的第一个霸主。

一次，齐桓公喝醉了酒，找不到自己的帽子，他感觉这是件很耻辱的事，于是三天不上朝。

管仲知道后，就对齐桓公说："这是一国之君的耻辱，您为什么不能依靠好的政策来洗清这个耻辱呢？"

齐桓公听后说："好啊！"

于是，齐桓公开始开仓放粮，赐给贫穷百姓；核查罪案，把罪轻的人都释放了。

过了三天，老百姓歌颂齐桓公说："国君呀，你难道就不能再丢一次帽子吗？"

【原文】

衣贵洁，不贵华，上循分①，下称②家。

【译文】

衣服贵在整洁干净，而不在于华贵，衣着要符合自己的身份，还要符合自己的家境状况。

【注释】

①循分：循，遵循，符合。分，身份，等级。

②称：合适，配得上。

【解读】

衣着表现了人的精神面貌，也反映了人的某些修养气质。整洁合体是着装的最起码要求，如果社会习俗中对衣着有共同的约束，还必须遵守这些约束，才能得到社会的认可。合体，也包括合乎自己的身份和职业，合乎看装的场合，如果不顾身份，不讲职业性质，不问活动的场合，必然会给人以笑柄，或者被称为怪异。服装还要和家庭的经济状况相适应，不可超越经济条件去追求华贵服装。否则这种贪求虚荣和讲排场的心理，会导致不良的习惯，影响自己的进步。

史鉴典例

戚父教子

戚继光，字元敬，号南塘，晚号孟诸，汉族，山东登州人。明代著名抗倭将领、军事家，与俞大猷齐名。率军于浙、闽、粤沿海诸地抗击来犯倭寇，历十余年，大小八十余战，终于扫平倭寇之患，被誉为民族英雄，卒谥武毅。世人称其带领的军队为"戚家军"。

戚继光出生在六代将门之家。他出生时，正赶上旭日初升，光芒四射，他的父亲戚景通满含着期望，给儿子取名继光，希望他将来能有所作为。

戚继光从小受到严格的家庭教育，每天除了认真读书以外，还要练习武功，

尤其是在生活上不准追求奢侈。

一次过年，姥姥疼外孙，送来一双丝鞋。戚继光刚穿上，就被父亲发现了。戚景通命他脱下丝鞋，还教育他："小小年纪穿这种鞋，将来当官就要克扣军饷，贪污腐化的！"

后来，戚继光16岁就担任了军职。他热爱国家，痛恨侵略者，成为一名扫平倭寇、为国立功的伟大的民族英雄。

夏侯孜穿布衣

夏侯孜，字妤学，亳州谯人。他当左拾遗时，曾经有一次穿着桂郡产的绿色的粗布衣服去见皇帝。

开成中年，文宗皇帝没有什么规矩和忌讳，只是爱好文学。他问夏侯孜所穿的衣服为什么那么低劣粗俗，夏侯孜告诉皇帝，这是桂郡产的粗布，并且说这种布厚，可以御寒。

过了几天以后，皇帝对宰相说："我观察左拾遗夏侯孜一定是个正直可靠的人。"宰相秘密调查夏侯孜的言行，称赞夏侯孜是今天的"颜冉"。

皇帝赞叹很久，也学着穿起了桂郡产的粗布做的衣服，满朝官员全都仿效起来，这种粗布因此而抬高了价钱。

对饮食　勿拣择　食适可　勿过则
年方少　勿饮酒　饮酒醉　最为丑

【原文】

对饮食，勿拣择，食适可，勿过则。

【译文】

对于饮食，不要挑挑拣拣，吃饭时要适当有节，不要过量。

【解读】

在饮食方面不要挑挑拣拣，一是不要对食物的好坏挑挑拣拣，只愿意吃"好"的，喝"好"的；二是不要对某些食物挑挑拣拣，因为偏食会造成某些营养成分的缺少，影响到人体的正常发育、成长，容易患各种疾病。另外，人在吃饭时要有自制力，吃好后，食物再好，再可口也不要吃了，别人再劝也不要吃了，否则吃多了，毁害自身的健康。

史鉴典例

宗悫不择饮食

宗悫，字元干，南阳人。叔父叫宗炳，学问很高却不肯做官。宗悫年少的时候，宗炳问他的志向是什么，宗悫说："愿乘长风破万里浪。"宗炳说："就算你不能大富大贵，也必然会光宗耀祖。"后来宗悫真的成了一位赫赫有名的大将军。

但宗悫年轻时很不得志，而他的同乡虞业有权有势，家境富足，用度奢侈。每当虞业请客的时候，总是几十道菜，酒菜摆得有一丈见方，而宗悫的桌子上只摆有咸菜和小米饭。虞业对客人说："宗悫是军人，习惯吃粗食。"宗悫听后不以为然，只是自顾自地照样吃饭，吃完饭便离去，从不因为饭菜差而发脾气。

宗悫胸有大志，把主要精力都用在了学习上，而不是饮食上。后来，宗悫做了豫州太守，但他并不嫉恨虞业，反而认为虞业有才而请他做其长史，宗悫待他很好，并没有因往事与他过不去。宗悫把过去受辱的事看得很开，具有宽厚的胸怀，真是值得人敬佩。

【原文】

年方少，勿饮酒，饮酒醉，最为丑。

【译文】

如果正是少年，千万不要饮酒，喝醉了酒，是最为丑陋的。

【解读】

三国时期经学家王肃在《家戒》中说："酒，是为了对别人表示敬意，是为了怡养自己的身心，增强欢乐气氛的，但过量饮酒，酒反而成了祸害，甚至给人带来灾难，所以一个人在酒上不能不慎重啊。"可见喝酒过度不但对身体健康不利，还会给自己带来麻烦。尤其是年轻人，自律能力差，有的时候又爱逞能，不喝则已，一喝就喝得酩酊大醉，醉酒后还胡言乱语，结果给自己招来不必要的麻烦。所以酒还是少喝，甚至不喝为妙。

❧ 史鉴典例 ❧

酒后惹祸

楚庄王有一次夜宴群臣，满庭酒意语喧，酣畅淋漓。忽然，一阵夜风袭来，烛台熄灭，漆黑一片。

在黑暗的掩盖下，有人因酒失性，调戏庄王爱妾。但是，这位爱妾很有心计，随手拔下调戏者头冠上的帽缨作为凭据。对庄王说："请赶紧点燃灯火，捉拿帽子上没有帽缨的人，施予重罚。"

庄王想："既然约定宴饮群臣，君臣共欢，无所顾忌，现在又怎么能节外生枝，辱及大臣呢？"

于是，楚庄王大声说："现在，请各位爱卿都除掉冠冕上的帽缨，点灯后，如果看到谁的冠冕上还有帽缨，就将受到罚酒的处分！"

灯火点燃后，由于大家都取掉了冠冕上的帽缨，所以始终不知调戏庄王爱妾的究竟是谁。君臣尽欢。

两年后，晋楚两国发生战争。在战争进行到胶着状态时，楚军的一位先锋将领身先士卒，冲锋陷阵，不顾性命，奋勇杀敌，士气因此大振，于是击退了晋军，取得了战争的胜利。

楚庄王当即召见这名将领问："这次战争，由于你奋不顾身地冲锋陷阵，鼓舞了士气，使我们能够击败强敌。那么，你想得到怎样的奖赏呢？"

这位将领回答说："两年前君王宴饮群臣，当时因酒迷性，臣下作出了调戏君王爱妾的举动，当时自以为必死，但是君王爱惜臣下名誉，使我不致当场出丑，又保全了臣下的性命。于是，我就一直等待着能够有报答君王、为君王效忠拼命的机会。"

刘伶醉酒

刘伶本来是个颇有作为的人，娶妻生子，生活也过得去。无奈军阀混战，当道昏庸，白白抛掷了大好青春，只好天天饮酒买醉。一来二去，酒量大增。从早喝到晚是常事。因此之故，父母骂他，妻子烦他，他在人们心目中成了一个不折不扣的酒鬼。

一次，刘伶打听到伏牛山北麓杜康仙庄的杜康酒味道醇厚，香郁浓重，曾作为宫廷御酒专供朝廷饮用，要是不饱饱口福，就要终生遗憾！

这一天，他出洛阳过龙门，朝杜康仙庄一路问来。行至街头，看见一家酒店，门口贴着一副对联："猛虎一杯山中醉，蛟龙两盅海底眠。"横批："不醉三年不要钱。"

刘伶看了不禁哈哈大笑，心想何等样的酒？这么大的口气！一问，知道便是杜康酒店。心说：我倒要领教领教酒力如何！这么想着，已经走了进去。一看有个老翁正在等客，问过姓名，正是杜康。

杜康见刘伶进来，忙笑嘻嘻地起身迎问："客官是吃酒吧？"

"吃酒，吃酒。你店里好酒有多少？"

"不多，一坛。""一坛？一坛够吃？"

"一坛酒还要供好多人喝哩，你能喝多少？"

"能喝多少？倾坛喝光也不会够的！"

"天呀！喝一坛？三杯也不敢给你，你要吃过量了，我可是吃罪不起！"

"哈，哈，哈！三杯？你是怕我付不起酒钱？银两有的是，你就连坛给我搬来！"

杜康一听，又道："客官，我的酒凡喝的，都是一杯，酒量再大，大不过两杯，你要执意多喝，请给我写个字据，出事了，我不担干系。"

刘伶道："那好，拿笔来！"店小儿忙拿出笔墨纸张摆放停当，只见刘伶写道："刘伶酒如命，倾坛只管饮，设或真醉死，酒家不相干！"下款署名刘伶。写罢交给杜康，杜康便让店小儿搬出那坛酒，放于刘伶面前，任他喝去。

可知刘伶吃酒是海量，又是晋代"竹林七贤"之一，整年出游，行无定址，好酒不知喝过多少，从没有醉倒过。只见他端起酒杯，"咕咚，咕咚"，一杯酒倾刻见了底。这时心里暗惊：酒力果然非凡！一边想着又端起了第二杯，两杯酒下肚，已是晕晕乎乎，头重脚轻，已无勇气再喝了。但转念一想，自己已经夸下海口了，包喝一坛，如今三杯酒喝不了，就成了这般熊样，岂不让人笑掉大牙！想到此，又战战索索端杯在手，勉强喝了第三杯，只觉得天旋地转，两眼发黑，情知不妙，忙起身离店出走，往家急赶。

刘伶踉踉跄跄到了家里，床上一倒，不省人事。一连三日，摇着不动，喊着不应，都道是死了。只好备了棺木，合家老幼嚎啕哭喊，送出去埋了。

三年后，杜康到刘伶家要酒钱。家人说，刘伶已死去三年了。刘伶的妻子听到杜康来讨酒钱，又气又恨，上前一把揪住杜康，哭闹着要和杜康打人命官司。杜康笑道："刘伶未死，是醉过去了。"他们到了墓地，打开棺材一看，刘伶醉意已消，慢慢苏醒过来。他睁开睡眼，伸开双臂，打了一个大呵欠，吹出一股喷鼻的酒香，得意地说："好酒，真香啊。"这就是民间至今还流传的"杜康造酒醉刘伶"的故事。

至今，在白水县大杨乡康家村杜康墓对岸，一小溪之隔，便是刘伶之墓，石砌而就。古代流传下来的《杜康造酒醉刘伶》一书中写道："天下好酒数杜康，酒量最大数刘伶。饮了杜康酒三盅，醉了刘伶三年整。"这虽是夸张的民间传说，但杜康酒确实有"开坛香十里，隔壁醉三家"的美誉。

李白醉酒

李白(701年—762年)，字太白，盛唐最杰出的诗人，也是我国文学史上继屈原之后又一伟大的浪漫主义诗人，素有"诗仙"之称。

李白出生于盛唐时期，但他的一生，绝大部分在漫游中度过，游历了大半个中国。

20岁时李白只身出川，开始了广泛漫游，南到洞庭湘江，东至吴、越，寓居在安陆（今湖北省安陆市）、应山（今湖北省广水市）。他到处游历，希望结交朋友，拜谒社会名流，从而得到引荐，一举登上高位，去实现政治理想和抱负。可是，十年漫游，却一事无成。他又继续北上太原、长安（今陕西省西安市），东到齐、鲁各地，并寓居山东任城（今山东省济宁市）。

这时他已结交了不少名流，创作了大量优秀诗篇。李白不愿应试做官，希望依靠自身才华，通过他人举荐走向仕途，但一直未得人赏识。

直到天宝元年（742年），因道士吴筠的推荐，李白被召至长安，供奉翰林，文章风采，名震天下。李白因才气为玄宗所赏识，但恐为李林甫所害，只舞文弄墨，不敢贸然涉足政治。李林甫是通过高力士的关系才得以飞黄腾达，所以李白对高力士也没有好感。

一次，渤海国使者呈入番书，文字非草非隶非篆，迹异形奇体变，满朝大臣，均不能识。唐玄宗生气地说："堂堂天朝，济济多官，如何一纸番书，竟无人能识其一字！不知书中是何言语，怎生批答？可不被小邦耻笑耶！"正在为难之际，唐玄宗想到了李白，于是赶快命人召他入宫。李白刚饮过酒，已略有几分醉意，但接过番书却宣诵如流。唐玄宗非常高兴，立即下令让李白也用同样的文字，草拟一个副诏的答书。李白平素恨高力士、杨国忠扰乱朝纲，欲借此机会奚落高力士和杨国忠，便乘着酒劲借机向玄宗乞请让高力士为他脱靴，杨国忠捧砚。唐玄宗微笑着答应了，于是，在朝堂上出现了一幕高力士脱靴、杨国忠捧砚、李白醉草答番书的奇特场面。

高力士一直是玄宗身边最亲近之人，官封冠军大将军、右监门卫大将军、渤海郡公，权势熏天。天子称他为兄，诸王称他为翁，驸马、宰相还要称他一声公公，他怎肯受此侮辱，于是对这件事一直耿耿于怀。

一次，唐玄宗李隆基与宠妃杨玉环在沉香亭赏花，召翰林李白吟诗助兴。李

白酒醉，命宦官高力士为其磨墨拂纸，即席写就《清平调》三首。应景之作，在李白是毫不费事。李隆基看了诗很高兴，又赐给李白酒喝。高力士抓住其中一首诗"一枝红艳露凝香，云雨巫山枉断肠。借问汉宫谁得似，可怜飞燕倚新妆"大做文章。

原来李白诗中所用的典故飞燕，是赵飞燕。赵飞燕因貌美受宠于汉成帝，立为皇后。后因淫乱，平帝时废为庶人，自杀。本来李白是用飞燕新妆比喻名花凝香，并没有讽刺杨贵妃的意思，高力士却说诗中的赵飞燕就是指杨贵妃，是故意侮辱她。杨贵妃信了高力士的话，也对李白恼怒起来。

后来，玄宗几次想任命李白官职，都被杨贵妃阻止了。

李白知为高力士报复，亦对李林甫把持的朝廷失去信心，天宝三载，李白恳求还归故里。玄宗赐金放还，李白遂又浪迹四方去了。

步从容　立端正　揖深圆　拜恭敬
勿践阈　勿跛倚　勿箕踞　勿摇髀

【原文】

步从容，立端正，揖深圆，拜恭敬。
勿践阈①，勿跛倚②，勿箕踞③，勿摇髀④。

【译文】

走路时要从容大方，站立时要姿态端正，作揖行礼时要把身子躬下来，在叩头的时候要认真恭敬。出入门时脚不要踩门槛，站立时不要歪斜不正，坐着时不要两脚张开，不要抖动大腿。

【注释】

①践阈（yù）：践，踩。阈，门槛。
②跛倚（bì yǐ）：站立歪斜不正，倚靠于物。指不端庄的样子。
③箕踞（jī jù）：两脚张开，两膝微曲坐着，形状像箕。这是一种轻慢傲视对方的姿态。箕，名词作状语。
④髀（bì）：大腿，亦指大腿骨。

【解读】

一个人要坐有坐相，站有站相，因为这代表了一个人的精神风貌。一个人如果走路都弯腰驼背，会让人觉得萎靡不振。从一个人的外表，包括衣着、坐、立、行的姿势和言谈举止上，往往可以窥见这个人的修养、禀性、文明和教育程度。因此，它既关系到人的自身成长，也直接影响着人与人之间的交往。

李相敬拜"一字师"

唐朝有一个叫李相的人，曾经担任太居守，他最喜欢读《春秋》。有一段时间，李相误把鲁国大夫叔孙婼的"婼"字读成"诺"，书童几经周折委婉地指出了他的错处。李相听了，满脸通红。觉得自己身居高位，多次读错字，实在是很惭愧。

于是他走下座位，把太师椅放在北墙边请书童坐。书童岂敢坐长官的宝座，而李相坚持要这样做，书童只好坐在太师椅上接受李相的大礼参拜。

参拜结束之后，李相诚恳地说："我身居高位，却常读错字，实不应该。从今以后，你就是我的'一字师'，我要是再读错字，请毫不留情，千万要给我指出来啊！"

刘邦遇刺

赵王张敖是刘邦的女儿鲁元公主的夫婿，与刘邦外托君臣，内属翁婿，关系非同一般。刘邦过赵时，他亲自给刘邦端茶捧饭，谦恭异常。然而一向不拘行止的刘邦却"箕坐"于张敖的面前，非常倨傲、不礼貌。张敖的相国贯高看不过去，就起了杀死刘邦的心思。他找了十几个人，设计了刺杀计划，告诉了赵王张敖，不想却被赵王坚决地拒绝了。

后来，刘邦第二次路过赵国，贯高等人没有再跟张敖商量，而是直接在柏人县的国宾馆里安排刺客，直接行事。然而这次却被刘邦莫名其妙地躲了过去。

后来此案被人举报，同案的其他人便争相自尽谢罪，却被贯高阻止了。贯高说："咱们去死容易，看似很仁义，其实是大大的不对。我们死了，将来谁来证明赵王的清白呢？"

这件事使得刘邦极为愤怒，因为他怀疑是自己的赵王女婿张敖想

杀死自己，所以他把张敖和贯高押解进京，主审贯高，希望从贯高的口中证实这一猜测。贯高受到严刑拷问，到后来身上连能用针扎的一块好皮都找不到，其惨痛之状可想而知。但贯高死不改口，坚持赵王不知此事，替赵王澄清。贯高说："这件事情将我全家几十口人都牵连了进来，我哪里会爱赵王胜过爱我的家人呢？他确实是不知情啊！"至此，刘邦信了他，把赵王放了，并派人将贯高也放了出来。

听到赵王被放的消息，贯高大笑，说："所以不死一身无余者，白赵王不反也。今王已出，吾责已塞，死不恨矣。且人臣有篡杀之名，何面目复事上哉！纵上不杀我，我不愧于心乎？"然后自杀而亡！

孔子尽礼

孔子，春秋时期鲁国人，父母曾为生子而祷于尼丘山，出生时头顶又是凹下去的，故名丘，字仲尼。孔子是中国历史上伟大的思想家、教育家。孔子的弟子约有三千人，其中非常优秀的就有七十二人。

孔子小时候就十分崇尚礼制，他聪明好学，富于模仿性，年仅五岁就能组织儿童模仿祭祀礼仪。这一切都和孔子母亲对他的早期教育分不开。孔子的母亲经常给孔子讲故事：从盘古开天地、女娲炼石补天，到天命玄鸟降而生商、姜嫄履大人之迹而有周，又讲了尧舜禅让，大禹治水，文王演《易》等许许多多的故事。一天，孔子听母亲讲了周公吐哺、制礼作乐的故事，非常认真地攥着小拳头说："周公太好了，娘，我长大了也要当周公那样的人！"

孔子曾到过洛阳，在老子那儿问礼，后来在鲁国做司寇，代理着相国的职务，他服侍君王，非常尽礼。上朝时，和上大夫交谈，态度中正自然；和下大夫交谈，态度和乐轻松。进入国君的宫门时，低头弯腰，态度恭敬；快到国君面前时，小步快行，态度端谨。走进周公的庙里，每一种事情的礼仪，都要向人询问。

一次，孔子同鲁国的君主在郊外祭祀后，鲁君违背礼制，没有将祭品分给大夫们共享，孔子觉得他们无礼，没等脱下礼帽来，就离开了鲁国，到别的地方去了。

孔子在平常没有事的时候，容貌很舒

畅，神色很愉快，虽然温和，却仍旧带着严肃；虽然威严，却不流于刚猛；虽然恭谨，心里仍是安泰的。他遇到放得不正当的座位，就不肯坐下；在有丧事的人旁边吃饭，从来不吃饱；在这一天里哭过，就不再唱歌。可见得圣人对于小小的事情，也是不肯苟且的。

一天，鲁国的乐师襄子来拜访孔子，孔子和他谈起了音乐。襄子善于弹琴，孔子想请他指导自己弹琴，襄子答应了。于是襄子就教孔子一支曲子，孔子很认真地学习。十天以后襄子觉得孔子弹得不错了，就对他说："这支曲子你已经弹得很好了，再学一支吧！""不，"孔子诚恳地说，"我刚会弹，对旋律还不熟悉，让我再练几天吧。"说着，孔子又专心致志地练了起来。

几天后，襄子又说："你对这支曲子的旋律已经很熟，可以学别的曲子了。"孔子仍然不同意，说道："虽然旋律弹熟了，但我还不太清楚这支曲子的意思，让我再琢磨几天吧。"这样，孔子又练了起来。过了几天，襄子又催孔子学习新的曲子。孔子说："我现在知道这支曲子的意思了，但我还不知道它的作者是谁，再给我几天时间，让我想想好吗？"襄子被孔子认真学习的态度感动了，就不再勉强他。又过了几天，孔子兴奋地跑到襄子那里，告诉他："这支曲子的意思很深，作曲的人一定有远大的理想，除了周文王还能是谁呢？"襄子惊叹道："你说得一点儿不错，我学这首曲子的时候，我的老师好像说过，这首曲子是周文王作的，叫《文王操》。"

孔子认真学习音乐，收获很大。古代流传下来的诗歌有三千多首，他晚年整理古代诗歌，取其精华，选了三百零五首，都能一首一首地弹唱出来，编成了《诗》，后人称为《诗经》。他一生完成了《诗》《书》《礼》《乐》《易》《春秋》等六部经典的编修工作。孔子以这些经典为教材，精心传授学生，培养了大量卓越人才。

缓揭帘　勿有声　宽转弯　勿触棱
执虚器　如执盈　入虚室　如有人

【原文】

缓揭帘，勿有声，宽转弯，勿触棱①。

执虚器②，如执盈③；入虚室，如有人。

【译文】

进门时要轻缓地揭开门帘，不要弄出声响，走路拐弯时角度要大些，不要碰到物品的棱角。手里拿着没有盛东西的器具，就如同拿着装满了东西的器具一样小心；走进没人的空房间，就如同走进有人的房间一样小心。

【注释】

①棱：家具物品的棱角。

②虚器：空的器具。

③盈：满。

【解读】

谨慎是成功人士必备的品格，具有这种品格的人，在行事时会权衡利弊，周密计划，不轻率盲动，草率行事，从而变得温和有礼、平易近人，能虚心求教，取长补短。

而一个不谨慎的人骨子里是不敬畏。既不敬畏天地，也不敬畏尊长，更无视有可能因他的不谨慎而波及的人。这种不敬畏骨子里又是极端的自私和自我，自己图舒服和痛快，让别人给他的舒服和痛快买单！缺乏谨慎，就好比揣着一个缺乏保险阀门的炸弹走路，稍有震动，便把自己和周边的人炸得粉碎！多少大事，多少仁人，都败在这个不谨慎上！

所以，不论你从事何种职业，担任什么职务，只有谨慎行事，才能保持不断进取的精神，才能增长更多的知识和才干。而那些做事大大咧咧满不在乎的人，只能在现有的状况上停步不前，轻者使工作受到损失，重者会使事业半途而废。

史鉴典例

范蠡功高慎归

春秋末，范蠡为越国大夫，辅佐越王勾践，忠心效命，勤苦效力，为越王谋划20年，帮助勾践发愤图强，经过十年，越国国势日盛，公元前482年，乘吴王夫差在黄池大会诸侯之机，他建议勾践发兵攻吴，获大胜，俘吴太子友，数年之后灭吴，迫使夫差自杀，雪洗越国当年被吴灭亡的耻辱。继而又助勾践北征，直副齐鲁，称霸中原。

此时范蠡觉得危险就在眼前，功高震主，君主只能共患难，不能同富贵，"兔死狗烹"，历史上的例子多了。于是他收拾细软，带上家属悄悄远去，改名陶朱公，归隐经商。与其同时辅佐越王的文种，不听劝告，留恋富贵，结果被勾践所杀。

长孙皇后位尊守慎

长孙皇后与其兄长孙无忌，帮助唐太宗李世民完成大业，建立大功。太宗欲封长孙无忌为宰相，长孙皇后闻讯后，出面力阻。她对唐太宗说："臣妾感谢圣恩，臣妾已位尊至皇后，长孙家不能再封赏了。汉朝的教训太深了，当年吕后受皇上宠幸，满朝都是吕家的人，结果图谋造反，遭灭顶之灾，祸国殃民。长孙无忌不能为相，请求皇上另找人选。"李世民拒不采纳皇后的请求，仍封长孙无忌为相。

长孙皇后向皇上请求遭拒绝，于是就将其兄长孙无忌找去，向他讲清利害，要他远避裙带，切不可贪图眼前荣华富贵而酿成大祸。无忌最后被皇后说服，向皇上力辞宰相之职。

苏嘉折辕

苏嘉是西汉著名大臣苏武的哥哥，曾经负责给皇帝驾车。

一次，皇帝外出，苏嘉为皇帝驾车，从都城长安来到郊外的行宫。当皇帝正要下车时，苏嘉因为不小心，一下子把车辕撞到了门前的柱子上。车辕被折断了，皇帝也受了惊吓。结果，苏嘉被判为大不敬的罪责，只好自杀。看来，做任何事情都应该小心谨慎，一件小事如果处理不好，有时也会酿成大祸。

蘧伯玉不废礼仪

　　蘧伯玉是春秋时期卫国的大夫，是一个非常讲究礼仪的人。

　　一天晚上，卫灵公和夫人在庭院中赏月，忽然听到有马车的声音，但经过王宫门口时，却没了动静。过了一会儿，车马声又在远处响了起来。原来是蘧伯玉驾车从这里经过。当时的礼节规定：大臣经过国君的门口要下车，以表示恭敬。蘧伯玉绝不因为这是晚上，没有人看见就废弃了礼节。从这件小事，可以看到蘧伯玉的谨慎和为人。

事勿忙　忙多错　勿畏难　勿轻略
斗闹场　绝勿近　邪僻事　绝勿问
将入门　问孰存　将上堂　声必扬
人问谁　对以名　吾与我　不分明
用人物　须明求　倘不问　即为偷
借人物　及时还　后有急　借不难

【原文】

事勿忙，忙多错，勿畏难，勿轻略①。

【译文】

做事不要过于匆忙，匆忙就容易发生差错，做事时不要畏惧困难，也不要轻率地对待。

【解读】

生活中，总有那么一些人，想到什么，脑子一热，就去做什么，做着做着不行了，又随意地放弃了，急进急退，忽冷忽热。其实，在你决定做一件事时，一定要头脑清醒，冷静稳重，想好了再去做；在你决定放弃一件事时，也一定要想好再放弃。

《中庸》中说："任何事情事前有所准备，考虑得周全就会取得成功，否则就会失败。说话之前考虑好说话的内容，说起话来就不会磕磕绊绊；做事之前考虑好如何去做，做起事来就不会被难住；行动之前考虑周全，做起事来就不会因失误而内心愧疚；做事的原则决定下来，做起事来就不会使自己陷于穷途末路。"

所以，人不仅在选择做什么事时要事先考虑清楚再去做，而且在做的过程中也不能急于求成，急于求成会达不到预期的效果，或实际效果与预期效果大打折扣。

另外，要想成就一件事情，还要具有坚强的意志力。一个人只有在面对困难时不动摇，不退缩，才能全身心地投入地去做，最终达到成功的彼岸。

纪昌学射箭

　　甘蝇，是古时候的一位射箭能手。他只要一拉弓，野兽就会倒地，鸟儿就会落下。只要看到过甘蝇射箭的人，没有一个不称赞他的射箭技术，真是箭无虚发，百发百中。甘蝇的弟子叫飞卫，他跟着甘蝇学射箭非常刻苦，几年以后，飞卫射箭的本领超过了他的老师甘蝇，真是名师出高徒。后来，又有一个名叫纪昌的人，来拜飞卫为师，跟着飞卫学射箭。

　　飞卫对纪昌学习射箭可谓严格要求，刚开始学射箭时，飞卫对纪昌说："你是真的想要跟我学射箭吗？要知道不下苦功夫是学不到真本领的。"纪昌坚决地说："只要能学会射箭，再苦再累我都不怕，愿听老师指教。"于是，飞卫很严肃地对纪昌说："你要先学会不眨眼睛，只有做到了不眨眼睛，才可以开始学习射箭。"

　　纪昌为了学射箭，回到家里，仰面躺在妻子的织布机下面，两眼一眨不眨地直盯着妻子织布时不停地踩动着的脚踏板。天天如此，月月如此，心里想着飞卫老师对他的要求和自己向飞卫表示过的决心。要想学到真功夫，成为一名箭无虚发的神箭手，就要坚持不懈地刻苦练习。就这样，纪昌坚持练了两年，从不间断。即使锥子的尖端刺到了眼眶边，他的双眼也一眨不眨。纪昌于是整理行装，离别妻子到飞卫那里去了。飞卫听完纪昌的汇报后却对纪昌说："你还没有学到家。要想学好射箭，你还必须练好眼力才行，要练到看小的东西像看到大的一样，看隐约模糊的东西像明显的东西一样。你还要继续练，练到了那个时候，你再来告诉我。"

　　纪昌又一次回到家里，选一根最细的牦牛尾巴上的毛，一端系上一个小虱子，另一端悬挂在自家的窗口上，两眼注视着吊在窗口牦牛毛下端的小虱子。看着，看着，目不转睛地看着。10天不到，那虱子似乎渐渐地变大了。纪昌仍然坚持不懈地刻苦练习。他继续看着，看着，目不转睛地看着。三年过去了，眼中看着那个系在牦牛毛下端的小虱子又渐渐地变大了，大得仿佛像车轮一样了。纪昌再看其他的东西，简直全都变大了，大得竟像是巨大的山丘。于是，纪昌马上找来用北方生长的牛角所装饰的强弓，用出产在北方的蓬竹所造的利箭，左手拿起弓，右手搭上箭，目不转睛地瞄准那仿佛车轮大小的虱子，将箭射过去，箭头恰好从虱子的中心穿过，而悬挂虱子的牦牛毛却没有被射断。这时，纪昌才深深体会到要学到真实本领非下苦功夫不可。他便把这一成绩告诉了飞卫。

飞卫听了很为纪昌高兴，甚至高兴得跳了起来，并用手拍着胸脯，走过去对纪昌说："你成功了。对射箭的奥妙，你已经掌握了。"

王羲之教子习书法

王羲之，东晋书法家，字逸少，号澹斋，汉族，祖籍琅琊临沂，后迁会稽，晚年隐居剡县金庭，有书圣之称。历任秘书郎、宁远将军、江州刺史。后为会稽内史，领右将军，人称"王右军""王会稽"。其子王献之书法亦佳，世人合称为"二王"。王献之之所以在书法上有这么深的造诣，与父亲的教育是不无关系的。

王羲之有七个儿子，王献之是最小的一个，他自幼聪明好学，在书法上专工草书隶书，也善画画。他七八岁时就开始学书法，师承父亲。

一次，王羲之看献之正聚精会神地练习书法，便悄悄走到背后，突然伸手去抽献之手中的毛笔，由于献之握笔很牢，没被抽掉。父亲高兴地夸赞道："此儿后当复有大名。"王献之听后心中沾沾自喜。又有一次，王羲之的一位朋友让王献之在扇子上写字，献之挥笔便写，忽然一不小心，笔落在扇子上，把字染了，王献之灵机一动，只见他在上面轻轻涂抹几笔，扇面上就出现了一只栩栩如生的小牛。再加上众人对献之书法绘画赞不绝口，小献之滋长了骄傲情绪。王羲之夫妇看此情景，若有所思……

一天，献之问母亲："我只要再写上三年就行了吧？"妈妈摇摇头。"五年总行了吧？"妈妈又摇摇头。献之急了，冲着妈妈说："那您说究竟需要多长时间？""你要记住，写完院里这18缸水，你的字才会有筋有骨，有血有肉，才会站得直立得稳。"献之一回头，原来父亲站在了他的背后。王献之心中不服，啥都没说，一咬牙又练了五年，把一大堆写好的字给父亲看，希望听到几句表扬的话。谁知，王羲之一张张地看过，一个劲地摇头。掀到一个"大"字，父亲露出了较为满意的表情，随手在"大"字下填了一个点，然后把字稿全部退还给献之。小献之心中仍然不服，又将全部习字抱给母亲看，并说："我又练了五年，并且是完全按照父亲的字样练的。您仔细看看，我和父亲的字还有什么不同？"母亲果然认真地看了三天，最后指着王羲之在"大"字下加的那个点儿，叹了口气说："吾儿磨尽三缸水，惟有一点似羲之。"

献之听后泄气了，有气无力地说："难啊！这样下去，啥时候才能有好结果呢？"母亲见他的骄气已经消尽了，就鼓励他说："孩子，只要功夫深，就没有过不去的河，翻不过的山。你只要像这几年一样坚持不懈地练下去，就一定会成功的！"

于是，献之又开始了锲而不舍地练习。功夫不负有心人，献之练字用尽了18大缸水，在书法上突飞猛进。后来，王献之的字也到了力透纸背、炉火纯青的程度，他的字和王羲之的字并列，被人们称为"二王"。

御史蒋恒查元凶

唐太宗贞观年间，衡州板桥客店发生了一起谋杀案。在店主张迪的妻子回家的那天晚上，张迪在客店中被人杀死了。

就在店主张迪被杀的当晚，正好有卫三、杨真等三人到店里投宿。夜里有人偷偷拿了卫三的刀杀死了店主张迪，后又悄悄把刀插入刀鞘中放回原处，卫三等人酣然大睡，第二日天还没亮，他们又照常出发，丝毫不知此事。

第二天清晨，店中人发现主人被杀死，又不见了卫三等人，便怀疑是卫三等人作的案。人命关天，店中人叫上左邻右舍，察看足迹，一起追赶卫三等人。急急忙忙追上一看，卫三的刀上果然有新鲜的血迹，即将三人捆绑起来，送到了官府。人赃俱获，卫三等人有口难辩，在重刑之下，屈打成招，被判成杀人重罪，上报朝廷核准。

唐太宗李世民听说了这个案子，觉得有些蹊跷。三个客官与店主前无冤后无仇，为什么要行凶杀人呢？李世民叫来御史蒋恒，说道："你去复查一下这个案子，一定要查个水落石出。"

蒋恒来到衡阳，告诉当地官府不要立即处斩那三个客官。他对这三个客官亲自提审，问道："那天晚上你们为什么半夜离开客店？"卫三回答说："回大人的话，我们三人不是本地人，这次出来是为了做买卖。因为第二天要到60里外去看货，所以半夜动身。当时店里的人都在睡觉，故而不辞而别。"蒋恒又问："卫三，你的刀为什么有血迹？你要如实招来！"卫三又说："小人确实不知刀上的血从何而来。我在睡觉前曾洗刷过我的刀，不知为什么第二天上面竟有血迹。小人的话如有半句假话，情愿受死！"

蒋恒初步断定这三个人并非凶手，他给李世民写信谈了自己的想法。李世民回信说："爱卿复查此案细而有加，令我十分高兴。我看追查真凶，不妨采用打草惊蛇之计。"

至于如何采用打草惊蛇之计，唐太宗并未详谈。蒋恒知道这是唐太宗有意考验他。蒋恒苦想了整整一个晚上，终于有了主意。

第二天，蒋恒发布命令：凡是张迪案发次日去追捕凶手的15岁以上的人，以及附近的街坊邻居，全部到衙门集合，并且一一向官府说明案情。人员到齐后，蒋恒又借口官府人手不够，忙不过来，要这些人暂且回去，却单单留下一个八十多岁的老婆婆，直到晚上才放她回去。蒋恒私下安排监狱长派人暗中监视，说老婆婆离开衙门后一定会有人上前跟老婆婆说话，这时一定要记住这个人的面貌长相，锁定目标。

果然，老婆婆出门后，就有人上前询问御史大人向她问了些什么。蒋恒连续三天传老婆婆到衙门来，每天晚上老婆婆出去时，总有一个人来问她，且都是同一个人。

于是蒋恒下令将此人逮捕，加以审讯。让人想不到的是，这人竟然不打自招，乖乖地交代是其杀的人，说其与张迪的妻子私通，为达到长期占有的目的，共同商议杀害张迪。为了嫁祸于人，他乘卫三等人熟睡时偷偷拿他们的刀杀人。为了避免怀疑是通奸杀人，张迪的妻子故意在当天提前回娘家，以造成不在现场的假象。凶手自以为神不知鬼不觉，没想到还是被断案如神的蒋恒将其双双抓获，蒙冤受屈的卫三等人得以无罪释放。

人们惊奇蒋恒断案如神，其实，蒋恒正是考虑到侦破案件没有任何线索，但是，案犯关心案件进展的心理是客观存在的，蒋恒便抓住这一点，留一个老太太作诱饵，果然使得无头案真相大白。

【原文】

斗闹场，绝①勿近；邪僻事，绝勿问。

【译文】

打架闹事的场合，绝对不可以靠近；那些邪恶下流、荒诞不经的事情，绝对不要去过问。

【注释】

①绝：绝对。

【解读】

西晋思想家傅玄曾说："近朱者赤，近墨者黑。"这句话现在常用来比喻经常与优秀人才一起交往，自己也会向好的方向发展，反之亦然。的确，生活中，我们都会在不经意间接受来自环境的一些潜移默化的影响，从而不知不觉

地改变了自己的品行。如果一个人周围都是一些道德高尚的人，那么这个人也会通过努力，去赶超他们。同样的，如果一个人总是与一些道德素质低下的人交往，久而久之他的品性也会变得恶劣。

青少年正处于人生的成长阶段，眼睛不够明亮，内心亦不够成熟，"近墨"难免变"黑"，故而何不"近朱"呢？因此在与人的交往中，我们应该学会明辨是非，尽量做到"交益友而不交损友"。让我们通过与益友的交往，不断提高修养，增长才干，做一个德才兼备的人。

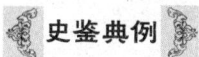 史鉴典例

孟母三迁

孟子，名轲，字子舆，鲁国邹城人。又字子车、子居。中国古代著名思想家，教育家，政治家，战国时期儒家代表人物。

孟子在很小的时候，父亲就去世了，全靠母亲仉氏一人日夜纺织来艰难度日。仉氏是个勤劳而有见识的妇女，她希望自己的儿子读书上进，早日成才。但孟轲天性顽皮好动，不想刻苦学习。他整天跟着邻居家的孩子田里偷瓜，爬树捉鸟，下河摸鱼。孟母一开始对他又打又骂，可是这些对于孟子一点用也没有，他还是照玩不误。

孟母见一点效果都没有，就静下心来仔细想想，他觉得儿子不好好读书，与附近的环境不好有关，于是，她就找了一处邻居家没有贪玩孩子的房子，第一次搬了家。

搬家以后，孟轲还是坐不住。一天，孟母到河边洗衣服，回来一看，孟轲又不见了。孟母心想，这周围又没有小孩，他会到哪里去呢？孟母找到邻居院子里，见那儿支着个大炉子，几个满身油污的铁匠师傅在"叮叮当当"地打铁。孟轲正在院子的角落里，用砖块作铁砧，用木棍作铁锤，模仿着铁匠师傅的动作，正玩得起劲。孟母一想，这里环境还是不好，于是又搬了家。

这次她把家搬到了荒郊野外，周围没有邻居，门外是一片坟地。孟母想，这里再也没有什么东西可以

吸引儿子了，他总会用心念书了吧！

转眼间，清明节到了，坟地里热闹起来，孟轲又溜了出去。他看到一溜穿着孝服的送葬队伍，哭哭啼啼地抬着棺材来到坟地，几个精壮小伙子用锄头挖出墓穴，把棺材埋了。他觉得挺好玩，就模仿着他们的动作，用树枝挖开地面，认认真真地把一根小树枝当作死人埋了下去。直到孟母找来，他才回家。

于是孟母又搬了家。这次的家隔壁是一所学堂，有个老师教着一群大大小小的学生。老师每天摇头晃脑地领着学生念书，那拖腔拖调的声音就像唱歌，调皮的孟轲也跟着摇头晃脑地念了起来。孟母以为儿子喜欢念书了，高兴得很，干脆拿了两条干肉作学费，把孟轲送去上学。

可是有一天，孟轲又逃学了。孟母知道后伤透了心。等孟轲玩够了回来，孟母问他："你最近书读得怎么样？"孟轲说："还不错。"孟母一听，生气地骂道："你这不成器的东西，逃了学还要撒谎骗人！我一天到晚苦苦织布为了什么！"说着，揪着他的耳朵拖到织布机房，抄起一把雪亮的剪刀，"哗"的一声，把织机上将要织好的布全剪断了。

孟轲吓得愣住了，不明白母亲为什么这样做。孟母把剪刀一扔，厉声说："你贪玩逃学不读书，就像剪断了的布一样，织不成布；织不成布，就没有衣服穿；不好好读书，你就永远成不了人才。"

这一次，孟轲心里真正震动了。他认真思考了很久，终于明白了道理，从此专心读起书来。由于他天资聪明，后来又专门跟孔子的孙儿子思学习，终于成了儒家学说的主要代表人物。

管宁断交

管宁和华歆在年轻的时候是一对非常要好的朋友。他俩成天形影不离，同桌吃饭、同榻读书、同床睡觉，相处得很和谐。

一天，他俩一块儿去菜地里锄草。两个人努力干活，都顾不得停下来休息。突然，只听见"当"一下，管宁的锄头碰到了一个硬东西。管宁好生奇怪，将锄到的一大片泥土翻了过来。黑黝黝的泥土中，有一个黄澄澄的东西闪闪发光。管宁定睛一看，是块黄金，他就自言自语地说了句："我当是什么东西呢，原来是锭金子。"接着，他不再理会了，继续锄他的草。

不远处的华歆听到这话，不由得心里一动，赶紧丢下锄头跑了过来，拾起金子捧在手里仔细地端详，早就把锄地的事忘在脑后了。

管宁见状，一边挥舞着手里的锄头干活，一边责备华歆说："钱财应该是靠

自己的辛勤劳动去获得，一个有道德的人是不可以贪图不劳而获的财物的。"

华歆听后，回答道："这个道理我也懂。"但手里却还捧着金子左看看、右看看，舍不得放下。后来，他实在被管宁的目光盯得受不了了，才不情愿地丢下金子回去干活。可是他心里还在惦记金子，干活也没有先前努力，还不住地唉声叹气。管宁见他这个样子，不再说什么，只是暗暗地摇头。

又有一次，管宁和华歆两人坐在一张席子上读书。正看得入神，忽然外面沸腾起来，一片鼓乐之声，中间夹杂着鸣锣开道的吆喝声和人们看热闹吵吵嚷嚷的声音。于是管宁和华歆就起身走到窗前去看究竟发生了什么事。

原来是一位达官显贵乘车从这里经过。一大队随从佩带着武器、穿着统一的服装前呼后拥地保卫着车子，威风凛凛。再看那车饰更是豪华：车身雕刻着精巧美丽的图案，车上蒙着的车帘是用五彩绸缎制成，四周装饰着金线，车顶还镶了一大块翡翠，显得富贵逼人。

管宁对于这些很不以为然，又回到原处捧起书专心致志地读起来，对外面的喧闹完全充耳不闻，就好像什么都没有发生一样。

华歆却不是这样，他完全被这种张扬的声势和豪华的排场吸引住了。他嫌在屋里看不清楚，干脆放下书，急急忙忙地跑到街上跟着人群尾随车队细看。

管宁目睹了华歆的所作所为，再也抑制不住心中的叹惋和失望。等到华歆回来以后，管宁就拿出刀子当着华歆的面把席子从中间割成两半，痛心而决绝地宣布："我们两人的志向和情趣不一样。从今以后，我们就像这被割开的草席一样，再也不是朋友了。"

【原文】

　　将入门，问孰存①；将上堂，声必扬②。
　　人问谁？对以名，吾与我，不分明。

【译文】

在准备进入别人家的大门时，要先问谁在家；进入厅堂前，声音一定要高一些。人家问是谁时，一定要回答姓名，如果只回答是"是我""是吾"，对方就弄不清楚究竟是谁了。

【注释】

①孰存：孰，谁，哪个。存，存在。
②扬：大声。

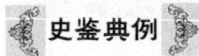

【解读】

日常生活中，我们到别人家时，要有礼貌，不可撞门而入，应先敲门问一句：有人吗，可以进来吗？回答时应大声报出自己的名字，而不能用一个字"我"来回答。这既不礼貌，又不易让屋里的人听清。这些人际交往中的细节，往往会被人忽略，从这本书中，你能学到许多类似的生活中的礼节和技巧。

史鉴典例

三顾茅庐

汉末，黄巾事起，天下大乱，曹操坐据朝廷，孙权拥兵东吴，汉宗室豫州牧刘备听徐庶和司马徽说诸葛亮很有学识，又有才能，就打算请他出来辅佐自己。

诸葛亮，字孔明，青年时代躬耕于隆中，并苦读经书，熟悉历朝兴衰的历史，潜心钻研兵法。他常以春秋战国时的管仲、乐毅自比，是难得的一位将才、谋士，自称"卧龙"。善于网罗人才的刘备闻知，高兴地说："我需要这样的人才！"并表示哪怕山高路远，行走不便，也要亲自去请他。

深冬的一天，刘备带着关羽、张飞，到隆中邀请诸葛亮。谁知诸葛亮当时恰好不在家，刘备只好扫兴而归。

刘备回到新野，不断派人到隆中打听诸葛亮的消息。当他打听到诸葛亮外出已经回家后，刘备当即决定再去请诸葛亮。对于大哥刘备的这种做法，张飞不以

为然地说："一个平民百姓，派个武士把他叫来就得了，犯不着让你一再去请。"刘备说："诸葛亮是当代大贤，怎么能随便派个人去叫他呢？必须要亲自去请，才能显示我们的诚意。"于是三人骑马直奔隆中而去。

这一天，北风呼啸，大雪纷飞，冷得实在教人难忍。张飞对着刘备大嚷："我等何苦找此罪受！不如等天晴再说。"刘备却说："贤弟，咱们冒此大风雪，不怕山高路远，去请诸葛，不正表明了我们的一片诚意吗？"三人继续往前赶路。不料，这一次刘备又没有见到诸葛亮，只好写了一封信托诸葛亮的弟弟转交，说明来意，并

表示择日再访。

第二年春天，刘备更衣备马，决定第三次去拜访诸葛亮。张飞、关羽竭力劝阻。关羽说："我们两次相请，都未见到他，想必他徒有虚名，不敢前来相见。"张飞更是带着轻蔑的口吻说："我们已仁至义尽，这次只需我一人前往，他若不来，我就将他绑来见你。"刘备连忙说道："不得无礼，没有诚意哪能请到贤人呢？"

刘备三人飞马直奔隆中，来到诸葛亮的草庐前。此时诸葛亮正在午睡。刘备唯恐打扰诸葛亮，不顾路途疲劳，屏声敛气地站在门外静候，直到诸葛亮醒来才敢求见。刘备见了诸葛亮，说道："久慕先生大名，三次拜访，今日如愿，实是平生之大幸！"诸葛亮说："蒙将军不弃，三顾茅庐，真叫我过意不去。亮年幼不才，恐怕让将军失望。"刘备却诚恳地说："我不度德量力，想为天下伸张正义，振兴汉室。由于智术短浅，时至今日，尚未达到目的，望先生多多指教。"刘备谦虚的态度，诚恳的情意，使诸葛亮很受感动。于是诸葛亮终于答应了刘备的请求，怀着统一全国的政治抱负，离开了隆中茅庐，出任刘备的军师。他忠心耿耿地辅佐刘备，为"三国鼎立"局面的确立，做出了巨大贡献。

孟子欲休妻

战国时期的一天，孟子的妻子独自一人呆在屋里，孟子从外面突然闯进来，瞧见她姿势不雅，顿时无名火起，立即跑到母亲面前告状。他说："老婆对我无礼，我今天非把她赶出家门不可！"孟母问："究竟是出了什么事，惹得你要休妻呀？"孟子答道："刚才她蹲在屋里，那姿态真叫难看，这是对我无礼，妻子不尊重丈夫，我必须休了她！"孟母听这话有点蹊跷，继续追问道："你仔细说说，你是怎么发现她蹲在屋里的？"孟子满有理由地回答："这都是我亲眼所见，我刚才一推门看……""别说了，我听明白了。"孟母问明了情况，大声斥责儿子说："这分明是你无礼，不是你妻子无礼！"孟子有些茫然，他不服气。孟母接着解释说："不是有这样几句俗话嘛：'将入门，问孰存；将上堂，声必扬；将入户，视必下。'不管是进谁的门，都要事先敲一下门，或者大声地咳嗽一声，好叫人家知道有人来了。不能乘人不备，来个突然闯入。这是常人都懂得的礼貌规矩。可你倒好，进入你妻子闲居休息的地方，进门时没有任何声响，见了你妻子蹲着，你得赶紧先退出去一会儿，你却还在看，这叫你妻子怎么办？这不正是你无礼吗？怎么能说是你妻子无礼呢？"

孟子没有想到，母亲恰恰从同一事情得出了相反的结论。批评虽很尖锐，但是句句

有根有据，于是孟子赶紧认错。

程门立雪

杨时(1053年—1135年)，初字行可，因犯友人父讳，后改中立，号龟山，将乐县人。

杨时从小就聪明伶俐，4岁入村学，7岁就能写诗，8岁就能作赋，人称神童。他15岁时攻读经史，熙宁九年登进士榜。他一生立志著书立说，曾在许多地方讲学，备受欢迎。居家时，长期在含云寺和龟山书院，潜心攻读，写作教学。

有一年，杨时赴浏阳县途中，不辞劳苦，绕道洛阳，拜师程颐，以求学问上进一步深造。一天，杨时与他的学友游酢，因对某一个问题持有不同的看法，为了求得一个正确答案，他俩便一起去老师家请教。

时值隆冬，天寒地冻，浓云密布。他们行至半途，寒风凛凛，瑞雪霏霏，冷飕飕的寒风肆无忌惮地灌进他们的领口。他们把衣服裹得紧紧的，匆匆赶路。来到程颐家时，适逢先生坐在炉旁打坐养神。杨时二人不敢惊动老师，就恭恭敬敬侍立在门外，等候先生醒来。

这时，远山如玉簇，树林入银妆，房屋也被上了洁白的素装。杨时的一只脚冻僵了，冷得发抖，但依然恭敬侍立。

过了良久，程颐一觉醒来，从窗口发现侍立在风雪中的杨时，只见他通身披雪，脚下的积雪已一尺多厚了，赶忙起身迎他俩进屋。

"程门立雪"后来用为尊师重教的故事。

【原文】

用人物，须明求，倘不问，即为偷。

借人物，及时还；后有急，借不难。

【译文】

在使用别人的东西时，一定要明确地提出请求，如果不问一声就拿去用，就是偷窃的行为。借用别人的东西，要及时归还；这样，以后碰到急用的时候，再向别人借就不难了。

社会是一个大家庭，人与人之间难免会你来我往，相互求借，但在借用他人物品时，一定要征得主人的同意后再拿走，千万不要在主人不知道的情况下随意拿人家的东西，如果东西的主人都不知道东西哪去了，那你和小偷的行为又有什么不同？

俗话说："有借有还，再借不难。"这是借物的基本道理，借物不还，虽然是件小事，但会带来一些不好的后果，一来失信于人，再难以借到东西；二来损害了自己的人品，被人看成贪图便宜的人。不仅借物要归还，而且还要及时归还，以免影响别人的使用。这种习惯和品行，对我们青少年尤为重要。

史鉴典例

义不摘梨

许衡，字仲平，学者称之鲁斋先生，出生于金卫绍王大安元年（1209年），卒于元至元十八年（1281年）。祖籍怀州河内李封人，谥文正，封魏国公。他是中国13世纪杰出的"思想家、教育家和天文历法学家"。

宋朝末年，兵荒马乱，社会秩序很不安定，常常有强盗土匪来抢劫与掠夺。

一天，许衡要到河阳县来向一位老学者请教学问。许衡走在路上，望着路边荒芜的田野、破败无人的村庄，胸中涌出无限感慨，他想："如果战争再不停息，天下的百姓真是活不下去了。但愿我能辅佐一位英明的君主，统一天下，让老百姓重新安居乐业。"这样想着，他加快了脚步，恨不能一步赶到那位老学者家中，把治国平天下的本领学到。

这时正是三伏天，炎炎烈日炙烤着大地，空中一丝风也没有。许衡走得汗流浃背、口干舌燥，真想找个地方乘乘凉，喝上一肚子甘甜的泉水。可这里刚刚经过战火，四周的人家跑得一干二净，哪里去找水喝呢？走着走着，他看到前面路边的大树下，有几个人正在乘凉。他急忙赶过去，希望能讨口水喝。走到近前，发现这几位是赶路的小商贩。一问，才知道他们随身带的水也喝光了，因为无处找水喝，正在那里唉声叹气。许衡只好在他们身边坐下，准备歇口气再走。

商贩们问许衡是做什么的，许衡告诉他们自己是个求学的书生。一个商贩叹口气说："嗨，这兵荒马乱的年头，读书有什么用？要是学武，倒可能出人头地。"

商贩们一起笑道："看不出这小伙子倒挺有志气！"

这时，远处跑来一个人，怀里抱着什么东西，边跑边大声喊着。商贩们都起身张望，原来那人是和他们一起赶路的商贩，刚才独自出去找水了。等他跑近，大家才发现他怀里抱着的，竟然是几个黄灿灿、水灵灵的大梨！商贩们都欢呼起来，一齐跑过去抢梨吃。许衡也走上去问道："这梨是从哪里买到的？""买？"那个商贩哈哈大笑起来："这地方的人都跑到山上避兵灾去了，连影都没有，哪里去买？"

"是呀，那你是从哪儿弄来这好东西的？"商贩们边吃边好奇地问。

"我到那边村子里转了转，想找个人家，把水葫芦灌满。可是，别说是人，老鼠都找不着！水井也都被当兵的用土给填上了。我正在丧气，忽然看见院子的墙头上露出一枝梨树枝，上面结着几颗馋人的大梨。这下子，我乐得差点晕过去，可是跑过去一看，这家的院门都用石块给堵上了，墙头也挺高。我顾不上这许多，费了好大劲，才翻进院子里，摘了这些梨。那树上的梨还多得很，我们一起去多摘些，带着路上吃好不好？"

商贩们齐声说好，便各自收拾东西，准备去摘梨，许衡插嘴问道："你说村井都被填上了吗？"

"可不是吗！当兵的看老百姓都跑光了，一气之下，走的时候，就把井都填上了，你甭想找到水喝。"

许衡叹了口气，默默地转身走开了。商贩们奇怪地问道："小伙子，你不和我们一起去摘梨吗？"

许衡说："梨树的主人不在，怎么能随便去摘呢？"

商贩们笑起来，说："你真是个书呆子！这兵荒马乱的日子，哪里还有什么人呢，再说，那树的主人没准已经被打死了呢。"

许衡认真地答道："梨树虽然无主，难道我们自己的心里也无主吗？不是自己的东西，我是决不会去拿的。"

说完，许衡背起行囊，挎上剑，向商贩们拱手道了声别，就转身上路了。

后来，元朝统一天下后，许衡因为品格高、学问好，当上了元世祖忽必烈的

大学士，成为元朝有名的开国大臣之一。

林纾"偷米"敬师

林纾，中国近代著名文学家，小说翻译家。原名群玉、秉辉，字琴南，号畏庐、畏庐居士，别署冷红生。晚称蠡叟、践卓翁、六桥补柳翁、春觉斋主人。室名春觉斋、烟云楼等。福建闽县（今福州）人，我国近代著名文学家。

林纾小时候心地十分善良，愿意帮助别人解决困难。他的老师是个品格端正、为人质朴的老先生，生活虽然很清苦，但却总是喜欢帮助比他更穷的人。所以，老师常常没钱买米，经常饿着肚子教孩子们读书。

一次，林纾知道老师病了，就去探望老师。到了老师家一看，屋里除了一些书，一张桌子，一把椅子和一张床外，就没有别的东西了。老师一个人躺在床上，身体显得非常瘦弱，林纾心里非常难过。他又悄悄地向米缸里看了看，里面一粒米都没有了！林纾想：老师为了教导我们，花了很多心血，现在得了重病，没人照顾，连米都没有，吃不上饭，病怎么能好呢？我应该给老师弄点儿米来。

林纾从老师家出来，心事重重地回到家里，他想把家里的米拿一些去送给老师。但是，用什么装呢？他灵机一动，"对，有了！"他找出一双袜子装满了米，立刻给老师送来了。

老师见这满满的两袜子米，又看看林纾脸上兴奋的神情，心里感慨地想：这孩子多善良啊！但是又一想：奇怪，装米为什么不拿口袋，却要装在袜子里呢？这里面一定有文章。于是，老师和蔼地问："你是从哪里弄来的米啊？"林纾很恭敬地回答说："我趁家里人不注意，悄悄拿出来的。"老师听了他的回答，脸上顿时失去了笑容，神情也变得严肃了。他勉强支撑着身子坐起来，生气地说："我平常不是教育你们做事要光明正大吗？你怎么能悄悄拿家里的米呢？这不是和偷东西一样吗？这种来路不正当的米，吃下去也会不舒服。快把它送回去吧！"

林纾见老师不但没有要他送来的米，反倒生了气，心中很难过，但他也明白了老师的为人，从而更敬重老师了。

宋濂谨守诚信

宋濂，字景濂，号潜溪，别号玄真子、玄真道士、玄真遁叟。汉族，浦江（今

浙江义乌）人，元末明初文学家，曾被明太祖朱元璋誉为"开国文臣之首"。

　　宋濂小时候很喜欢读书，但是由于家里穷，没钱买书，他只好向人家借书来读，每次借书，他都和别人讲好期限，按时还书，从不违约，人们也都乐意把书借给他。

　　一次，宋濂借到一本书，越读越爱不释手，便决定把它抄下来。可是还书的期限快到了，他只好连夜抄书。当时正值隆冬腊月，砚台里的墨汁都冻成了冰，宋濂的手指也冻得弯不过来，但他还是坚持抄写，不敢有半点偷懒。

　　宋濂的母亲看到儿子这么辛苦，就劝说道："孩子，都半夜了，这么冷，天亮再抄吧，你可以迟一天还他们呀。"宋濂说："那可不行，我答应了人家，到期限就要还的，这是个信用问题，也是尊重别人的表现。如果说话做事不讲信用，失信于人，怎么可能得到别人的尊重呢？"

　　还有一次，宋濂要去远方向一位著名学者请教，并约好见面日期，谁知出发那天下起了鹅毛大雪。当宋濂挑起行李准备上路时，母亲劝阻道："这样的天气怎么出远门呀？再说，老师那里早已大雪封山了。你这一件旧棉袄，也抵御不住深山的严寒啊！等天放晴了再去吧！"

　　宋濂说："如果今天不出发就会误了拜师的日子，这就失约了。失约，就是对老师的不尊重啊。风雪再大，我都得上路。"于是宋濂背上书箱和行李，爬高山，越深谷，顶风冒雪。天冷极了，脚冻得裂开老大的口子他都不知道，赶到老师家里，冻得四肢僵直，简直动弹不了。老师感动地称赞说："年轻人，守信好学，将来必有出息。"

　　后来，宋濂为了求得更多的学问，不畏艰辛困苦，拜访了很多老师，最终成为了闻名遐迩的散文家！

信篇

凡出言　信为先　诈与妄　奚可焉
话说多　不如少　惟其是　勿佞巧
奸巧语　秽污词　市井气　切戒之
见未真　勿轻言　知未的　勿轻传
事非宜　勿轻诺　苟轻诺　进退错
凡道字　重且舒　勿急疾　勿模糊
波说长　此说短　不关己　莫闲管
见人善　即思齐　纵去远　以渐跻
见人恶　即内省　有则改　无加警
惟德学　惟才艺　不如人　当自励
若衣服　若饮食　不如人　勿生戚
闻过怒　闻誉乐　损友来　益友却
闻誉恐　闻过欣　直谅士　渐相亲
无心非　名为错　有心非　名为恶
过能改　归于无　倘掩饰　增一辜

凡出言　信为先　诈与妄　奚可焉

【原文】

凡出言，信①为先，诈与妄②，奚③可焉！

【译文】

凡是开口说话，要以诚信为先，如果欺诈荒诞，这怎么可以呢？

【注释】

①信：诚信。

②妄：虚妄，荒诞。

③奚：怎么，何。

【解读】

　　诚信是中华民族的优良道德传统，也是人们普遍赞誉的一种美德。诚信作为一种道德规范，是指人的思想与行动应当一致，诚实无欺，言而有信，表里如一，说到做到。诚信是每一个公民应有的品质，更是人与人交际的基础。诚是诚实，诚心诚意；信是信用，遵守诺言。诚信就是实事求是，用更通俗的话说，诚信就是诚实，实在，不虚假。

　　孔子曾曰：人而无信，不知其可也。强调人不可以没有信用。人若不讲信用，在社会上就无立足之地，什么事情也做不成。所以，只有讲求诚信，人生才会一帆风顺。诚信就如同每个人人生的通行证，可以保证他一生畅通无阻。那么，就让我们呼唤诚信，做一个诚信的人，共同建设一个诚信的社会。

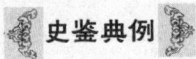

史鉴典例

舍去亲子为一诺

　　齐宣王时，有人因打架斗殴致死，当地官员接到报案后前去调查。当时有兄

弟二人站在旁边，官员就对他们进行了询问。哥哥说："这个人是我杀的。"弟弟说："不是我哥哥杀的，是我杀的。"兄弟两个都争着说是自己杀的人，弄得官员也搞不清事情的真相到底是怎样的。

就这样，一年过去了，官员实在弄不明白这兄弟二人到底哪一个是凶手，于是就把这件事报告给了宰相。宰相也弄不明白是谁杀的人，于是就把这件事报告给了齐宣王，齐宣王说："如果把兄弟二人全放了吧，是纵容犯罪；全杀了吧，又杀了一个无辜之人。我觉得这兄弟二人的母亲一定清楚这两个孩子谁好谁坏。去问一问他们的母亲吧，她说杀谁就杀谁。"

宰相接到命令后，就把兄弟二人的母亲召来问："你的孩子杀了人，可兄弟二人都争着去死，官员也弄不明白是谁杀的人，就把这件事禀告给了宣王，宣王非常仁慈，让你决定兄弟二人的死活。"这位母亲听了，哭着说："把小儿子杀了吧。"宰相听了他的话，觉得有些奇怪，就问她说："小儿子一般都是父母亲最疼爱的，而你却要杀了小儿子，这是为什么呢？"母亲说："小儿子，是我亲生的；大儿子，是我丈夫前妻留下来的孩子。我丈夫临死前嘱咐我说：'要好好地抚养，善待这个孩子。'我说：'一定！'我既然接受了丈夫的嘱托，亲口承诺了，又怎能忘记别人的嘱托而不守诺言呢？况且杀大留小，是偏爱自己孩子而不道义的行为。背叛自己说过的话，忘了曾亲口许下的诺言，是欺骗死去的人；说过的话不算数，承诺过的诺言不信守，我又怎能在社会上存身？我虽然疼爱亲生儿子，却又怎能不考虑道义德行！"说完，母亲的眼泪落下来，打湿了衣裳。

宰相入朝后，将此事禀报给了齐宣王。齐宣王非常赞叹，欣赏这位母亲如此大义的行为。于是把兄弟二人都赦免了，并且不仅不杀她的两个儿子，还尊崇她为"义母"。

晏殊换试题

晏殊，字同叔。北宋临川文港沙河人。其时为抚州籍第一个宰相，著名词人、诗人、散文家。

晏殊从小聪明好学，5岁能诗，晏殊十三四岁，就以博学多才出名，后来被地方作为"神童"推荐给朝廷。晏殊到达京城时，正巧遇上科举考试，他作为"神童"选来见皇上，本可以不参加考试，但是晏殊觉得只有经过考试，公平竞争，才能检验自己有没有真才实学，于是他申请参加考试，请求得到了皇上的批准。

考试开始了。晏殊翻开试卷，不由一愣：怎么会这么巧！试题正是自己不久前才做过的。

这时，晏殊心里产生了矛盾。他想，这是多么难得的机会啊！只要把做过的文章稍加回忆，一篇佳作不就可以出来了吗？这既不是作弊，又能保证取得好成绩，何乐而不为呢！但反过来又想，做人的基本准则是诚实，要是自欺欺人，即使能换来好成绩，得到金榜题名的荣耀，却永远摆脱不了良心的谴责。怎么能干这种卑鄙的事呢？想到这里，晏殊马上提起笔来，在试卷上写道："陛下，这试题我在家温习时做过，如果将旧题重做一遍，实有欺君之罪。恩请陛下再给我出一道试题。"写完后，他请监考官将这份试卷呈送皇帝。

宋真宗见晏殊这么诚实，十分欢喜，当即给晏殊另出了一份试题，晏殊拿到新试题后，稍加思索，就提笔洋洋洒洒地写了起来，不一会儿，一篇气势宏大、文辞华美的文章就完成了。宋真宗和众位考官看了，无不啧啧称好。考试结束时，晏殊被宋真宗破格选中当了进士。

一诺千金

"一诺千金"出自于《史记·季布列传》："得黄金百斤，不如得季布一诺。"它的意思是说一句许诺就价值千金。比喻说话算数，讲信用。

秦朝末年，在楚地有一个叫季布的人，性情耿直，为人侠义好助。只要是他答应过的事情，无论有多大困难，他都设法办到，受到大家的称赞。

楚汉相争时，季布是项羽的部下，曾几次献策，使刘邦的军队吃了败仗。为此，刘邦对他深为痛恨，等他统一中国做了皇帝后，便下令以千两黄金的重赏捉拿季布。

季布平时言而有信，答应别人的事情，从不使人失望，为此他赢得了许多朋友，民间曾流传着这样一句话："得黄金百斤，不如得季布的一个诺言。"当时敬慕季布为人的人，都在暗中帮助他。季布经过化装，到了山东一家姓朱的人家当佣工。朱家明知他是季布，仍然收留了他，后来，朱家又托人到洛阳去找刘邦的老朋友汝阴侯夏侯婴替季布说情。

于是，汝阴侯就对刘邦劝道："以前季布作为项羽的部下，为项羽出谋划策，这是他作为部下应尽的责任。现在陛下为了从前的仇恨捉拿季布，器量未

免显得太小了。假如陛下如此仇视季布，季布心生畏惧投奔到其他国家，这不是会给陛下带来更大麻烦，到时就得不偿失了。您现在倒不如就把他召进宫来，给他一个官职。"刘邦仔细想想，觉得汝阴侯说得也有理，就马上派人召季布进宫，赐予官职。季布由于感念刘邦的恩德，为汉朝做了许多大事。

到了汉文帝时，季布已经是朝廷里举足轻重的大臣了，但他仍喜欢广交朋友，豪爽正直的性格依然未变。

有一天，一个叫曹丘生的人很想见季布。季布因此人平时喜好巴结权贵，就不想见他。后来，曹丘生通过别的方法见到了季布。他对季布说："我想改过自新，可又担心人们不会信任我。听人说'得黄金千斤，不如得季布一诺'，所以才来找你。希望你今后观察我的行动，能为我正个名。"季布见他态度诚恳，就答应了下来。

从此，曹丘生无论说什么、做什么，季布都不怀疑他。曹丘生也不再说谎骗人了，最终改过自新，并成为了一代名士。

诸葛亮以信为本

诸葛亮，字孔明，号卧龙（也作伏龙），汉族，琅琊阳都人，蜀汉丞相，三国时期杰出的政治家、战略家、发明家、军事家。在世时被封为武乡侯，谥曰忠武侯。后来的东晋政权为了推崇诸葛亮的军事才能，特追封他为武兴王。

诸葛亮在职期间，每次领兵打仗都善于运筹帷幄，决胜于千里之外，《三国演义》第101回中，就描述了一个诸葛亮的以信为本的故事。

一次，诸葛亮在重议出师祁山时，长史杨仪向孔明提出了一个分兵轮战的建议。诸葛亮接受了这个意见，说："此言正合我意，吾伐中原，非一朝一夕之事，正当为此长久之计。"于是下令，分兵两班，限一百天为期，循环相转，违限者按军法处治。

接着，诸葛亮又率军出祁山伐魏。先攻卤城，又在陇上装神巧割小麦，挫败了司马懿的偷袭行动。从此蜀、魏两军就在卤城一带处于相持状态。两军相持了不少日子。一天，杨仪向诸葛亮报告说："向丞相令大兵一百日一换，今已限足，汉中兵已出川口，前路公文已到，只待会兵交换：现存八万军，内四万该与换班。"诸葛亮马上回答："既有令，便教速行。"众军得知这一消息后，个个收拾起程。可就在这个时刻，突然传来紧急军情：魏将孙礼引雍、凉人马二十万来助战，去袭剑阁，司马懿亲自引兵来攻打卤城！一听这个消息，蜀军无不惊骇。

现在，对诸葛亮来说，难题重重：敌人大兵压境，来势汹汹。自己呢？老兵已决定回去，新军尚未到达，兵力十分空虚。面临如此危机，连提出分兵轮战建议的杨仪也沉不住气。他向诸葛亮紧急建议："魏兵来得甚急，丞相可将换班军且留下退敌，待新兵来到，然后换之。"按理说，这个建议是合情合理的，是以大局为重的。但诸葛亮对此断然拒绝。他说："不可。吾用兵将，以信为本：既有令在先，岂可失信？且蜀兵应去者，皆准备归计，其父母妻子倚扉而望；吾今便有大难，决不留他。"于是，传令应回之兵，当日便行。当众军听说此事，都大声疾呼："丞相如此施恩于众，我等愿且不回，各舍一命，大杀魏兵，以报丞相。"孔明不依，仍叫他们回去。众军均要出战，不愿回家。这时，诸葛亮才同意他们暂留应战。作战中，蜀军奋力拼杀，人人奋勇，将锐兵骁，杀得魏军尸横遍野，血流成河。

在这里，诸葛亮严守信义，从而激起了士兵求战之情。信守，成了巨大的激励力量。

话说多 不如少 惟其是 勿佞巧
奸巧语 秽污词 市井气 切戒之

【原文】

话说多，不如少，惟其是，勿佞巧①。
刻薄语，秽污②词，市井③气，切戒之。

【译文】

说话多，不如说话少，说话应实话实说，不要花言巧语。尖酸刻薄的话，下流的言词，粗俗的无赖习气，一定要戒掉。

【注释】

①佞（nìng）巧：谄佞巧诈。
②秽污：不洁；肮脏。
③市井：指行为无赖、狡猾。

【解读】

古人曰："言为心声。"也就是说言语是思想的反映，从一个人的话里可以体现他的思想品德、道德修养水平。所以我们在说话时一定要注意：凡是没有意义的话、不真实的话、恶毒的话都不要讲。要讲好的话，讲真实的话，不要讲一些是是非非。另外，我们也不能无原则地说一些漂亮话，而不会做任何实事。人常说："空谈误国，实干兴邦。"一万个零抵不上一个一，一万次的表态抵不上一次实干。正如列宁所说："少说漂亮话，多做些平凡的、日常的工作，多关心每两粮食和每两煤吧！"因此，当你用实际行动代替那些不切实际的空谈时，你的人生将会向前迈出很大的一步。

溪公劝谏

韩昭侯是韩国君主、战国七雄之一。在治国方面可以说是才能卓越，但韩昭侯有一个不大不小的缺点，那就平时说话不大注意，往往在无意间将一些重大的机密事情泄露了出去，使得大臣们周密的计划不能实施。大家对此很伤脑筋，却又不好直言告诉韩昭侯。

有一位叫堂溪公的聪明人，自告奋勇到韩昭候那里去，对韩昭侯说："假如这里有一只玉做的酒器，价值千金，它的中间是空的，没有底，可以用它来盛水吗？"韩昭侯说："不可以。"堂溪公又说："用泥土烧制的瓦器装入东西不渗漏，可以用来盛酒吗？"韩昭侯说："当然可以。"

于是，堂溪公因势利导，接着说："这就是了。一个瓦器，虽然值不了几文钱，非常卑贱，但因为它不漏，却可以用来装酒；而一个玉做的酒器，尽管它十分贵重，但由于它空而无底，因此连水都不能装。人也是一样，作为一个地位至尊、举止至重的国君，如果经常泄露臣下商讨的有关国家机密的话，那么他就好像一件没有底的玉器。即使是再有才干的人，如果他的机密总是被泄露出去了，那他的计划就无法实施，因此就不能施展他的才干和谋略了。"

一番话说得韩昭侯恍然大悟，他连连点头说道："你的话真对，你的话真对。"

从此以后，凡是要采取重要措施，大臣们在一起密谋策划的计划、方案，韩昭侯都小心保密，慎之又慎，连晚上睡觉都是独自一人，因为他担心自己在熟睡中说梦话时把计划和策略泄露给别人听见，以至于误了国家大事。

诞傲致殒的祢衡

东汉末年的祢衡，是一个狂傲之士。他后来"诞傲致殒"是不足为怪的。

祢衡，字正平，平原郡（今山东临邑东北）人。祢衡少年时代就表现出过人的才气，记忆力非常好，过目不忘，善写文章，长于辩论。但是，他的坏脾气似乎也是天生的，急躁、傲慢、怪诞，动不动就开口骂人，因而得罪了不少人。这样一个人，又生活在天下动乱、军阀割据专权的东汉末年，所以他的悲剧命运也就注定了。

建安初年，汉献帝接受曹操的建议，把都城迁到了许都（今许昌）。为了寻

求发展的机会，祢衡从荆州来到文人荟萃的许都后，为求进用，曾写好一封自荐书，打算毛遂自荐，但因为看不起任何人，结果自荐书装在口袋里，字迹都磨损得看不清楚了，也没派上用场。当时许都是东汉王朝的都城，名流云集，人才济济，当世名士有很多都集中在这里，但自视甚高又不愿同流合污的祢衡一个也看不上眼。有人劝他结交司空椽陈群和司马朗，他却很刻薄地挖苦道："我怎么能跟杀猪卖酒的人在一起呢？"又劝他参拜尚书令荀彧和荡寇将军赵稚长，他却说："荀某白长了一副好相貌，如果吊丧，可借他的面孔用一下；赵某是酒囊饭袋，只好叫他去监厨请客。"后来，祢衡终于结交了两位朋友，一位是孔子的后代孔融，另一位是官宦子弟杨修。可能是才气学问相当并且气味相投的原因，他们三位不仅比较谈得来，而且相互之间还曾有过肉麻的吹捧，如孔融称祢衡是"颜回不死"，祢衡称孔融是"仲尼复生"。

后来，孔融将祢衡推荐给曹操，希望曹操能够任用祢衡。谁知祢衡却不领情。他不但托病不见曹操，而且出言不逊，还将曹操臭骂了一顿。但曹操当时正是招揽人才之际，比较注意自己的言行和形象，尽量保持宽容爱才的名声，虽然对于祢衡很是恼怒，但还是忍下来了。曹操知道祢衡善击鼓，就召他为击鼓的小吏。一日大宴宾客，曹操让祢衡击鼓助兴，想借此污辱祢衡，没想到这个才子在换装束的时候，竟当着众宾客的面把衣服脱得精光，使宾主讨了个大没趣。曹操对孔融说："我要杀祢衡，不过像宰一只麻雀或老鼠一样罢了！只是想到此人一向有些虚名，杀了他，远近的人会说我无容人之量。"于是想了个借刀杀人的法子，强行把祢衡押送到荆州，送给荆州牧刘表。

刘表及荆州人士早就知道祢衡的大名，对他的才学十分佩服，所以对他并不歧视，相反还礼节周到，把他奉为上宾。刘表让祢衡掌管文书，"文章言议，非衡不定"，也就是荆州官府所有的文件材料，都要请祢衡过目审定，在工作上可以说对他放手使用，十分信任。但祢衡这个才子的致命弱点是目空一切。

一次，祢衡要外出，刚好有份文件要马上起草，刘表于是叫来其他文书，让他们共同起草。他们"极其才思"，好不容易把文件写好了，谁知祢衡一回来，拿起文件草草看了一

下，就说写得太烂，然后把它撕得粉碎，掷于地下，接着他便要来纸笔，手不停挥地重新写了一篇交给刘表。他写的这份文件因"辞义可观"，甚得刘表好感，但却把别的文书都得罪了！祢衡不但经常说其他文书的坏话，而且渐渐地连刘表也不放在眼里，说起话来也总是隐含讥刺。刘表本来就心胸狭窄，自然不能容忍祢衡的放肆和无礼。但他也不愿担恶名，就把祢衡打发到江夏太守黄祖那里去了。

刘表将祢衡打发到江夏太守黄祖那里，是因为他知道黄祖性情暴躁，其用意显然也是借刀杀人。祢衡初到江夏，黄祖对他也很优待，让他做文书，负责文件起草。祢衡一开始颇为卖力，工作干得相当不错，凡经他起草的文稿，"轻重疏密，各得体宜"，不仅写得十分得体，而且许多话是黄祖想说而说不出的，因而甚得黄祖爱赏。

一次，黄祖看了祢衡起草的文件，拉着他的手说："处士，此正得祖意，如祖腹中之所欲言也。"祢衡和黄祖的长子、章陵太守黄射是要好的朋友，祢衡只要稍微收敛一下锋芒，黄祖虽然是个急性子，也不会无缘无故乱杀人的，但偏偏祢衡就是不知道收敛。

一天，黄祖在战船上设宴，祢衡的老毛病又犯了，竟当着众宾客的面，尽说些刻薄无礼的话！黄祖呵斥他，他还骂黄祖这个"死老头，你少啰嗦！"当着这么多的人面，黄祖哪能咽得下这口气，于是命人把祢衡拖走，吩咐将他狠狠地杖打一顿。不料祢衡还是怒骂不已，黄祖于是下令把他杀了。

黄祖手下的人对祢衡早就憋了一肚子气，得到命令，黄祖的主簿便立时把他杀了。时为建安元年（196年），祢衡仅26岁。

言多败事

南北朝时，贺若敦为晋朝的大将，自以为功高才大，不甘心居于同僚之下，看到别人做了大将军，唯独自己没有被晋升，心中十分不服气，口中多有抱怨之词，决心好好干它一场。

不久，他奉调参加讨伐平湘洲战役，打了个胜仗之后，全军凯旋，这应该算是为国家又立了一大功吧，他自以为此次必然要受到封赏，不料由于种种原因，反而被撤掉了原来的职务，为此他大为不满，对外大发怨言。

晋文公宇文护听了以后，十分震怒，把他从中州刺史任上调回来，迫使他自杀。临死前，他对儿子贺若弼说："我有志平定江南，为国效力，而今未能实现，你一定要继承我的遗志。我是因为这舌头把命丢了，这个教训你不能不记住呀！"说完，便拿起锥子，狠狠刺破了儿子的舌头，想让他记住这血的教训。

光阴似箭，斗转星移，转眼几十年过去了，贺若弼也做了隋朝的右邻大将

军，他没有记住父亲的教训，常常为自己的官位比别人低而怨声不断，自以为当个宰相也是应该的。不久，还不如他的杨素却做了尚书右仆射，而他仍为将军，未被提升，他气不打一处来，不满的情绪和怨言便时常流露出来。

后来一些话传到了皇帝的耳朵里，贺若弼被逮捕下狱。皇帝责备他说："你这个人有三个太猛：嫉妒心太猛；自以为是，自以为别人不是的心太猛；随口胡说，目无长官的心太猛。"因为他有功，不久也就放了。他还不吸取教训，又对其他人夸耀他和皇太子之间的关系："皇太子杨勇跟我之间，情谊深切，连高度的机密，也都对我附耳相告，言无不尽。"

后来杨勇在隋文帝那里失势，杨广取而代之为皇太子，贺若弼的处境可想而知。

隋文帝得知他又在那里大放厥词，就把他召来说："我用高颖、杨素为宰相，你多次在众人面前放肆地说'这两个人只会吃饭，什么也不会干。'这是什么意思？言外之意是我皇帝也是废物不成？"

这时因贺若弼言语不慎，得罪了不少的人，朝中一些公卿大臣怕受株连，都揭发他过去说的那些对朝廷不满的话，并声称他罪当处死。隋文帝见了，对贺若弼说："大臣们对你都十分厌恶，要求严格执行法度，你自己寻思可有活命的道理？"

贺若弼辩解说："我曾凭陛下神威，率八千兵渡长江活捉了陈叔宝，希望能看在过去的功劳的份上，给我留条活命吧！"

隋文帝说："你将出征陈国时，对高颖说：'陈叔宝被削平，问题是我们这些功臣会不会飞鸟尽，良弓藏？'高颖对你说：'我向你保证，皇帝绝对不会这样。'是吧？等到消灭了陈叔宝，你就要求当内史，又要求当仆射。这一切功劳过去我已格外重赏了，何必再提呢？"

贺若弼说："我确实蒙陛下格外的重赏，今天还希望格外地赏我活命。"

此时，他再也不去攻击别人了。隋文帝考虑了一些日子，念他劳苦功高，只把他的官职撤销了。

父子两代人，都是因多言而坏事，所以要忍那些不该讲的话，以免招致不必要的祸端。

见未真　勿轻言　知未的　勿轻传
事非宜　勿轻诺　苟轻诺　进退错

【原文】

见未真①，勿轻言；知未的②，勿轻传。

【译文】

没有看到真实情况，不要轻易发言；知道的并不一定是真实的，不要轻易去传播。

【注释】

①真：真实情况。

②的：确实。

【解读】

"见未真，勿轻言；知未的，勿轻传。"这是告诉我们，对于任何事情都一定要弄清真相，在真正了解后，才可以发表意见，千万不可以凭主观臆断下结论。

【史鉴典例】

三人成虎

战国时代，魏国的太子被送到赵国的都城邯郸做人质，跟随着一起去的人员中包括了魏国的著名大臣庞恭。

在临行前，庞恭对魏王说："要是现在有个人跑来说，热闹的街上出现了一只老虎，大王您相信吗？"

"当然不相信！"魏王立刻答道。

"如果同时有两个人跑来说，热闹的街上有一只大老虎，您相信吗？"庞恭又问。

"还是不相信。"魏王还是立刻答道。

"那么要是三个人异口同声地说街上有只老虎时，您会相信吗？"庞恭接着问。

魏王想了一会儿答道："我会相信。"

于是庞恭就劝诫魏王："街上明明是不会出现老虎的，可是只要有许多人这么说，就有可能以讹传讹地以为真有老虎了。而邯郸比街上还要远许多，再加上评议我的人又不止三个，所以将来要是有人毁谤微臣时，还希望大王您明察。"

魏王信誓旦旦地说："我不会听信传言，一定会明察。"

可是，等庞恭走后，毁谤他的人太多了，最后魏王还是听信传言，不再重用庞恭。

苏东坡认错

北宋文学家苏东坡，天资聪颖，过目成诵，出口成章，被誉为："有李太白之风流，胜曹子建之敏捷。"苏东坡官拜翰林学士，在宰相王安石门下做事。王安石很器重他的才能，然而，苏轼自恃聪明，出言常有讥诮之意。

一次王安石与他作解字游戏，论及坡字，坡字从"土"从"皮"，于是王安石认为"坡乃土之皮"。苏东坡笑道："如相公所言，滑字就是水之骨了。"王安石心中大为不悦。

还有一次，苏东坡去王安石的书房乌斋找他，王安石不在，苏东坡见乌斋台桌上摆着一首只写了两句尚未写完的诗："明月枝头叫，黄狗卧花心。"苏东坡看了又看，心生疑惑，觉得明月怎能在枝头叫呢？黄狗又怎么会在花心上卧呢？认为不妥当，便提笔一改，将诗句改为"明月当空照，黄狗卧花荫。"王安石回来后，对苏轼改他的诗极为不满，就将他贬到黄州。

苏东坡在黄州任职将近一年，一天，他到室外散步，看见一群小孩子围在一堆花丛前猛喊："黄狗罗罗，黑狗罗罗，快出来呀！罗罗罗，罗罗罗！"苏东坡出于好奇心，走过去问小孩喊什么，小孩说，我们叫虫子快点出来，好捉它。苏东坡凑近花前一看，见

有几条黄色、黑色芝麻大的小虫在花蕊里蠕动。又问小孩说这是什么虫，小孩说："黄狗虫，黑狗虫。"苏东坡离开花丛，来到一棵榕树下，正碰到树上一阵清脆的鸟叫声，问旁人，这是什么鸟叫。旁人答道："这叫明月鸟。"此刻苏东坡才恍然大悟，知自己错改了王安石的诗。

又有一次，苏东坡去拜访王安石。苏东坡来到相府时，王安石正在睡觉。苏东坡被管家引到王安石的东书房用茶。管家走后，苏东坡见四壁书橱关闭有锁，书桌上只有笔砚，更无余物。

他打开砚匣，看到一方绿色端砚，甚有神采。砚池内余墨未干，方欲掩盖，忽见砚匣下露出纸角。取出一看，原来是两句未完的诗稿，认得是王丞相写的《咏菊》诗。苏东坡暗笑：士别三日，当刮目相待。当年我在京为官时，老太师下笔数千言，不假思索。三年后，也就不同了。这首诗才写两句，不曾终韵，看来已是江郎才尽。苏东坡拿起来念了一遍：西风昨夜过园林，吹落黄花满地金。苏东坡笑这两句诗乱道，他认为一年四季，风各有名：春天为和风，夏天为熏风，秋天为金风，冬天为朔风。这诗首句说西风，西方属金，金风行秋令也。那金风一起，梧叶飘黄，群芳零客。第二句说的黄花即菊花。此花开于深秋，其性属火，敢与秋霜鏖战，最能耐久。随你老来焦干枯烂，并不落瓣。说个"吹落黄花满地金"岂不错误了？

苏东坡兴之所发，不能自已，举笔舐墨，依韵续诗两句："秋花不比春花落，说与诗人仔细吟。"然后他就离去了。不久以后，他因事被贬为黄州团练副使。秋天到了，他院子里的菊花落了一地的花瓣，只见满地铺金，枝上全无一朵，惊得苏东坡目瞪口呆，半晌无语，他这才知道原来还真有在秋天开败的菊花。

后来，苏东坡先因事到相府拜见宰相王安石。王安石命管家带苏轼到东书房。苏轼想到去年在此改诗，心下愧然。又见柱上所贴诗稿，更是羞惭，倒头便跪下谢罪。

王安石将苏轼扶起，并语重心长地对他说道："读书人不可道听途说，一定要细心察理，我若不是到过黄州，亲见菊花落瓣，怎敢在诗中乱道？"

此后，苏东坡再也不敢轻易讥诮他人了。

孙权破疑

东汉末年，天下大乱，诸葛亮于隆中躬耕陇亩，后经刘备"三顾茅庐"出山为其所用。其兄诸葛瑾，避乱江东，经孙权妹婿弘咨荐于孙权，受到礼遇。初为长史，后为南郡太守，再后为大将军，领豫州牧。

诸葛瑾受到重用，引起了一些人的嫉妒，背后中伤他明保孙吴，暗通刘备，实际

上是被他弟弟诸葛亮所用的。一时间谣言四起，满城风雨。孙吴名将陆逊善明是非，他听说后非常震惊，当即上表保奏，声明诸葛瑾心胸坦荡，忠心事吴，根本没有不忠之事，恳请孙权不要听信谗言，应该消除对他的疑虑。

孙权说道："子瑜与我共事多年，恩如骨肉，彼此也了解得十分透彻。对于他的为人，我是知道的，不合道义的事不做，不合道义的话不说。刘备从前派诸葛亮来东吴的时候，我曾对子瑜说过：'你与孔明是亲兄弟，而且弟弟应随兄长，在道理上也是顺理成章的，你为什么不把他留下来，他不敢违背兄意，我也会写信劝说刘备，刘备也不会不答应。'当时子瑜回答我说：'我的弟弟诸葛亮已投靠刘备，应该效忠刘备；我在你手下做事，应该效忠于你。这种归属决定了君臣之分，从道义上说，都不能三心二意。我兄弟不会留在东吴，如同我不会到蜀汉去是一个道理。'这些话，足以显示出他的高贵品格，哪能出现那种流传的事呢？子瑜是不会负我的，我也不会负子瑜。前不久，我曾看到那些文辞虚妄的奏章，当场便封起来派人交给子瑜，我并写了一封亲笔信给子瑜，很快就得到了他的回信。他的信中论述了天下君臣大节自有一定名分的道理，使我很受感动。可以说，我和子瑜已经是情投意合，而又是相知有素的朋友，绝不是外面那些流言蜚语所能挑拨得了的。我知道你和他是好朋友，也是对我一片真情实意。这样，我就把你的奏表封好，像过去一样，也交给子瑜去看，也好让他知道你的一片良苦用心。"

为人处世，如果只凭主观臆断，心存多疑，就交不到真心的朋友，也不会有可以信任依靠的合作者。当你怀疑别人时，同样，自己也就得不到别人的信任。人们常说："官场中没有真正的朋友。"但是，官场中必须有可以依靠的力量。于是古有朋党之论，今有宗派之说。因为在官场中生存，只有以诚待人，才能使别人以诚待己，也才能关系融洽，相互理解，一起去成就事业。

孙亮巧断"鼠屎"案

孙亮是三国时期孙权的儿子，孙权死后，由他继承东吴的皇位。他虽是个年幼的君主，但他很聪明，肯动脑筋，断事如神。

一天，孙亮理完朝政，感到口干舌燥，就吩咐太监到宫中仓库去取蜜糖浸泡的梅子。

那太监去了一会儿，便捧着银碗急急忙忙走来，跪着献了上去。孙亮接过银碗打开一看却发现蜜糖里有好几颗老鼠屎。他强忍心中怒火，命人把库吏叫来。

库吏见了孙亮，急忙跪下，不知道出了什么事，心中十分害怕。

孙亮问："刚才太监从你那里取来的蜜浸梅里，发现有老鼠屎。你说，这是怎么回事？"

还没等库吏开口，那个取蜜浸梅的太监便抢着大声质问："你是怎么管库的？御库里为什么跑进了老鼠？还不如实招来！"

库吏一听是蜜浸梅中有鼠屎，吃了一惊。转念一想，又觉得不对，急忙说："圣上息怒，容小人禀告。仓库里放的蜜浸梅，全都放在大瓶子里，封装十分严密，老鼠根本进不去，怎么会有鼠屎呢？圣上如不信，可另派他人去取几瓶来，当面打开，如有鼠屎，小人愿以脑袋向圣上谢罪。"

听库吏这么一说，孙亮心里有了疑惑：莫非是有人暗中捣鬼？他看了看站在身旁的太监，太监正神色不安地瞪着库吏。于是，孙亮又问库吏："以前太监到你那里要过蜜浸梅没有？"

库吏偷偷看了那个太监一眼，只见他那恶狠狠的目光正向自己射来。库吏连忙低下了头，战战兢兢地说："这……这……"

孙亮看到库吏心里有顾虑，便鼓励地说："有话只管大胆讲来，朕给你做主就是。"库吏听了，便壮了胆子，才说："刚才圣上派去取蜜浸梅的这位太监，以前曾多次去要过。小人认为这是专供圣上食用的，因此一直没有给他。别人谁也没去向小人要过。"

孙亮一听，立即问那个太监说："有没有这事？"

那个太监慌忙跪下辩解道："报告圣上，从无此事，分明是他严重渎职，而使老鼠跑进了御库。现在还想狡辩，按律条应立即斩首！"

孙亮此时心里已经明白了八分，他冷冷地说："情况还没搞清楚，怎么就能随便杀人！"

在场的大臣刁玄说："这事交给法官审理去好了，圣上何必费心。"

孙亮摇摇头说："这件事现在就可以搞清楚，没有必要交法官去处理。"

于是，他命人把蜜糖里的鼠屎，取出一颗，剖开一看，鼠屎外湿里干。孙亮大笑着对人们说："你们想，鼠屎如果早就浸在蜜糖里，那它里外必定都是潮湿的。如今这蜜糖里的鼠屎是才放进去不久。我敢断定，此事是太监所为。"

接着，孙亮对太监说："你与库吏有仇，故意嫁祸给库吏，欲借朕之手替你除去库吏。可是你却故意侮辱朕，今日若不杀你，世人都以为朕好欺负，左右武士将他拉出去斩首，以治他欺君之罪。"

太监听后，吓得浑身哆嗦，连忙"扑通"一声跪下，磕头求饶。

【原文】

事非宜，勿轻诺，苟轻诺①，进退错。

【译文】

对于不妥当的事，不要随便就答应，如果你轻易许诺，做与不做都是错。

【注释】

①诺：许诺。

【解读】

"事非宜，勿轻诺，苟轻诺，进退错。"这是警告我们，做事情一定要量力而行，不要轻易许诺。一个人应该有多大能力办多大事，不要为了争面子去许诺做不了的事，这样反而会失了面子；也不要碍于面子去应承办不了的事，让人把希望寄托在自己身上，结果事办不成，既耽误了别人，又落下埋怨；即使能做的事有百分之百的把握，也不要轻易将话说满，要防止事态发生意想不到的变化，承诺时要给自己留条退路，留下回旋的余地。

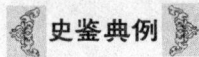 

信守诺言

赵柔，字元顺，金城人也。因学识渊博、品德高尚而闻名于世。

一次，赵柔和儿子一起到集市上卖梨，有个人准备出二十匹绢买下梨。双方谈好价钱后，那个人回去取绢去了。这时，又来了一个商人，看到赵柔的梨又大又好，立即要出三十匹绢买下。儿子听到商人的价钱高，就想卖给这个人。赵柔对儿子说："说话要算数，怎么能因为有利可图而放弃信用呢？"后来，第一个买主来了，赵柔父子就把梨卖给了他。赵柔信守诺言，被人们传为佳话。

赵柔的这种做法，真正做到了以身作则，相信他的儿子将终其一生牢记父亲的教诲"不能因为利益而放弃信用"。

曾子杀猪

曾子，姓曾，名参，字子舆，他是孔子学说的主要继承人和传播者，在儒家文化中具有承上启下的重要地位。曾参以他的建树，终于走进大儒殿堂，与孔子、孟子、颜子（颜回）、子思子比肩共称为儒家五大圣人。

曾子说过："吾日三省吾身，为人谋而不忠乎，与朋友交而不信乎，传不习乎？"意思是说，我每天都要多次反省自己，检查自己和别人商量的事情是不是忠诚地去办了，和朋友交往是不是守信用了；老师传授的知识是不是认真复习了。曾子不但这样说，而且也是这样做的。曾子杀猪的故事就是他的实践。

一天，曾子的妻子要到集市上去，他的儿子哭着要跟着她。曾子的妻子就骗他说："你先回去等着，等一会我回来给你杀猪吃。"孩子信以为真，一边欢天喜地地跑回家，一边喊着："有肉吃了，有肉吃了。"

孩子一整天待在家里等妈妈回来，村子里的小伙伴来找他玩，他都没有去。傍晚，孩子远远地看见妈妈回来了，就急忙跑上前去迎接，并催促道："娘，娘快杀猪，快杀猪，我都快要馋死了。"

曾子的妻子听后，不仅批评道："一头猪顶咱家两三个月的口粮，怎么能说杀就杀呢？"

孩子听后，"哇"的一声哭了。

曾子知道了事情的真相后，二话没说，转身就回屋里拿了把菜刀出来了，曾子的妻子吓坏了，因为曾子一向对孩子要求十分严厉，以为他要教训孩子，连忙把孩子搂在怀里。哪知曾子却径直奔向了猪圈。

妻子不解地问："你举着菜刀跑到猪圈里干什么？"

曾子毫不思索地答道："杀猪。"

妻子听了疑惑地问道："不过年不过节杀什么猪啊？"

曾子严肃地说："你不是答应过孩子了吗？既然答应了就应该做到。"

妻子说："我只不过是骗

骗孩子，和小孩子说话何必当真呢？"

曾子说："对孩子就更应该说到做到了，不然，这不是明摆着让孩子学撒谎吗？大人都说话不算话，以后有什么资格教育孩子呢？"

妻子听后惭愧地低下了头，夫妻俩真的杀了猪给孩子吃，并且宴请了乡亲们，告诉乡亲们教育孩子要以身作则。

曾子的做法虽然遭到一些人的嘲笑，但是他却教育出了诚实守信的孩子。曾子杀猪的故事一直流传至今，他的人品一直为后代人所尊敬。

季札挂剑

季札，春秋时吴国人，是吴王寿梦第四子，称公子札，是一位与江阴历史渊源有关的古代贤人。传为避王位"弃其室而耕"常州武进焦溪的舜过山下，人称"延陵季子"。

季札博学多才，品行高尚，即使是自己在心里许下的诺言，也要竭尽全力去做。

一次，季札遵照国君的旨意出使各诸侯国。他中途经过徐国，受到徐国国君的热情款待。两人意气相投，谈古论今，十分投机。

几天后，季札要离开徐国继续赶路，徐国国君设宴为季札送行。宴席上不但有美酒佳肴，而且还有优雅动听的音乐，这一切令季札十分陶醉。酒喝到兴处，季札起身，抽出佩剑，一边唱歌一边舞剑，以助酒兴，表示对徐国国君盛情款待的感谢。

这把佩剑不是一般的剑，剑鞘精美大方，上面雕刻着蛟龙戏珠的图案，镶嵌着上等宝石，在灯光的照耀下显得格外精致。剑锋犀利，是用上好的钢制成的，看起来寒光闪闪，令人不寒而栗，挥舞起来更是银光万道，威力无穷。徐国国君禁不住连声称赞："好剑！好剑！"

季札看得出徐国国君非常喜欢这把宝剑，便想将这把剑送给徐国国君作纪念。可是，这是出使前父王赐给他的，是他作为吴国使节的一个信物，他到各诸侯国去必须带着它，才能被接待。现在自己的任务还没有完成，怎么能把剑送人呢？

徐国国君心里也明白季札的难处，尽管十分喜欢这把宝剑，却始终没有说出口，以免让季札为难。

季札要离开徐国去往他国时，徐国国君又送给季札许多礼物作为纪念，季札对徐国国君的体谅非常感激，于是在心里许下诺言：等我出使列国归来，一定要将这把宝剑送给徐国国君。

几个月后，季札完成使命，踏上了归途。一到徐国，他就顾不得旅途的劳累，直接去找徐国国君。但出乎意料的是，徐国国君不久前暴病身亡了。

　　季札怀着沉痛的心情来徐国国君的墓前，三行大礼之后，把那把长长的剑挂在了树上，心中默默地祝祷着："您虽然已经走了，我内心那曾有的许诺却常在。希望您的在天之灵，在向着这棵树遥遥而望之时，还会记得我佩着这把长长的剑，向你道别的那个时候。"他默默地对着墓碑躬身而拜，然后返身离去。

　　跟在一旁的随从不解地问："大人，徐国国君已经去世了，你把剑送给他，他也看不到，你这么做有什么用呢？"而季札却说："始吾已心许之，岂以死背吾心哉？"这就是说，虽然他已经走了，但我的内心对他曾经有过承诺。徐君非常地喜欢这把剑，我心里想回来之后，一定要将剑送给他。君子讲求的是诚信与道义，怎么能够因为他的过世，而背弃为人应有的信与义，违弃原本的初衷呢？

凡道字　重且舒　勿急疾　勿模糊
彼说长　此说短　不关己　莫闲管

【原文】

凡道字①，重且舒②，勿急疾，勿模糊。

【译文】

凡是谈吐说话，一定要清楚流畅，不要讲得太快，也不要讲得含糊不清。

【注释】

①道字：说话吐字。

②重且舒：重，指发音吐字清楚。舒，流畅。

【解读】

说话的目的是让别人听的，声音太小，太含混，别人只看到你的嘴在动，却不知道你在说什么；说话时语速太快，别人的思维跟不上你说话的速度，也不清楚你在说什么。况且说话时语速太快也容易让自己的思维跟不上自己说话的速度，使自己说起话来磕磕绊绊的。所以，我们在与人交谈时，要温温和和，从从容容地说话，要让别人知道你在说什么，而且言辞也不要游移不定，只有这样才显得淡定而优雅，才像一个稳重的君子说话时的样子。

史鉴典例

柳敬亭学说书

柳敬亭，祖籍南通余西场，生于泰州。原姓曹，名永昌，字葵宇。明末清初著名评话艺术家。

15岁时，因为蛮横凶悍，刁钻不讲道理，触犯刑法，应当处死刑，因此他改姓柳，逃到盱眙城里，给人们说书。那时他说书已经能使市民佩服、感动。

几年以后，柳敬亭到了江南，松江府有个叫莫后光的读书人见了他，说：“这人机智灵活，可以帮助他，用他的演技出名。”于是对柳敬亭说：“说书虽是低微的技艺，但也必须勾画出故事中人物的性格情态，熟悉各地的风土人情。要像春秋时楚国优孟那样以隐言和唱歌讽谏，而后才能达到目的。”

听罢莫后光的点拨，柳敬亭回到家里，聚精会神，专心致志，用心练习，反复推敲。一个月后，他前往莫后光处，莫后光听罢他的演说，对他说：“你说书，能够使人欢乐喜悦，大笑不止。”又过了一个月，莫后光对他说：“你说书，能使人感慨悲叹，痛哭流涕了。”又过了一个月，莫后光不禁赞叹地说：“你说书，还没有开口，哀伤、欢乐的感情就先表现出来了，使听众不能控制自己的感情，你说书的技艺达到了精妙的程度。”

于是，柳敬亭就到扬州、杭州、南京等大城市去说书，名声显扬于达官贵人之中。在豪华大厅的盛大集会之上，在悠闲亭榭的独坐之中，人们争着请柳敬亭表演他的技艺，没有不从内心感到满足，说他演得好的。

柳敬亭说书60年，南达绍兴，西到武昌，北到北京，名重一时。

触龙说赵太后

赵太后刚刚执政，就遇上了一件很棘手的事情：秦国向赵国大举进攻，赵国国力薄弱，难以抵挡，就向齐国求救，齐国要赵太后的小儿子长安君做人质，才肯出兵。但赵太后特别喜欢这个小儿子，无论怎样都舍不得，秦国攻势又紧，这可怎么办呢？

左师触龙知道了这件事后，就去见赵太后。这时太后刚刚送走了一批来劝说她的大臣，因为刚刚双方发生了争执，她正在生闷气。看到触龙，赵太后暗中拿定主意，如果这个左师也是来劝她送出长安君的，她一定要当面啐他一脸唾沫，以示自己不答应送儿子去做人质的决心。

左师好像知道赵太后的心思似的，一见面就嘘寒问暖的，绝口不提人质的事。接着，左师又向赵太后提出要安排他的小儿子舒祺进黑衣卫士的事。赵太后见左师这样喜爱小儿子，一下子来了兴趣，絮絮叨叨地问道：“左师，你们男人也疼爱小儿子吗？"

左师挺认真地说："比你们做母亲的还疼得厉害。"

赵太后像见到知音一样，彼此有了共同的语言，很动感情地说："你们男人不了解女人的心，女人疼小儿子才厉害呢！"

左师觉得劝说赵太后已到了火候，于是就不露痕迹地把话题引到了长安君，"依我看，你疼女儿燕后就超过了长安君。"

赵太后连连摇头说："你搞错了，我疼燕后哪比得上疼长安君呢？"

左师抓住契机不放："我记得你送燕后外嫁燕国的时候，你拉着她的手直淌眼泪。以后，你总是祈祷燕后在那里好好地生儿育女，日后继承王位。这不是在为燕后的长远利益打算吗？依我之见，这才是真正的疼爱孩子。"

赵太后默不作声，侧着头听左师说下去："从现在起，三代以前赵王的子孙封侯和继承侯位的，今天已经没有人了。这些人中有一些遇到祸难，本身就灭绝了；祸难来得慢的，就落在他们的子孙身上。这是什么原因造成的呢？因为君王的子孙地位很高，可他们没有建立功勋，待遇丰厚，却没有做出业绩。这种突出的矛盾，就给他们带来了灾难。"

说到这里，左师端起茶杯喝了口水，借以观察赵太后的神态。见她频频点头似有所悟，于是又说了下去："长安君现在的地位够高的了，封给他的土地也够多的了，权力也越来越大，这些都是你太后赐给他的。只是，太后忽视了一条最重要的，就是没有给长安君建功立业的机会，如果有一天太后逝世了，长安君靠什么在赵国立足呢？这样看来，你替长安君的打算远远比不上燕后，所以我说你爱长安君不如爱燕后。"

赵太后已经完全接受了左师的观点，于是轻快地说："你说得挺有道理的，长安君的事就全部托付给你了。"

侯思正道字不清

侯思正，唐代人，曾当过衙役，说话时吐字音不正，他是因告发有人叛变而被授予侍书御史官职的，因此在审理皇上交办的案子时，一天比一天刻毒残酷。他在审问原中丞魏元忠时说："你赶紧去承载白司马得了，不然，你就去把孟青吃喽！"白司马是个大山坡，在洛阳，人们称它为白司马坂。孟青原是军中的将军，曾用棍棒打死了琅邪人王冲。侯思正本来是个里巷中的平庸之辈，因而常用这样的话去威逼囚徒。但是魏元忠在语言和气度上均未屈服，侯思正非常生气，就将他头朝下拖，魏元忠慢慢地站起来说："算我运气不好，就好像是骑了头恶驴被摔了下来，可是脚还被

挂在鞍镫上，于是被这贼好一顿拖拉。"侯思正大怒，又把他拖了一阵，道："你竟敢抗拒皇上派来的人，我要上奏把你杀了！"魏元忠道："侯思正，你如今是国家的御史，必须知道礼仪轻重。你这样需要魏元忠的头颅，为什么不拿锯来截去！用不着逼我反抗。你负有上边的使命，不能正确地履行自己的职责，却说什么'白司马孟青'，这是什么语言！若不是我魏元忠，没人对你指教！"侯思正惊慌地站起来，害怕而又惭愧地说："思正该死，我真的不明白这些，多亏了中丞的指教。"于是把他领上台阶，按照礼数坐下来问话。魏元忠也慢慢地坐下，神情自若。

侯思正语音不纯正，当时禁止屠宰，侯思正带着方言的腔调说："今天已判定要屠杀你，可是鸡（说成 gēi）鱼（说成 yú）猪（说成 jì）驴（说成 lóu）俱（说成 jū）不得吃（说成 kěi），因为光吃米（说成 mí）面（说成 miè），如（说成 ruí）何吃得饱？"侍御史霍献可听后忍不住大笑起来。侯思正便将霍献可取笑他之事禀告了武则天，武则天很生气，对霍献可说道："我知道侯思正不识字，既然我已经任用他了，你为什么还要取笑于他呢？"于是，霍献可便把侯思正的发音学了一遍，武则天听后，也不禁大笑起来。

【原文】

波说长，此说短，不关己，莫闲管。

【译文】

那人说长，这人说短，但与自己无关的事，就不要多管闲事。

【解读】

人们最忌谈论"东家长，西家短"。别人的事情与你何干？但是，偏偏有些人，不是爱打听别人的隐私，就是爱三个一群，两个一伙的，聚在一起谈论别人的事情。要知道，人们最讨厌这种素质低下和粗俗的人。所以，在人们谈论一些是是非非的事情时，自己不要去参与评论，更不要去传播这些流言蜚语，一定要远离是非之地。

史鉴典例

韩琦不论是非

韩琦，字稚圭，自号赣叟，据《泉州府志》人物志——宦官卷记载，韩琦出

生于泉州北楼生韩处（现为泉州文管会立碑保护），为其父韩国华任泉州刺史时，即宋景德年间，时任泉州知府韩国华与婢女连理生下韩琦。后随父韩国华迁相州，遂为安阳（今属河南）人，北宋政治家、名将。

韩琦当陕西经略招讨使的时候，尹师鲁与夏英公两人之间很少交往，关系很不融洽。师鲁在韩琦面前说了英公的事情，英公在韩琦跟前也谈到了师鲁，两人都说了些不利于对方的话，韩琦只是耐心地听取他们的议论，而自己的意见却没有在言谈中表露出来，于是大家相安无事，不然的话，他们之间将会不得安宁了。

三年不窥园

有一句五个字的成语，叫"三年不窥园"，你知道是什么意思吗？这个成语讲的就是汉代思想家、哲学家和教育家董仲舒小时候的故事。

董仲舒是汉朝人，是学识渊博的大学者。他很年轻就做了博士，门下弟子众多。他每次给学生讲课间隔时间很长，总是讲完课就不见踪影，学生们在平时想见他一面都很难。

原来，其他的时间，他就把自己关在屋子里苦读，不见客人，足不出户。他书房后面有个很大的花园，可是董仲舒为了苦读《春秋》，整三年都没有向花园里看一眼。

董仲舒自幼天资聪颖，少年时酷爱学习，读起书来常常忘记吃饭和睡觉。他的父亲董太公看在眼里急在心上，为了让孩子能歇歇，他决定在宅后修筑一个花园，让孩子能有机会到花园里散散心，休息休息，别整天只是埋头苦读，到时把身体累坏了。

第一年，董太公一边派人到南方学习，看人家的花园是怎样建的，一边准备砖瓦木料。头一年动工，园里阳光明媚、绿草如茵、鸟语花香、蜂飞蝶舞。姐姐多次邀请董仲舒到园中玩，但他手捧竹简，只是摇头，继续看竹简，学孔子的《春秋》，背先生布置的《诗经》。

第二年，小花园建起了假山。邻居、亲戚的孩子纷纷爬到假山上玩。小伙伴们叫他，他动也不动，低着头，在竹简上刻写诗文，头都顾不上抬一抬。

第三年，后花园建成了。亲戚朋友携儿带女前来观看，都夸董家花园建得精致。父母叫仲舒去玩，他只是点点头，仍埋头学习。中秋节晚上，董仲舒全家在花园中边吃月饼边赏月，可就是不见董仲舒的踪影。原来董仲舒趁家人在赏月之机，又找先生研讨诗文去了。

随着年龄的增长，董仲舒的求知欲愈见强烈，他遍读了儒家、道家、阴阳家、法家等各家书籍，终于成为令人敬仰的儒学大师。

见人善　即思齐　纵去远　以渐跻
见人恶　即内省　有则改　无加警

【原文】

见人善，即思齐，纵去远，以渐跻①。
见人恶，即内省，有则改，无加警②。

【译文】

看见别人的善行，就要向人学习，纵然和他相差得很远，也会渐渐赶上他。发觉别人的恶行，就要自我反省，如果有就要加以改正，如果没有也要自我警惕。

【注释】

①跻（jī）：上升。这里指升入同一行列，成为同一类人。
②无加警：无则加勉，警告自己不去做。

【解读】

唐太宗曾说："以镜为鉴，可以正衣冠；以史为鉴，可以知兴亡；以人为鉴，可以思己身。"其中的以人为鉴，就是以他人优秀品德，作为自己的榜样，学习他人优秀的品德，不断反思自己的不足之处，再加以改进。这样，纵然离我们的榜样相去甚远，也可以渐渐与之拉近距离。观现时的"思齐"，不是品德，而是金钱与物质上的享受，孩子从小攀比的不是我族以何德传家，而是我家车有多少，房屋若干。如此攀比之风，岂不是由大人处学得！可见，该反思的实为人父母者，而非朦胧无知的幼童。

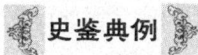 史鉴典例

择善而从

隋朝画家展子虔和董伯仁是一对好朋友。说起他们的友谊，还有一段曲折的

过程。

展子虔由于画技精湛，名望地位都很高，他画人物、鞍马，均能传神，尤其擅长于画北方奇伟壮丽的山水，能在不大的画面上描绘出视野开阔的自然景物，给人以咫尺千里之感，颇得人们的赞美。因此，他听到的都是赞美和恭维的话。时间一长，展子虔就飘然自得，认为自己是世界上最好的画家，也不把别的画家放在眼里。

同时代一个名叫董伯仁的画家，在画坛的地位也不算低，可是展子虔瞧不起他。其实董伯仁除了能画和展子虔差不多的人物、鞍马之外，尤其擅长画江南山水，在他笔下的亭台楼宇精细有致，山水树木秀丽柔美，形神兼备，别具一格。他听说展子虔狂妄自大，瞧不起人，很不以为然地说："展子虔不过画些北方的秃山恶水，有什么新奇，我还从未见他画过一幅江南的美景呢？"

董伯仁的话，很快就传到展子虔的耳朵里。乍一听来，展子虔十分生气，继而一想，觉得也不无道理。于是取出董伯仁的画，仔细端详起来，并和自己的画放在一起，进行比较，渐渐发现自己的画的确是雄健有余而潇洒不足。展子虔这才心平气和，主动去见董伯仁，表示要向他学习，董伯仁深受感动，也表示要向展子虔学习。

从此，两个人经常来往，互相取长补短，绘画技巧都有了新的提高，友谊也越来越密切了。

楚襄王内省改过

战国时期，楚国国势日益衰弱。楚襄王很信任州侯、夏侯、鄢陵君和寿陵君这四个无德无能但又善于阿谀奉承的小人。

当时，楚国有一个大臣，名叫庄辛，有一天他对楚襄王说："君王左有州侯右有夏侯，车后又有鄢陵君和寿陵君跟从着，一味过着毫无节制的生活，不理国家政事，如此会使郢都变得很危险。"

楚襄王听了，很不高兴地说："先生老糊涂了吗？故意说这些险恶的话来惑乱人心吗？"

庄辛不慌不忙地回答说："臣当然是看到了事情的必然后果，不必认为国家遇到不祥。假如君王始终宠幸这四个人，而不稍加收敛，那楚国一定会因此而灭亡的。请君王准许臣到赵国避难，在那里来静观楚国的变化。"

庄辛离开楚国到了赵国，他只在那里住了5个月，秦国就发兵攻占了鄢、郢、巫、上蔡、陈这些地方，楚襄王也流亡躲藏在城阳。

身处困境的襄王这时候才派人率骑士到赵国召请庄辛。庄辛说："可以。"

庄辛到了城阳以后，楚襄王对他说："寡人当初不听先生的话，如今事情发展到这地步，可怎么办呢？"庄辛回答说："臣知道一句俗语：'见到兔子以后再放出猎犬去追并不算晚，羊丢掉以后再去修补羊圈也不算迟。'臣听说过去商汤王和周武王，依靠百里土地，而使天下昌盛，而夏桀王和殷纣王，虽然拥有天下，到头来终不免身死亡国。现在楚国土地虽然狭小，然而如果截长补短，还能有数千里，岂止100里而已？大王难道没有见过蜻蜓吗？长着六只脚和四只翅膀，在天地之间飞翔，低下头来啄食蚊虫，抬头起来喝甘美的露水，自以为无忧无患，又和人没有争执。岂不知那几岁的孩子，正在调糖稀涂在丝网上，将要在高空之上粘住它，它的下场将是被蚂蚁吃掉。蜻蜓的事可能是小事，其实黄雀也是如此。它俯下身去啄食，仰起身来栖息在茂密的树丛中，鼓动着它的翅膀奋力高翔，自己满以为没有祸患，和人没有争执，却不知那公子王孙左手拿着弹弓，右手按上弹丸，将要向七十尺高空以黄雀的脖子为射击目标。黄雀白天还在茂密的树丛中游玩，晚上就成了桌上的佳肴，转眼之间落入王孙公子之口。黄雀的事情可能是小事情，其实黄鹄也是如此。黄鹄在江海上翱游，停留在大沼泽旁边，低下头吞食黄鳝和鲤鱼，抬起头来吃菱角和水草，振动它的翅膀而凌驾清风，飘飘摇摇在高空飞翔，自认为不会有祸患，又与人无争。然而它们却不知那射箭的人，已准备好箭和弓，将向七百尺的高空射击它。它将带着箭，拖着细微的箭绳，从清风中坠落下来，掉在地上。黄鹄白天还在湖里游泳，晚上就成了锅中的清炖美味。那黄鹄的事可能是小事，其实蔡灵侯的事也是如此。他曾南到高陂游玩，北到巫山之顶，饮茹溪里的水，吃湘江里的鱼；左手抱着年轻貌美的侍妾，右手搂着如花似玉的宠妃，和这些人同车驰骋在高蔡市上，根本不管国家大事。却不知道那子发正在接受宣王的进攻命令，他将要成为阶下之囚。蔡灵侯的事只是当中的小事，其实君王您的事也是如此。君王左边是州侯，右边是夏侯，鄢陵君和寿陵君始终随着君王的车辆后边，驰骋在云梦地区，根本不把国家的事情放在心上。然而君王却没料到，穰侯魏冉已经奉秦王命令，在黾塞之南布满军队，州侯等却把君王抛弃在黾塞以北。"

楚襄王听了庄辛这番话之后，大惊失色，精神不由为之一振，借助庄辛的智谋和才干，出兵回击秦军，收复了不少失地。

狄仁杰悔改之智

狄仁杰（630年—700年），字怀英，唐代并州太原（今山西省太原南郊区）人，唐（武周）时杰出的政治家，武则天当政时期宰相。

狄仁杰在没有担任宰相之职时，是娄师德向武则天推荐了他，等到狄仁杰和娄师德平起平坐同朝为相时，狄仁杰却一再排挤娄师德。武则天察觉后，就召来狄仁杰问："你觉得师德的德行怎么样？"狄仁杰回答说："他作为将军严守边防，德行好不好我就不知道了。"武则天又问："他了解人吗？"狄仁杰回答说："我曾经和他同在一处做官，没听说他了解人。"武则天说："我任用你，就是师德推荐的，他确实非常了解人。"然后拿出娄师德推荐他的奏章给他看，狄仁杰看了之后非常惭愧，过了一会儿叹了口气说："娄公的品德真是太高尚了，我一直被他包容着还不知道，我实在与他相差甚远呀！"

狄仁杰的心灵受此震撼后，也开始极力提拔人才，向武则天举荐人才，后来他先后举荐提拔了桓彦范、张柬之、石敬晖、窦怀贞、姚崇等数十位忠贞廉洁、精明干练的官员，他们后来都成了唐代的中兴名臣。特别是他极力推荐的宰相张柬之沉稳有谋，果断敢行，为恢复大唐社稷做出了重要的贡献，他所推荐的求实务实的姚崇也成为为大唐出现开元盛世奠定重要基础的宰相。

惟德学　惟才艺　不如人　当自励
若衣服　若饮食　不如人　勿生戚

【原文】

惟①德学，惟才艺，不如人，当自励②。

若衣服，若饮食，不如人，勿生戚③。

【译文】

只有重视自己的品德学问，才能培养技艺，发觉不如别人时，应当自我勉励。像衣服、饮食，不如别人时，千万不要难过悲伤。

【注释】

①惟：只有。

②励：勉励。

③戚：悲伤。

【解读】

做人要有德有才，一个21世纪的优秀人才，必须德才兼备。德才兼备是成才立业、奋发有为的前提。一个人如果志大才疏，固然成不了才，但如果没有优秀的思想品德，也难以成就事业。这里有两个基本观点，一个是：成小事，靠业务本领；成大事，靠思想品德和综合素质。另一个是：有德无才要误事，有才无德要坏事。德才兼备之人，其理想、信念、道德、责任才能得以升华。"德才兼备"中的"德"包含责任心、上进心等。上进心是一种激励我们前进的、最有趣而又最神秘的力量，它存在于我们每个人的生命中，就像我们自我保护的本能一样。正是上进心这种永不停息的自我推动力，激励着人们向自己的目标前进。这种内在的推动力从不允许我们"休息"，它总是激励我们为了更好的明天而奋斗。一个有上进心的人，他的生活一定是丰富多彩的，有滋有味的，高雅充实的，幸福美好的，有苦有乐的。

[弟子规诠解]

叶桂谦虚求学

叶桂，字天士，号香岩，江苏吴县人。叶桂的祖父叶时和父亲叶朝采都是当地的名医。叶桂幼时便随父亲学医，14岁时，父亲去世，叶桂便又随父亲的一位姓朱的门人继续学习。他勤奋好学，聪颖过人，没几年，就超过了教他的朱先生，声名远播。他是中医学史上温病学派的创始人，其声望地位，并不在"金元四大家"之下，也是名贯大江南北的人物。其著作《温热论》至今仍被临床医学界推崇备至。

叶桂酷爱医学，性格谦逊，只要听说有比自己高明的医生，都不远千里，前往求教，从不矫作遮掩。曾有一位患者，命在旦夕，他认为是无法救治了，可一年后，却又见到了这个人，原来是一位老和尚把他的病治好了。第二天，叶桂便赶往宝山寺向那位和尚求学。叶桂隐姓埋名，从学徒做起，挑水担柴，劳动之余就精研学问。过了几年，老和尚对叶桂说，你已经学到了我所有的本事，可以下山了，以你现在的医术，完全可以独立行医，你的水平甚至已经超过了江南名医叶天士。他闻得此言，连忙伏地叩首，告诉老和尚自己就是叶天士，老和尚感动不已。就这样，叶天士先后拜了17位老师，终成医界骄子。他的谦恭诚恳，也成了后世习医者学习效仿的典范。

叶桂与薛雪是同一时代的温病大家，由于二人在观点上有所不同，所以便相互排斥，频有学术争执。叶桂将自己的书斋命名为"踏雪斋"，薛雪把自己的书房题作"扫叶山房"。

一次，叶桂的母亲病了，高热大汗，面赤口渴，脉象洪大。叶桂开了药方，可服后总不见效。他知道治疗母亲的病应该使用白虎汤，可总是担心母亲年岁已大，受不了这种攻伐力量强的方剂。薛雪听说此事后，笑道："老太太得的是这个病，本就该用白虎，药下对了，当然不会伤人，有什么可犹豫的呢？"叶桂闻言顿悟，便改用此方，果然很快就好了。于是，他亲自前往薛雪家中，拱手作揖，诚心请教。薛雪也十分感动，二人尽弃前嫌，从此成了至交密友。

李斯嫉才

李斯，秦朝著名的政治家、文学家和书法家，协助秦始皇统一天下。后为秦朝丞相，参与制定了法律，统一车轨、文字、度量衡制度。他是一个很有才

能的人，但是度量小，容不下比自己强的人。

韩非是李斯的同学，他继承了荀子的学说，并在此基础上，把慎到的"势"、商鞅的"法"、申不害的"术"结合起来，并加以丰富和发展，形成了一套完整的君主专制理论。

论学问，韩非要比李斯大得多，但韩非不善辩说，只善于著述。韩非回到韩国以后，看到韩国太弱，多次上书献策，但都没有被采纳。于是，韩非发愤著书，先后写出《孤愤》《五蠹》《说难》等著作。他的书传到秦国，由于讲的都是"尊主安国"的理论，秦王非常赞赏韩非的才华，并说："我要是能见到此人，和他交往，死而无恨。"不久，因秦国攻打韩国，韩王不得不起用韩非，并派他出使秦国。

秦王很喜欢韩非，但还没有决定是否留用。李斯知道韩非的本事比自己大，害怕秦王重用他，对自己的前途不利，就向秦王讲韩非的坏话。他说："韩非是韩王的同族，大王要消灭各国，韩非爱韩不爱秦，这是人之常情。如果大王决定不用韩非，要是把他放走，对我们也不利，不如把他杀掉。"于是，秦王轻信李斯的话，将韩非抓起来。

根据秦国法令的规定，狱中的囚犯无权上书申辩。韩非到秦国以后，又得罪了姚贾。姚贾为秦国立过功，深得秦王的重用，被任命为上卿。韩非却向秦王说，姚贾出身不高贵，当过大盗，在赵国做官时被赶跑了，认为用这样的人是很不应该的，使得秦王很扫兴。事后秦王又向姚贾问起韩非，姚贾当然不会讲韩非的好话。在李斯和姚贾的串通下，韩非没有办法，只好吃了李斯送来的毒药，自杀而死。

李斯不止陷害韩非，还陷害读书人，所以建议秦始皇焚书坑儒，把历代很多圣贤的教诲一并都烧毁了。

像李斯这样不容他人之人，必将得不到别人的容纳，因此，做人不妨大度一些，当你的才能超过别人时，千万不要恃才自傲；当你的才能不如别人时，也不要气馁，更不要去使用非常手段去陷害。只有持有一颗大度平常之心，你才能平定安稳地度过一生。

阮咸晒衣

阮咸,西晋陈留尉氏(今属河南)人,字仲容。与嵇康、阮籍、山涛、向秀、刘伶、王戎并称"竹林七贤"。阮咸是阮籍之侄,与籍并称为"大小阮"。阮咸也是著名的音乐家,历官散骑侍郎,补始平太守。他生平放浪不羁,精通音律,有一种古代琵琶即以"阮咸"为名。作有《三峡流泉》一曲。

阮咸年轻时,家境并不富裕,吃的穿的很平常,但他一点也不自卑。当时有个风俗,就是每年七月初七,各家都要把自家的箱子打开,把箱子中的衣物拿到太阳下面晾晒。据说这样衣物不会被虫子咬。这一天,富人都把自家的贵重衣物晾出来,相互炫耀攀比。阮咸也把自己的旧衣服拿出来晾晒,这些人见阮咸晒自己的旧衣服,都来观看。但阮咸一点也不在意。他认为,富贵不是资本,贫寒也不是耻辱,人活着的关键在他的德性和学识。

闻过怒　闻誉乐　损友来　益友却
闻誉恐　闻过欣　直谅士　渐相亲

【原文】

闻过①怒，闻誉乐，损友②来，益友却③。
闻誉恐，闻过欣，直谅④士，渐相亲。

【译文】

　　如果听到别人说自己的缺点时就生气，听到别人赞誉自己时就高兴，那么，对你有害的朋友与你交往，有益的朋友就会同你疏远。反之，在听见别人赞誉自己时就感到惶恐不安，在听到别人指出自己的过错时就欣然接受，这样那些正直诚实的人，就会逐渐与你亲近起来。

【注释】

①过：过错。

②损友：对自己有害的朋友。

③却：退却。

④直谅：直，正直。谅，诚信。孔子认为正直、诚信、见闻识广的人是三种有益的朋友，即益友。

【解读】

　　生活需要赞美，却更少不了批评！正确对待别人的赞美和批评，是品德修养达到一定高度的人的表现。赞美和批评是我们在日常生活中常常遇到的，人人都喜欢别人的赞美，对待别人的赞美，我们一定要保持清醒的头脑，千万不可沾沾自喜，得意忘形，要从赞美声中找到差距，这样才能不断进步，才能和更多真诚的人结交成友。对待批评、诋毁甚至攻击时，也要冷静、不可怒不可遏、暴跳如雷，要从批评、攻击中分析正确和错误，善意和恶意，有则改之，无则加勉。要学会用平常心来对待别人的赞美和批评。这样，那些良朋益友才会和你亲近，你也才能不断进步，最终实现自己崇高的理想。

良臣尹绰

赦厥和尹绰同在赵简子手下做官，赦厥为人圆滑，会见风使舵，喜欢看主人的脸色行事，从来不说让主子不高兴的话。尹绰则性格率直，对主子忠心耿耿尽职尽责。

一次赵简子带尹绰、赦厥外出打猎，一只灰色的大野兔蹿出来，赵简子立即命令随从全部出动，策马追捕野兔子，谁抓到野兔谁有奖赏。于是，众随从奋力追捕野兔，野兔子虽然抓到了，但却踩坏了一大片农田。而赵简子对踩坏农田一事置之不理，却对抓到野兔的随从大加奖励。尹绰马上指出赵简子的做法不妥。赵简子不高兴地说："这个随从听从命令，动作敏捷，能按我的旨意办事，为什么就不能奖励他呢？"尹绰说："他只知道讨好您而不顾老百姓农田，这种人不值得奖励。当然，错误的根源应该是在您，如果您不提出那样的要求，他也不会那样去做。"赵简子听后心里更是闷闷不乐。

又一次，赵简子因头天晚上饮酒过多，醉卧不起，直到第二天已近晌午，仍在醉梦中。这时，楚国一位贤人应赵简子的邀请前来求见，而赦厥却为了不打扰赵简子睡觉，婉言地推辞了那位楚国人的求见，结果使那位贤人扫兴而去。赵简子直睡到黄昏才醒来，赦厥对来人求见的事只是轻描淡写地敷衍了几句，却对赵简子睡得是否香甜格外关心。

此后，赵简子常对手下人说："赦厥真是我的好助手，他真心爱护我，从不肯在别人面前批评我的过错。可是尹绰对我的一点儿缺点都不放过，从来也不顾及我的面子。"尹绰听说后，就对赵简子说："您的话错了！作为臣下，就应帮助您完善您的谋略和您的为人。赦厥从不批评您，也从不留心您的过错，更不会教您改错。而我总是注意您的为人处世及一举一动，凡有不检点或不妥之处，我都要给您指出来，好让您及时纠正，这样我才算尽到了臣子的职责。如果我连您的丑恶的一面也加以爱护，那对您有什么益处呢？丑恶有什么可爱的呢？如果您的丑恶越来越多，那又如何能保持您美好的形象和尊严呢？"赵简子听了，顿有所悟。

好谀亡国

春秋时期，虢国的国君只爱听好话，不能接受反面意见，因此在他身边聚满了只会阿谀奉承而不会治国的小人。直到虢国灭亡的那一天，这些误国之臣也一个个作鸟兽散，没有一个人愿意顾及国君。只有一个车夫没有丢弃他，帮助他逃了出来。

车夫驾着马车，载着虢国国君逃到荒郊野外，国君这时又渴又饿，垂头丧气，车夫赶紧取过车上的东西，送上清酒、肉脯和干粮，让国君去渴解饿。国君看到这些东西，感到非常奇怪，车夫是从哪里得来的这些食物呢？

于是，他在吃饱喝足后，便擦擦嘴问车夫：“这些东西你是从你从哪里弄来的呢？”

车夫回答说：“这是我事先准备好的。”

国君好奇地问道：“你为什么会事先做好这些准备呢？”

车夫回答说：“我是专替大王您做的准备，以便在逃亡的路上好充饥解渴。”

国君不高兴地又问：“你知道我会有逃亡的这一天吗？”

车夫回答说：“是的，我估计迟早会有这一天。”

国君生气地对车夫说：“你既然预计有这么一天，为什么过去不早点告诉我呢？”

车夫说：“您只喜欢听奉承的话。如果是提意见的话，哪怕再有道理您也不爱听。我要给您提意见，您一定听不进去，说不定还会处死我呢。要是那样，您今天便会连一个跟随的人也没有了，更不用说谁来给您东西吃了。”

国君听到这里，气愤至极，指着车夫的脸大声吼叫。车夫见状，知道这个昏君真是无可救药了，死到临头还不知悔改。于是连忙谢罪说：“大王息怒，是我说错了。”

两人就这样默默地走了一程，国君又开口问道：“你知道我为什么会亡国而逃呢？”

车夫这次只好改口说：“是因为大王您太仁慈贤明了。”

国君很感兴趣地接着问：“为什么仁慈贤明的国君不能在家享受快乐，过安定的日子，却要逃亡在外呢？”

车夫说：“除了大王您是个贤明的人外，其他所有的国君都不是好人，他们嫉妒您，才使您逃亡在外的。”

国君听了，心里舒服极了，一边靠在车前的横木上，一边美滋滋地自言自语说：“唉，难道贤明的君主就该如此受苦吗？”

经过一天的颠簸，国君十分困乏地枕着车夫的腿睡着了。这时，车夫总算是彻底看清了这个昏庸无能的国君，他觉得跟随这个人太不值得了。于是车夫慢慢从国君头下抽出自己的腿，换一个石头给他枕上，然后离开国君，头也不回地走了。

后来，这位亡国之君死在了荒郊野外，被野兽吃掉了。

谏主安民

张良，字子房，汉初政治家、军事家，西汉开国元勋，史称"汉初三杰"之一。

张良秦末汉初谋士、大臣，祖先五代相韩。秦灭韩后，他在博浪沙狙击秦始皇未中。逃亡至下邳时遇黄石公，得《太公兵法》，深明韬略，足智多谋。秦末农民战争中，聚众归刘邦，为其主要"智囊"。楚汉战争中，提出不立六国后代，联结英布、彭越，重用韩信等策略，又主张追击项羽，歼灭楚军，为刘邦完成统一大业奠定坚实基础，刘邦称他"运筹帷幄之中，决胜千里之外"。汉朝建立时封留侯，后功成身退，千古流芳。

公元前208年6月，楚怀王分遣诸将攻秦，与诸将约定"先入关中者王之"。结果刘邦由于采纳了张良的计谋，保证了军事上的顺利进展，从而赢得了时间，终于比项羽抢先一步进入关中。

刘邦大军进入咸阳，看到那豪华的宫殿、美貌的宫女和大量的珍宝异物，许多人忘乎所以，昏昏然，以为可以尽享天下了。连刘邦也喜不自禁，为秦宫里的一切倾倒，想留居宫中，安享富贵。武将樊哙冒死犯颜强谏，直斥刘邦"要做富家翁"。然而，刘邦根本不予理睬。部下的一些贤达志士对此心急如焚。在这关键时刻，张良向刘邦分析利害，劝道："秦王多做不义的事，所以您才能推翻他而进入咸阳。既然您已经为天下人铲除了祸害，就应该布衣素食，以示节俭。现在大军刚入秦地，您就沉溺在享乐中，这就是所谓助纣为虐了。常言道'良药苦口利于病，忠言逆耳利于行。'愿沛公听从樊哙等人的话。"

张良虽然语气平和，但软中有硬，尤其是话中对古今成败的揭示以及"无道秦""助纣为虐"等苛刻字眼，隐隐地刺疼了刘邦近乎沉醉的心。这种紧打

慢喝的手法，果然奏效。刘邦愉快地接受了这卓有远见的规劝，下令封存秦朝宫宝、府库、财物，还在军霸上整治军队，以待项羽等路起义军。

在此期间，刘邦还采纳张良建议，召集诸县父老豪杰，与之约法三章："杀人者死，伤人及盗抵罪。"并通告四方："余悉除去秦法。诸吏人皆安诸如故。凡吾所以来，非有所侵暴，勿恐。"另外，还派人与秦吏一起巡行各地，晓谕此意。结果，博得了秦民的一致拥戴，争先恐后用牛羊酒食慰劳军士。刘邦见状，又命令军士不要接受，传出话去："军中粮食充足，不要劳民破费了。"秦地百姓听罢此言，越发高兴，惟恐刘邦不为秦地之王。

刘邦采纳张良的建议，采取的这一系列安民措施，争得了民心，为他日后经营关中，并以此为根据地与项羽争雄天下，奠定了良好的政治基础。

魏徵谏太宗

魏徵，字玄成。汉族，唐巨鹿人，唐朝政治家。曾任谏议大夫、左光禄大夫，封郑国公，以直谏敢言著称，是中国史上最负盛名的谏臣。魏徵辅佐唐太宗17年，君臣二人齐心协力，共同开创了中国历史上辉煌的一页——"贞观之治"。魏徵以"犯颜直谏"而闻名。他那种"上不负时主，下不阿权贵，中不侈亲戚，外不为朋党，不以逢时改节，不以图位卖忠"的精神，千百年来，一直被后人传为佳话。

魏徵在太宗皇帝朝里做官，曾经责问皇上对百姓们失信的事情。每逢劝谏皇上，皇上不肯听从时，他对皇上的讲话也不答应。太宗皇上说："你答应了我之后，再来劝谏，又有什么关系呢？"魏徵说："从前舜帝警诫他人不要在面子上服从。现在做臣子的倘若心里明明晓得不是，但是口里却勉强答应皇上，这就是面子上的服从了，哪里是积极服事舜帝的初意呢？"太宗皇帝就笑着说："别人说魏徵做人疏慢，可是我看他的态度，越觉得妩媚可爱了。"

由于魏徵能够犯颜直谏，即使太宗在大怒之际，他也敢面折廷争，从不退让，所以，唐太宗有时对他也会产生敬畏之心。一次，唐太宗想要去秦岭山中打猎取乐，行装都已准备停当，但却迟迟没能出行。后来，魏徵问及此事，太宗笑着答道："当初的确有这个想

法，但害怕你又要直言进谏，所以很快又打消了这个念头。"还有一次，太宗得到了一只上好的鹞鹰，把它放在自己的肩膀上，很是得意。但当他看见魏徵远远地向他走来时，便赶紧把鹞鹰藏在怀中。魏徵故意奏事很久，致使鹞鹰闷死在太宗的怀中。

贞观元年，魏徵被升任为尚书左丞，这时，有人奏告他私自提拔亲戚做官。唐太宗立即派御史大夫温彦博调查此事，结果，查无证据，纯属诬告。但唐太宗仍派人转告魏徵说："今后要远避嫌疑，不要再惹出这样的麻烦。"魏徵当即面奏说："我听说君臣之间，相互协助，义同一体。如果不讲秉公办事，只讲远避嫌疑，那么国家兴亡，或未可知。"并请求太宗要使自己做良臣而不要做忠臣。太宗询问忠臣和良臣有何区别？魏徵答道："使自己身获美名，使君主成为明君，子孙相继，福禄无疆，是为良臣；使自己身受杀戮，使君主沦为暴君，家国并丧，空有其名，是为忠臣。以此而言，二者相去甚远。"魏徵以此提醒唐太宗，一定不要做暴君，太宗大笑后点头称是。

一次，太宗从外边回来往寝室里边走边说："气死我了！气死我了！我一定要杀了这个乡巴佬！"长孙皇后问他在生谁的气，太宗气愤地说："还不是那个魏徵！他天天在朝廷上当面指责我的不是，还当面顶撞我，气死我了。"长孙皇后听到后，马上换上朝服，走到太宗面前说："恭喜皇上，贺喜皇上，一定有明主出现，臣子才敢直谏。"太宗听完后，怒气逐渐消了。正是由于魏徵这样正直的大臣和长孙皇后的贤明，才有唐朝时期的盛世，这一时期政治开明，经济发达，社会安定，被后人称为"贞观之治"。

魏徵一生节俭，家无正寝。由于忠于职守，勤勤恳恳，积劳成疾。唐太宗立即下令把为自己修建小殿的材料，全部为魏徵营构大屋。不久，魏徵病逝家中，太宗亲临吊唁，痛哭失声，并说："夫以铜为镜，可以正衣冠；以古为镜，可以知兴替；以人为镜，可以知得失。我常保此三镜，以防己过。今魏徵殂逝，遂亡一镜矣。"

无心非　名为错　有心非　名为恶
过能改　归于无　倘掩饰　增一辜

【原文】

无心①非，名为错，有心非，名为恶。

过能改，归于无，倘掩饰，增一辜②。

【译文】

如果无意中做错了事，可以称为"错"，如果是故意做错事，这就叫"恶"。犯了错误还能够改正错误，就相当于没有做过错事一样。如果犯了错还加以掩饰，那就是错上加错了。

【注释】

①无心：无意。

②辜：罪，过错。

【解读】

古人云："人非圣贤孰能无过，过而能改，善莫大焉。"每个人的一生都会犯一些大大小小的错误，但要看你所犯的错误是有心还是无心的，若是无心所犯的错误，自己发现犯错后，立刻改正，别人就会原谅你，谅解你；但如果你明知道这是错误的，还是坚持要做，那就是明知故犯，怎么能让人原谅呢？所以，当你犯错时，不要企图去掩饰，只要你及时改正，别人同样会怀着一颗宽恕的心来对待你。

史鉴典例

周处除三害

周处，字子隐，东吴吴郡阳羡（今江苏宜兴）人，鄱阳太守周鲂之子。

周处在很小的时候父亲就去世了，缺乏家庭管教。他力气大，喜欢骑马打猎，可是他性格凶暴强悍，任性使气，动不动就和人争斗，做事都由着自己的性子，不讲道理也不管后果，在村子里为所欲为，从不把别人放在眼里。因此，村里人都讨厌他，把他和山上的猛虎、水里的蛟龙合称为"三害"。

一天，周处看到村里的一些老人围坐在一起愁眉不展，唉声叹气。他走过去问："现在天下太平，又丰收了，你们还有什么愁的呢？"其中一个胆子大的老人说："三害不除，我们哪里会有快乐呢？"周处忙问："什么是三害，说来听听。"老人告诉他，一害是南山上的猛虎，二害是长桥下的蛟龙，该说第三害了，老人闭口不语了。周处性急，非让老人说不可。老人就说："要问这第三害，就是欺压乡邻的恶人，弄得大家不得安生。"周处没想到这第三害是指自己，看见大家看着他，以为是希望他去除三害。就说："这三害算得了什么，我去除掉它们。"大家都说："你要是能除掉这三害，这可是大好事，我们一定感激你。"

周处说完后，就动身要去除三害，只见他背着弓箭，带着钢刀，迈开大步，爬上了南山，用弓箭射死了张牙舞爪的猛虎。他又来到了长桥，纵身跳下了水，去擒拿蛟龙。那蛟龙异常凶猛，周处和它在水中搏斗起来，蛟龙顺水下游了几十里，周处紧追不舍，三天三夜没上岸。村里的人见周处一去不回，以为他与蛟龙同归于尽了，大家就互相道贺，庆祝三害已除。

可是周处凭自己的智慧和力量，最后杀死了蛟龙，爬上了岸，回到了村里。他一见大家正在庆祝三害已除，才知道大家实际上也把自己当作一大祸害。他难过极了，心想：一个人被看作和吃人的老虎、害人的蛟龙一样，还有什么意思。他痛下决心，决定痛改前非。

于是，周处就到吴地去找陆机和陆云，陆机不在家，正好看见了陆云，他就把全部情况告诉了陆云，并说自己想要改正错误，可是光阴已经白白地浪费了，最终不会有什么成就。陆云说："古人珍视道义，认为'哪怕是早晨明白了圣贤之道，晚上就死去也甘心。'况且你的前途还是有希望的。并且人就害怕立不下志向，只要能立志，又何必担忧好名声不能显露呢？"

周处经陆云指点后，他回到家乡，振作起来，改变了以前的所作所为，不再

专横无理，尽心尽力帮助别人，尊老爱幼，严格要求自己，做一个忠厚老实的人。

周处这种勇于改过的行为，得到了乡邻的赞扬和拥护，后来有人推荐他在吴国做了官，西晋灭吴后又出任晋朝的官吏。他为官清正，大家都称赞他是个了不起的清官。

孔子认错

有一年，孔子带着他的弟子子路、子贡和颜渊来到海州游历。

一天，孔子向弟子们传授学问。他说："有些人生下来就知道所有的事情了。"弟子们都点头说是。正讲着，突然传来隆隆的响声。孔子听到隆隆的声响，就对子路说："山的那边在打雷和下雨，为何还要赶着去？"子路说："这不是雷雨声，而是海浪拍岸之声。"孔子从未见过大海，想到海边去看看大海，于是孔子一行乘车到了海边的朐阳山下。孔子和他的弟子爬上了山顶，只见水天相连，海阔无际，他们都兴奋极了。这时，孔子感到又热又渴，他让颜渊下山去舀海水来喝。颜渊拿了盛器正要下山，忽听得身后有人在笑，大家都觉得很奇怪，回头一看，是个渔家孩子，于是就问他笑什么。那个孩子说："海水又咸，又涩，不能喝。"说完，他把盛了淡水的竹筒递给了孔子。孔子喝了水，解了渴，十分感激那个孩子，正想道谢，忽然海风吹来了一阵急雨，子路一看着急了，大声嚷道："糟糕，现在到哪里去躲雨呢？"那个渔家孩子对大家说："你们都不用着急，请跟我来！"说完，那孩子就把孔子和他的弟子领进了一个山洞，这是他平时藏鱼的地方。孔子站在洞口边躲雨，边欣赏雨中的海景，不由得诗兴大发，吟出了两句诗："风吹海水千层浪，雨打沙滩万点坑。"孔子的三个弟子都齐声赞扬孔子的诗做得好，那孩子却持反对态度，他对孔子说："千层浪、万点坑，你有没有数过？"孔子心服口服地对孩子的反诘表示赞同。雨停后，那孩子又到海上打鱼去了。孔子回想起刚才发生的几件事，歉疚而又自责地对三个弟子："我以前讲过唯上智与下愚不移，看来这并不妥当，还是应该提倡'学而知之'，'知之为知之，不知为不知'。"孔子虽然在当时已是名扬天下的贤人，但是，在一个孩子面前，他认识到自己的不足和错误并勇于承认。

割发代首

东汉末年，曹操征战宛城，传令禁止马踏青苗，违令者斩。

一次，麦熟时节，曹操率领大军去打仗。沿途的老百姓因为害怕士兵，都躲

153

到村外，没有一个敢回家收割小麦的。

曹操得知后，立即派人挨家挨户告诉老百姓和各处看守边境的官吏，他是奉皇上旨意出兵讨伐逆贼为民除害的。现在正是麦熟的时候，士兵如有践踏麦田的，立即斩首示众，请父老乡亲们不要害怕。

老百姓开始不相信，都躲在暗处观察曹操军队的行动。

曹操的官兵在经过麦田时，都下马用手扶着麦秆，小心地蹚过麦田，这样一个接着一个，相互传递着走过麦地，没一个敢践踏麦子的。老百姓看见了，没有不称颂的。有的望着官军的背影，还跪在地上拜谢。

曹操骑马正在走路，忽然，麦田中有一只野鸠惊起，曹操的战马受到了惊吓，跑入麦田，践踏坏了许多已经成熟的麦田。曹操立即把随行的军纪执法官员叫了过来，要求按军法来治自己践踏麦田的罪行。军纪执法官说："丞相是全军的统帅，怎么能治您的罪？"

曹操说："吾自制法，吾自犯之，如自徇私而不治罪，那么，还有谁会遵守呢？一个不守信用的人，又怎么能统领军队呢？"随即拔出佩剑，就要自刎。众人连忙拦住。

郭嘉上前说："《春秋》上说，法不加于尊。丞相统领大军，重任在身，怎么能自杀呢？"

曹操沉思片刻说道："既然古书《春秋》上有'法不加于尊'的说法，我又肩负着天子交给我的重任，那就暂且免去一死。但也不能由此而逃避责罚。那么，就以发代替我的头吧。"说完，曹操就削断自己的头发，抛掷地上。

接着传谕三军：丞相的战马践踏麦苗，本当斩首，但因身负使命，众将不允，于是割发代首。从此，三军为之叹服，军纪严明。

凡是人　皆须爱　天同覆　地同载
行高者　名自高　人所重　非貌高
才大者　望自大　人所服　非言大
己有能　勿自私　人所能　勿轻訾
勿谄富　勿骄贫　勿厌故　勿喜新
人不闲　勿事搅　人不安　勿话扰
人有短　切莫揭　人有私　切莫说
道人善　即是善　人知之　愈思勉
扬人恶　即是恶　疾之甚　祸且作
善相劝　德皆建　过不规　道两亏
凡取与　贵分晓　与宜多　取宜少
将加人　先问己　己不欲　即速已
恩欲报　怨欲忘　报怨短　报恩长
待婢仆　身贵端　虽贵端　慈而宽
势服人　心不然　理服人　方无言

凡是人　皆须爱　天同覆　地同载

【原文】

凡是人，皆须爱，天同覆①，地同载②。

【译文】

只要是人，就都须相互关心和爱护，我们共同生活在同一片蓝天下，生活在同一个地球上。

【注释】

①覆：遮盖。

②载：承载。

【解读】

我们生活在一个共同的世界，你我都是一样的，都需要别人的关心和爱护，所以人与人之间要学会关爱。关爱，就是关心爱护，它在我们身边无处不在。我们每个人都需要关爱，生活上也少不了关爱，别人给予我们关爱，那我们更应该去关心爱护他人，这样世界上才会充满爱！

其实，关爱别人就是关爱自己，因为只有你关爱了别人，在你需要帮助的时候别人才会回报你。关爱别人其实就是在关爱我们自己，关爱别人是我们得到别人关爱的前提。

史鉴典例

中山君飨都士

中山君是战国初期一个小国的国君。一次，他为了笼络士大夫，巩固他的统治地位，便设下盛宴，真诚邀请住在国都的各位士大夫前来参加。有个名叫司马子期的，因为来得较晚，人年轻，地位也不高，只好坐在空下的末座上。大家喝

着美酒，吃着野味，谈论着时政，兴致很高。

酒过三巡，上羊肉汤了，每人一碗，唯独到司马子期座位前，羊肉汤没有了。司马子期坐在席间，丢了面子，觉得十分难堪。于是异常恼怒，愤然起身，退席而走。

后来，司马子期因为这事就投奔了楚国，还劝楚王讨伐中山君，自己做向导。楚国是大国，兵强马壮。中山君的军队与楚军刚一交锋，就溃不成阵，中山君仓皇逃跑。

在逃亡的途中，有两个手持武器的人，始终紧跟随着中山君，不惜流血受伤，拼着性命保护他。

中山君很纳闷，问："你们是什么人，为什么要出死力保护我呢？"

这两个人回答说："大王您还记得吗？有一年夏天，麦子歉收，我们的父亲饿得躺在大路旁的桑树下边，眼睛都睁不开，眼看就要死了。这时，您路过，看到我们父亲的惨状，赶紧下车拿出一壶稀饭，给我们的父亲喝了，父亲才免于饿死。后来父亲在临终时嘱咐我们兄弟说：'中山君救我一命，你们要记住，日后中山君有难，你们一定要以死相报。'我们这是礼尚往来，报答您的大恩啊！"

中山君听完后，仰天长叹，说："给予人家的东西不论多少，主要是在他真正有困难的时候；失礼得罪人，怨恨不在深浅，在于使人伤心啊。我因为一碗羊肉汤失礼了，结果失掉了国家；因为一壶稀饭救了一个人，在危难之时得到了两人以死相报！礼仪仁爱，多么重要啊！"

孙叔敖杀埋两头蛇

孙叔敖（约前630年—前593年），蒍氏，名敖，字孙叔，春秋时期楚国期思（今河南固始）人，楚国名臣。在海子湖边被楚庄王举用，公元前601年，出任楚国令尹（楚相），辅佐楚庄王施教导民，宽刑缓政，发展经济，政绩赫然。主持兴修了芍陂（今安丰塘），改善了农业生产条件，增强了国力。司马迁《史记·循吏列传》列其为第一人。

孙叔敖小时候是一个好孩子，他勤奋好学，尊敬长辈，孝敬母亲，很受邻里的喜爱。有一次，孙叔敖外出玩耍，忽然看到路上爬着一条双头蛇。他以前听别人说两头蛇，不是吉利的动物，遇到它就会招来灾祸，活不长。孙叔敖乍一见这条蛇，心中不免一惊。转眼一想："死我一个也就算了，可不能让两头蛇再给别人带来祸殃了！"主意一定，孙叔敖就壮着胆子，捡起路边的一块大石头，瞄准蛇头狠狠地一砸，两头蛇动弹了几下就死了。接着，他又在就在路边挖了一个深深的土坑，把蛇埋了。

回到家里，孙叔敖闷闷不乐，饭也不吃，一个人坐在油灯前看书发呆。母亲看到如此这般，便问道："孩子，你今天是怎么啦？"孙叔敖抬头看了看母亲，摇摇头说："没什么。"然后又低下头去，依然无精打采。母亲伸出手，摸了摸他的额头说："是不是生病了？"孙叔敖再也憋不住了，一下抱住母亲就伤心地哭起来。孙叔敖边哭边说："今天我在外面看到了一条双头蛇。听人说，看见这种蛇的人会死去的，要是我死了，我以后就再也见不到您了。"

母亲边安慰他边问道："那条蛇现在在哪里呢？"

孙叔敖边擦眼泪边回答说："我怕再有人看见它也会死去，就把它打死后，埋起来了。"

听了孙叔敖的话，母亲慈祥的脸上露出了欣慰的笑容，并劝道："好孩子，你做得对。你的心眼这么好，你一定不会死的。好人总是有好报的。"孙叔敖半信半疑地看着母亲，点了点头。

后来，果真像妈妈说的那样，孙叔敖健康地成长，长大后还做了楚国的宰相。他办事总是想着天下穷苦的百姓，楚国人都称赞他爱民如子。

行高者　名自高　人所重　非貌高
才大者　望自大　人所服　非言大

【原文】

行高者，名自高，人所重，非貌高①。

【译文】

一个德行高尚的人，名望自然会很高，人们所重视的，并不是容貌。

【注释】

①貌高：指外表高大威严，仪表堂堂，好像正人君子。

【解读】

每个人都渴望成功、追求名利、急功近利、不择手段并不见得是坏事，从某种程度上来讲，倒是推动社会前进的动力，但丧失做人的品德，损人利己，则终会使人误入岐途。这一点，老科学家、大学者们的人生经历，给了我们十分有益的启迪和警示。

中华民族是一个崇尚道德的国家，历代有作为的教育家、思想家都非常重视"德、礼、法"的教育，从孔子、荀子到韩愈、朱熹，在他们的教育实践中，都注重培养人高尚的道德品质。以"修身、齐家、治国、平天下"为教育的根本目的，四书五经之一的《礼记》说："人有礼则安，无礼则危"，《左传》上有名言"德，国家之基也"。可见道德于国于民何等重要。

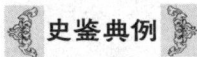

史鉴典例

丑男哀骀它

春秋时期，卫国有个名叫哀骀它的人，他的容貌虽然很丑陋，可不管是男人

还是女人都非常喜欢和他交往，男人跟他相处，常常想念他而舍不得离去。女人见到他便向父母提出请求，说与其做别人的妻子，不如做哀骀它先生的妾，这样的人已经十多个了，而且还在增多。

哀骀它一无权位二无财产，也没有什么高深的理论和显赫的功绩。可是这个外表粗陋、其貌不扬的人却受到几乎所有人的喜爱和赞美。这使得鲁哀公惊异不已，于是就去请教孔子："哀骀它是个什么样的人呢？为什么有那么大的吸引力呢？"

孔子曾这样说："我也曾出使到楚国，正巧看见一群小猪在吮吸刚死去的母猪的乳汁，不一会又惊惶地丢弃母猪逃跑了。因为小猪不知道自己的母亲已经死去，已经不能像先前活着时那样哺育它们了。小猪爱它们的母亲，不是爱它的形体，而是爱支配那个形体的精神。战死沙场的人，他们埋葬时无须用棺木上的饰物来送葬，砍掉了脚的人对于原来穿过的鞋子，没有理由再去爱惜它，这都是因为失去了根本。做天子的御女，不剪指甲不穿耳眼；婚娶之人只在宫外办事，不会再到宫中服役。为保全形体尚且能够做到这一点，何况德性完美而高尚的人呢？如今哀骀它他不说话也能取信于人，没有功绩也能赢得亲近，让人乐意授给他国事，还惟恐他不接受，这一定是才智完备而德不外露的人。"

鲁哀公接着问道："什么叫做才智完备呢？"

孔子说："死、生、存、亡，穷、达、贫、富，贤能与不肖、诋毁与称誉，饥、渴、寒、暑，这些都是事物的变化，都是自然规律的运行。日夜更替于我们的面前，而人的智慧却不能窥见它们的起始。因此它们都不足以搅乱本性的谐和，也不足以侵扰人们的心灵。要使心灵平和安适，通畅而不失怡悦，要使心境日夜不间断地跟随万物融会在春天般的生气里，这样便会接触外物而萌生顺应四时的感情。这就叫做才智完备。"

鲁哀公又问："什么叫做德不外露呢？"

孔子说："均平是水留止时的最佳状态。它可以作为取而效法的准绳，内心里充满蕴含而外表毫无所动。所谓德，就是事得以成功、物得以顺和的最高修养。德不外露，外物自然就不能离开他了。"

后来，鲁哀公派人将哀骀它从卫国请到鲁国加以考察。相处不到一个月，鲁哀公觉得他在平淡中确有不少过人之处，不到一年，就很信任他了。不久，宰相的位置空缺，鲁哀公便让他上任管理国事。结果在他管理的四个月中，国家政令畅通无阻。但哀骀他却很淡然，无心做官，不久还是辞谢了高位厚禄，回到他在卫国的陋室中去了。

华而不实

"华而不实"一词出自和阳处父有关的一件事情。

春秋时，晋国大夫阳处父出使到卫国去，回来路过宁邑，住在一家客店里。店主姓嬴，看见阳处父相貌堂堂，举止不凡，十分钦佩，悄悄对妻子说："我早想投奔一位品德高尚的人，可是多少年来，随时留心，都没找到一个合意的。今天我看阳处父这个人不错，我决心跟他去了。"店主得到阳处父的同意，离别妻子，跟着他走了。一路上，阳处父同店主东拉西扯，不知谈些什么。店主一边走，一边听。刚刚走出宁邑县境，店主改变了主意，和阳处父分手了。店主的妻子见丈夫突然折回，心中不明，问道："你好不容易遇到这么个人，怎么不跟他去呢？你不是决心很大吗？家里的事你尽管放心好了。"店主说："我看到他长得一表人才，以为他可以信赖，谁知听了他的言论却感到非常讨厌。我怕跟他一去，没有得到教育，反倒遭受祸害，所以打消了原来的主意。"阳处父，在店主的心目中，就是个"华而不实"的人。所以，店主毅然地离开了他。

晏子使楚

春秋末期，诸侯均畏惧楚国的强大，小国前来朝拜，大国不敢不与之结盟，楚国简直成了诸侯国中的霸主，齐相国晏婴，奉齐景公之命出使楚国。

楚灵王听说齐使为相国晏婴后，对左右说："晏平仲身高不足五尺，但是却以贤名闻于诸侯，寡人以为楚强齐弱，应该好好羞辱齐国一番，以扬楚国之威，如何？"太宰一旁言道："晏平仲善于应对问答，一件事不足以使其受辱，必须如此这般方可。"楚王大悦，依计而行。

晏子来到了楚国，楚王知道晏子身材矮小，楚国人就在大门旁边开了一个小洞来迎接晏子。晏子看了看，对接待的人说："这是个狗洞，不是城门。只有访问'狗国'，才从狗洞进去。我在这儿等一会儿。你们先去问个明白，楚国到底是个什么样的国家？"接待的人

立刻把晏子的话传给了楚王。楚王只好吩咐打开城门，迎接晏子。

晏子见到楚王，楚王说："齐国难道没有人了吗？怎么派你来呢？"晏子回答说："齐国的都城临淄有七千五百户人家，人们一起张开袖子，天就阴暗下来；一起挥洒汗水，就会汇成大雨；街上行人肩膀靠着肩膀，脚尖碰脚后跟，怎么能说没有人呢？"楚王说："既然这样，那么为什么会派遣你来呢？"晏子回答说："齐国派遣使臣，要根据不同的对象，贤能的人被派遣出使到贤能的国王那里去，没贤能的人被派遣出使到没贤能的国王那里去。我晏婴是最没有才能的人，所以只能出使到楚国来了。"

楚王赐晏子酒喝。喝酒喝得正高兴的时候，两个士兵捆绑着一个人来到楚王面前。楚王问："捆绑着的人是干什么的？"武士回答说："是齐国的人，犯了偷窃罪。"楚王对晏子说："齐国人本来就善于偷窃吗？"晏子离开座位，回答说："我听说过，橘树生长在淮河以南是橘树，生长在淮河以北就变为枳树，橘树和枳树只是叶子的形状相似，但是它们果实的味道却完全不同。这样的原因是什么呢？是水土不同啊。现在百姓生活在齐国不偷窃，来到楚国就偷窃，莫非是楚国的水土致使百姓善于偷窃吧！"楚王笑着说："圣人是不可以随便戏弄的，我反而自讨没趣了。"

【原文】

才大者，望①自大，人所服，非言大②。

【译文】

才学博大的人，名望自然很大，人们所钦佩的是他的才能，并不是他的夸夸其谈。

【注释】

①望：名望。
②言大：自我吹嘘，夸夸其谈。

【解读】

一个真正博学多才的人，谦虚不张狂，谨慎不狂妄，好学不吹嘘，自信不张扬，清高不傲慢，谦卑不发飙。

任何人所拥有的一切，与有大美丽而不蓄的天地相比，与浩瀚无际的宇宙相比，都不过是沧海一粟，微不足道。从历史的长河看，不论我们拥有多少，拥有什么，拥有多久，都只不过是拥有极其渺小的一瞬间。

人誉我谦，又增一美；自夸自败，又增一毁。无论何时何地，我们都应怀一颗谦卑之心。

谦卑是一座精神圣殿，建筑在人的信念之上。谦卑的核心是心灵深处的善和自信。谦卑绝对不是软弱和胆怯，恰恰相反，它是一种坚定，一种超然。它是有力量的，它的力量不张扬，不引人注目，却像江水一般绵绵不尽。所以泰戈尔说：当我们大为谦卑的时候，便是我们最接近伟大的时候。

所以，无论是一个国家也好，一个民族也好，还是一个人也好，只要保持谦虚谨慎，戒骄戒躁，就会永远立于不败之地。"好学若饥，谦卑若愚。求知若渴，大智若愚。"谦卑才能彰显真知，谦卑才能得到真知，谦卑才能赢得人心，谦卑才能取得成功。

史鉴典例

王劭言大遭唾弃

王劭，字君懋，生卒年不详，太原晋阳（今山西太原）人。隋代历史学家。年轻时以博学多识而闻名。他因"才大"而受到隋文帝赏识，官至著作郎，但又因"言大"而受世人所唾弃。

隋文帝杨坚继位后，王劭曾被授予著作郎之职。后来母亲病逝，他辞职回乡，闭门谢客，专心致志要编修《齐书》。而当时隋朝的制度禁止私人编修史籍。隋文帝得知王劭私自撰写史书后勃然大怒，下令没收他的所有著述，但在亲览内容时，却发现王劭所著的《北齐》一书，记史翔实，文笔严谨，大为赞赏。嗜好经史、博学多才的王劭竟因祸得福，被隋文帝任命为员外散骑侍郎，专门撰写文帝起居注。

王劭尽管有一肚子学识，但却不是一个老老实实做学问的人。他还有一大本领，就是善于说大话，拍马屁。

一次，隋文帝做了一个梦，梦见他想爬上一座高山，但却怎么也爬不上去，后来在侍从崔彭等人的帮助下才爬了上去。王劭听后对文帝说："这是一个大吉大利的梦：皇上的帝位像高山一样崇高安稳，崔彭恰是那个800岁长寿的彭祖，有他相助，即是长命百岁的好征兆！"这番胡言乱语竟让隋文帝听得十分满意。王劭常随侍文帝左右，他常称文帝有"龙颜戴干"的仪表，并指示给群臣看。他还依仗自己的三寸不烂之舌，散布荒诞言论，预卜国家将如何兴旺，以花言巧语讨得文帝的欢心，保持他的官职。

所以，《隋书》评论王劭说：王劭喜欢用怪诞不经的话语、粗俗鄙野的文字、不合实际的内容，骇人听闻，因而最终为世人所唾弃。

杨修之死

　　杨修是杨震的玄孙，杨彪的儿子，出身世代簪缨之家。

　　《后汉书》说"自震至彪，四世太尉"。为人好学，有俊才，建安年间被举孝廉，除郎中，后担任丞相曹操的主簿，替曹操典领文书，办理事务。

　　有一次，曹操造了一座后花园。落成时，曹操去观看，在园中转了一圈，临走时什么话也没有说，只在园门上写了一个"活"字。工匠们不了解其意，就去请教杨修。杨修对工匠们说，门内添活字，乃阔字也，丞相嫌你们把园门造得太宽大了。工匠们恍然大悟，于是重新建造园门，完工后再请曹操验收。曹操大喜，问道："谁领会了我的意思？"左右回答："多亏杨主簿赐教！"曹操虽表面上称好，而心底却很忌讳。

　　有一天，塞北有人给曹操送了一盒精美的酥(奶酪)，想巴结他。曹操尝了一口，突然灵机一动，想考考周围文臣武将的才智，就在酥盒上竖写了"一合酥"三个字，让使臣送给文武大臣。大臣们面对这盒酥，百思不得其解，就向杨修求教。杨修看到盒子上的字，竟拿取餐具给大家分吃了。大家问他："我们怎么敢吃魏王的东西？"杨修说："是魏王让我们一人一口酥嘛！"在场的文臣武将都为杨修的聪敏而拍案叫绝。而后，操问其故，修从容回答说："盒上明明写着'一人一口酥'，岂敢违丞相之命乎？"曹操虽然喜笑，而心头却很妒忌杨修。

　　曹操多猜疑，生怕人家暗中谋害自己，常吩咐左右说："我梦中好杀人，凡我睡着的时候，你们切勿近前！"有一天，曹操在帐中睡觉，故意落被于地，一近侍慌取被为他覆盖。曹操即刻跳起来拔剑把他杀了，复上床睡。睡了半天起来的时候，假装做梦，佯惊问："何人杀我近侍？"大家都以实情相告。曹操痛哭，命厚葬近侍。人们都以为曹操果真是梦中杀人，惟有杨修又识破了他的意图，临葬时指着近侍尸体而叹惜说："丞相非在梦中，君乃在梦中耳！"曹操听到后更加厌恶杨修。

　　曹操出兵汉中进攻刘备，被困于斜谷界口，想要进兵，又被马超顽固抵抗，想收

兵回朝，又害怕被蜀兵耻笑，正在犹豫不决之时，正碰上厨师送鸡汤进来。曹操见碗中有鸡肋，因而有感于怀。正沉吟间，夏侯惇入帐，想问问夜间的口号。曹操随口答道："鸡肋！鸡肋！"夏侯惇传令众官，都称"鸡肋！"行军主簿杨修见传"鸡肋"二字，便教随行军士收拾行装，准备回朝。有人将这事告诉了夏侯惇。夏侯惇就将杨修请到自己帐中问道："你为什么要收拾行装呢？"杨修说："以今夜号令来看，我已经知道魏王将在近日退兵回朝，鸡肋者，食之无肉，弃之可惜。如今进攻不能取胜，退兵又恐怕人笑话，在这里死守已没有任何意义，不如早点回去。近日魏王一定会退兵回朝。所以我先收拾好行装，免得到时慌乱。"夏侯惇听后，觉得杨修说的有道理，于是也开始收拾行装。军营中的将士，也开始为回朝做准备。曹操听说后大怒，指着杨修说："你怎么能造谣言，乱我军心！"随即命令刀斧手推出斩之，并将杨修的首级悬挂在辕门外。

己有能　勿自私　人所能　勿轻訾
勿谄富　勿骄贫　勿厌故　勿喜新

【原文】

己有能，勿自私；人有能，勿轻訾①。

【译文】

自己有才能，不可以自私独用；别人有才能，不要轻易去诋毁。

【注释】

①訾（zǐ）：诋毁，说人坏话。

【解读】

一个伟人说："嫉妒是一种见不得人的卑鄙思想。"它会蚀人心灵，玷污人的灵魂，使人的道德低下，也使人陷入泥潭而无法自拔。一个有风度的人决不会跟别人针尖对麦芒，更不会抱怨他人小肚鸡肠，没有肚量。

人常说。"山外有山；楼外有楼。"世界大得很，能人多得很。只有具备容才之量，容才之德，才能完修正果。中国有句话叫"宰相肚里能撑船"。当别人有了成就，应当为别人的成就感到高兴，感到喜悦，而不是去诋毁。

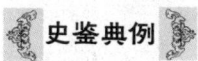 **史鉴典例**

黄羊举贤

祁奚，即祁黄羊。春秋晋国大夫，后任中军尉。晋平公立，任奚为公族大夫。一天，晋国国君晋平公问大夫祁黄羊说："南阳缺一县令，你看谁可以去担任呢？"

祁黄羊回答说："解狐可以。"

晋平公很惊奇地问："解狐不是你的仇人吗？你为什么要推荐他？"

祁黄羊回答说："国君你问谁可以当南阳县令，并没有问谁是我的仇人呀。"

晋平公于是任命解狐为南阳县令。晋人都很称赞。

过了一段时间，晋平公又对祁黄羊说："现在国家缺一名中军尉，你看谁可以去担当这一官职呢？"祁黄羊毫不犹豫地推荐了自己的儿子祁午。晋平公大为惊讶地说："祁午不是你的儿子吗？"祁黄羊从容回答说："国君问我谁可以当国尉，可你没有问我谁是我的儿子呀。"晋平公连连点头，说："好！"于是任命祁午为中军尉。后又推举羊舌赤辅佐自己。晋人又都称赞不已。后来，孔子听到这件事时说："祁黄羊讲得太好了！外举不避仇，内举不避子，祁黄羊可以说是个公正无私的人啊！"

公孙龙慧眼识人

公孙龙，字子秉，中国战国时期赵国人，曾经做过平原君的门客，名家的代表人物，其主要著作为《公孙龙子》，与他齐名的是另一名家惠施。

因为公孙龙很有学问，所以他手下有不少弟子，而且每个弟子都身怀技艺，各有一套本领。

公孙龙在赵国时，曾对他的弟子们说："我喜欢有学识、有本领的人，没有本领的人，我是不愿和他在一起的。"

有个人听说了公孙龙，便前来求见，要求公孙龙收他做弟子。公孙龙见那人相貌平平，粗布衣帽，便问："我不结交没有本领的人，不知你有什么本领。"

那人说："大的本事我没有，只是我有一副好嗓门，我能喊出很大的声音，使离得很远的人也能听到。一般没有人能像我一样。"

公孙龙回头问他的弟子们："你们中间有没有喊声很大的人？"

弟子们争相回答说："我们都能喊大声。"说着还用眼斜瞟着那个前来求见的人，显出不屑的眼神。

那人说："我喊出的声音之大，非常人可比。"

公孙龙很有兴趣地说："那你们比试比试。"

于是弟子们推选了他们之中声音最大的一

个作代表，与那人一起走到五百步开外的一座小丘背后，向公孙龙这边喊话。结果，除了那个人的声音外并不见弟子的半点声响。于是公孙龙把那人收留下来。可是，弟子们依然不免暗暗发笑，喊声大又算什么本领，喊声大派得上什么用场呢？老师是斯文人，难道要找个一天到晚替自己吵架、吼叫的人么？弟子们都不以为然。

过了不久，公孙龙到燕国去见燕王，他带着弟子们上路了。走了一段，不料碰到一条很宽的大河。可是河的这一边见不到船，远远望那河对岸，却停着一只小船，艄公蹲在船尾正无事可干。

公孙龙马上吩咐那个刚收留的大嗓门弟子去喊船。那弟子双手合成喇叭状，放开嗓子大喊一声："喂……要船啦……"喊声亮如洪钟，直达对岸，那对岸船上的艄公站起身来，喊声的余音还在河两岸回响，以致慢慢传到很远很远的地方。

对岸那只船很快摇了过来，公孙龙一行人上了船，原先那些不以为然的弟子深深佩服老师及那位新来的朋友。

看起来，只要是本领，它总有用处，我们不应该排斥或看不起小本领，在关键时刻，小本领也能派上大用场。

华佗虚心求学

华佗，字元化，又名旉，汉未沛国谯（今安徽亳县）人，是三国著名医学家。少时曾在外游学，华佗钻研医术而不求仕途。他医术全面，尤其擅长外科，精于手术，被后人称为"外科圣手""外科鼻祖"。精通内、妇、儿、针灸各科，外科尤为擅长，行医足迹遍及安徽、山东、河南、江苏等地。他曾用"麻沸散"使病人麻醉后施行剖腹手术，是世界医学史上应用全身麻醉进行手术治疗的最早记载。又仿虎、鹿、熊、猿、鸟等禽兽的动态创作名为"五禽之戏"的体操，教导人们强身健体。后因不服曹操征召被杀，所著医书已佚。今亳州市有"华佗庵"等遗迹。

华佗之所以取得这样的成就，完全在于他的虚心好学。

华佗成名之后，来找他看病的人很多。一天，有一个年轻人来找华佗看病，华佗看过后，对年轻人说："你得的是头风病，药倒是有，只是有没有药引子。"

年轻人急忙问道："得用什么药引子呢？"

华佗说："活人脑子。"

年轻人一听，吓了一跳，上哪去找活人脑子呢？于是只好失望地回家了。

过了些日子，这个年轻人又找了位老医生，老医生问他："你找人看过吗？"

年轻人答道："我找华佗看过，他说要用活人脑子做药引子，我没有办法，只好不治了，今天到你这也是来碰碰运气。"

老医生听后，哈哈大笑，说："用不着找活人脑子，去找十个旧草帽，煎汤喝就行了。记住，一定要找人们戴过多年的草帽才顶事。"

年轻人照着做了，病情果然大有好转。

一天，华佗又碰到这个年轻人，见他生龙活虎一般，不像有病的样子。

华佗详细地打听了治疗经过，非常敬佩那位老医生。他想向老医生请教，把他的经验学来。他知道，如果老医生知道他是华佗，肯定不会收他为徒。于是，他装扮成一名普通人的模样，跟那位医生学了三年徒。一天，老师外出了，华佗同师弟在家里拣药。门外来了一位肚子像箩、腿粗像斗的病人。病人听说这儿有名医，便跑来求治。

老师不在家，徒弟不敢随便接待，就叫病人改天再来。病人苦苦哀求道："求求先生，给我治一下吧！我家离这儿很远，来一趟不容易。"这时，华佗见病人病得很重，不能迟延，就说："我来给你治。"说着，拿出二两砒霜交给病人说："这是二两砒霜，分两次吃。可不能一次全吃了啊！"那个大肚子病人拿药出了村外，正巧碰上老医生回来了，病人便走上前求治。老医生一看，说道："你这病容易治，买二两砒霜，匀两次吃，一次吃有危险，快回去吧！"

病人一听，说："二两砒霜，你徒弟拿给我了，他叫我分两次吃。"

老医生接过药一看，果然上面写得清楚，心想："我这个验方除了护国寺老道人和华佗，还有谁知道呢？我没有传给弟子呀？"

回到家中，老医生就问两个弟子："刚才那个大肚子病人的药是谁开的？"

徒弟指着华佗说："是师兄。我说这药有毒，他不听，逞能。"

华佗不慌不忙地说："师傅，这病人得的是鼓胀病，用砒霜以毒攻毒，病人吃了有益无害。"

"这是谁告诉你的？"

"护国寺老道人，我在那儿学了几年。"

老医生这才明白过来，原来他的徒弟就是华佗，连忙对华佗说："华佗啊！

你怎么到我这儿当学徒呀？"

华佗只好说出求学的理由。

老医生听完华佗的话，一把抓住华佗的手说："你已经名声远扬了，还到我这穷乡僻壤来吃苦，真是对不起你呀！"

说完，老医生当即将治疗头风病的单方告诉了华佗。

【原文】

勿谄①富，勿骄贫，勿厌故，勿喜新。

【译文】

不要去曲意逢迎有钱人，对穷人骄横无礼，不要厌弃旧的东西，喜欢新的东西。

【注释】

①谄：谄媚。

【解读】

贫和富只是两种不同的生活状态，我们无论贫富都要学习礼节，发挥人我一体的仁心。要做到贫贱时不讨好富贵的人，富裕了也不忘记自己的患难之交，只有这样，我们才能营造一个"贫而乐，富而好礼"的幸福社会。

其实，我们不仅交朋友要做到"勿厌故，勿喜新"，我们做事情也要讲究专一，不要见异思迁，真正做到"勿厌故，勿喜新"。

史鉴典例

石才叔不附权贵

宋代有位学者名叫石才叔，写得一手好文章。他在平时博览群书，见多识广，并且收藏了许多图书的古迹珍品。

当时，文彦博在长安做统兵官，他听说石才叔家收藏有唐代著名书法家褚遂良的亲笔字帖《圣教序》，于是亲自到石才叔家请求借阅。石才叔欣然允诺，将那份珍贵的字帖借给了文彦博。

文彦博将字帖拿回家中，反复欣赏揣摩，看了又看，爱不释手，便叫家里的弟子临摹了一份。

泛爱众篇

一天，文彦博设宴招待幕僚、部下和几个朋友，大家饮酒聊天，高谈阔论，兴致颇浓。文彦博叫家里人拿出两本《圣教序》字帖，上面都有作者姓名，文彦博让客人们都来辨认这两本《圣教序》的真假。那些客人们个个伸出大拇指，极力吹捧文彦博的临摹本是真的，是如何如何的珍贵，反而指着石才叔的收藏本说是假的。

当时，石才叔也在座，见此情景，他不说一句争辩的话，只是笑着对文彦博说："今天，我才认识到自己地位的低下。"

文彦博哈哈大笑起来，席上的客人们个个满面通红，羞愧不已。

石才叔委婉地讽刺了那些势利的客人们，主人文彦博从心底与石才叔有同感，所以他也哈哈笑了起来，这也是对那些趋炎附势之人的一种嘲笑。

"趋炎附势"是生活中的许多小人的共性。为了巴结强权者，他们往往有意颠倒黑白，混淆视听，这种行径是卑鄙可耻的。为人还是正直、坦诚些好。

宋弘念旧

东汉初期的名臣宋弘之所以能成为众臣中最优秀的，很大一部分得益于内心的修养。

宋弘，字仲子，他不仅以清节威德著称于世，在处理夫妻关系上的所作所为，也为后世称道。

汉代曾发生过王莽赶刘秀的故事。当时，刘秀力量薄弱，被王郎一路追杀，由北向南日夜奔逃。战斗中，刘秀手下有个叫宋弘的大将不幸负伤。当逃到饶阳境内时，宋弘实在走不动了，而后面追兵又紧，怎么办呢？刘秀没办法，只好将宋弘托付给郑庄一户姓郑的人家养伤。姓郑的这户人家很同情刘秀，而且非常善良，待宋弘亲如家人，端茶送水，好吃好喝，很是周到。特别是郑家女儿，长得虽不很漂亮，但为人正派，聪明大方，待宋弘像亲兄弟，煎汤熬药，问寒问暖，关怀备至。宋弘非常感动。日子一长，两人建立了深厚的感情。宋弘伤好后，两人便结为夫妻。后来宋弘跟随刘秀南征北战，屡立战功，终于帮刘秀得了天下。

汉光武帝刘秀即位后，宋弘被拜为太中大夫，后来又做了大司空，被封为侯。他将自己所有的田地租税收入和朝廷的俸禄，都用来赡养九族中的人，而自己官高

位显，家中却没有什么财产。

这一年，光武帝的姐姐湖阳公主的丈夫死了，光武帝念及姐弟之情，时常请她入宫见面、聊天，也想替姐姐再找一个好丈夫。

一天，两人坐在一起议论朝中大臣，光武帝想趁此机会看看姐姐的态度，于是问道："看我这朝中众臣，谁是真正的贤士？"公主回答说："依我之见，宋弘为人有威望，有道德，其他人无法跟他相比。"湖阳公主这样一说，皇帝就明白了姐姐的意思，她是看中了宋弘的人品，于是就宽慰姐姐说："别急，等我想个办法，慢慢找机会将这事情解决了。"

光武帝深知宋弘的为人，所以对于说亲一事，他颇动了一番脑筋。他知道要是让人直接去说媒，而宋弘不同意，这岂不是有失姐姐的面子，而自己也不好下台。于是过了几天，他找个机会召见宋弘，让姐姐湖阳公主坐在屏风后面听他们谈话。

光武帝问宋弘："我听说民间有这样的谚语，说一个人当了高官，他过去的旧相识就要被换掉，不再来往了；一个人要发了大财，他过去的妻子就会被抛弃，另寻新人，是这样的吧？这是人之常情啊！"

宋弘听了，立刻明白了光武帝的意思，他正色回答皇上的问话说："臣听说人贫贱时交的朋友，富贵的时候不能忘记他们；贫贱时同甘共苦、患难与共的妻子，也不能因为自己富裕了就休弃她，这才是一个真正的贤达之士所做的。"听了这话，皇上也就明白了宋弘的想法，更佩服他的为人了。

宋弘的做法千古流传，他真正做到"勿谄富，勿骄贫，勿厌故，勿喜新"，对朝夕相处的妻子念念不忘，而不去讨好巴结富有的人。

荀巨伯探友

荀巨伯，东汉人，是汉桓帝时的贤士，一向恪守信义，笃于友情。他听说居住在县城的一个好友得了重病，便匆匆安排了家事，收拾好行装，前去探视。他晓行夜宿，戴月披星奔波了半个多月，才到达好友居住的县城。谁知进城以后，只见街上冷冷清清，悄无一人，觉得很奇怪。他好不容易才找到好友的住处，却发现好友躺在床上，面色惨白，连声低呼："水！水！"

荀巨伯忙从桌上取过碗，四处寻水，好一会才在厨房水缸里找到了一点水，马上装入碗内，递到友人口边。

友人呷了几口，精神稍微好了一些，抬头见是荀巨伯为他递水，惊喜地问道："你是什么时候来的呀？"

荀巨伯答道："刚到。"

友人见荀巨伯满面风尘，为看望自己不惜千里奔波，深为感动。但想到目前情况紧急，又焦急地对荀巨伯说："胡兵马上就要来攻城，城里的人都跑光了，你还是赶快走吧，再晚就走不了了。"

荀巨伯诚挚而又坚定地说："你重病在身，旁边又没一个亲人，作为朋友，我现在怎么能够抛弃你而自己离开呢？"

友人感动地说："贤弟的情意，我十分感动，但我是将要死的人了，怎么还能够连累你呢？你还是赶快走吧！"说完，吃力地把手挥一挥。

荀巨伯恳切地说："我不远千里来看你，你却要我走。弃义以求生，我荀巨伯是那样的人吗？"

正说到这里，突然听到门外有人高喊："这里有人！"

友人听见喊声，焦急地对荀巨伯说："胡人来了！你快从后门逃走吧！"

说到这里，由于情绪激动，又禁不住连声咳嗽。

荀巨伯忙把碗递到他口边。正在这时门突然被踢开，一个身材魁梧、身着胡装、手执钢刀的大汉，带领几个人冲了进来。

友人十分着急，荀巨伯却镇定自若。

大汉见屋中只有两个男子，一个卧病在床，一个在旁边伺候，便走上前去，大声地问荀巨伯道："我大军一到，整个县城都空了，你是什么人，竟敢独自停留在这里？"

荀巨伯不慌不忙地答道："在下荀巨伯，因友人重病在身，无人照顾，因此千里探视，不忍离去。望刀下留情，要杀就杀我，千万不要伤友人的性命！"

大汉想不到一郡尽空，竟有人愿意舍己救友，颇为感动，便对其他人说："来抢夺这个讲义气的地方，我们真是太不应该了！"

说完，向荀巨伯一拱手，转身出门而去。

友人此时方才如释重负，紧紧拉住荀巨伯的手，一句话也说不出来，眼泪滚滚而下。

人不闲　勿事搅　人不安　勿话扰
人有短　切莫揭　人有私　切莫说
道人善　即是善　人知之　愈思勉

【原文】

人不闲①，勿事搅；人不安，勿话扰②。

【译文】

别人没有空闲时，不要找事情去打搅人家；别人心情不好时，不要说闲话去打扰。

【注释】

①闲：闲，闲暇。
②扰：打扰。

【解读】

理解别人并能够从别人的立场设身处地地为别人着想，哪怕一点点，都是一种博爱，更是一种人生境界。孔子说过："己所不欲，勿施于人。"意思就是说不要把自己不喜欢的事情再强加给别人，而要设身处地为别人着想，也就是换位思考。

如果一个人能多为他人着想，为对方设身处地地考虑问题，就会赢得更多的朋友。如果你能够为他人付出爱心，就是为自己种下一片希望，也就能品尝到收获的喜悦。

因此，在做任何一件事情时，多为别人着想，别人也会记住你的好，自然会善待你。

史鉴典例

哀帝改号

汉哀帝刘欣是元帝庶孙、定陶王刘康之子，生于成帝平和四年（前25年），两年之后，刘康逝世，谥为"定陶共王"，三岁的刘欣便继承了父亲的王位。

后来，由于汉成帝刘骜没有子嗣，便收侄儿刘欣为养子。在将刘欣收为养子的第二年二月，刘骜正式下诏，立刘欣为皇太子，并派使者前往中山国，将他迎来长安。刘欣的运气还真不错，仅当了一年皇太子，由于刘骜的溘然而逝，他轻轻松松地19岁就当上了皇帝，这就是汉哀帝。遗憾的是，这个年轻的皇帝身体却一直不好，当了皇帝后仍然病恹恹的。

在医药无效的情况下，待诏夏贺良等人建议说："汉朝的历法已经衰落，应当重新接受天命。成帝当时没有顺应天命，所以没有亲生儿子。现在，皇上您生病的时间已很长了，天下又多次发生各种变异，这些都是上天的警告。皇上只有马上改变年号，才可以延年益寿，生养皇子，平息灾祸。如果明白了这个道理而不照着做，各种灾祸都会发生，人民就要遭受灾难。"

本来新皇帝即位，一般都要在第二年改元。汉哀帝也是这样，绥和二年（前7年）即位后，第二年才改元"建平"。但哀帝听了夏贺良的话，也盼自己身体健康，就于建平二年（前5年）六月再把年号改为"太初元将"元年，自称"陈圣刘太平皇帝"，并传诏大赦天下。然而年号改了一个多月，病情却没有丝毫起色。

在汉哀帝改年号期间，夏贺良等人想趁机干预朝政，遭到朝中大臣的反对。哀帝也因夏贺良的话没有应验，派人对他们的所作所为进行了调查，知道他们实际上暗藏阴谋，于是在当年八月，再传圣旨：六月份的改元与"陈圣刘太平皇帝"之称全部作废，本年度仍然恢复为建平二年。而夏贺良等人则以"反道惑众"的罪名，全部"伏诛"。夏贺良等人因妖言惑众，受到了应有的惩罚。

不合时宜的直言

东汉末年，曹操率领八十万大军杀向江南。

一天，他视察过陆军的大寨和水军大寨，天色已晚，只见月光下的长江波涛滚滚，犹如一条闪光的长龙，让人心潮激荡。曹操便下令在大船上摆开酒席，弹奏音乐，大宴文武百官。

这时，空中飞过一群乌鸦，留下了一长串鸣叫声。曹操问道："已是夜晚，乌鸦为什么鸣叫？"有人回答说："今晚月光明亮，乌鸦以为天亮了才飞起来又叫。"曹操大笑，随手拿起一支长槊，泼酒祭江，说："我持这支长槊，破黄巾，擒吕布，灭袁术，收袁绍，深入塞北，直抵辽东，纵横天下！今由东向南，必将旗开得胜！"

说着，面对长江美景，饮宴兴感，吟诵起壮烈诗句："……月明星稀，乌鹊南飞。绕树三匝，何枝可依？……"

听了如此豪迈的诗句，文武百官齐声叫好。唯独扬州刺史刘馥唱了反调，说

到："大战在即，将士们即将拼死疆场，丞相为何说出这样不吉利的话呢？"曹操忙问："什么话不吉利？"刘馥直言不讳地说："绕树三匝，何枝可依？言何吉利？"

曹操大怒，喝道："当今之世，沧海横流，择主而从，就像乌鹊择枝归巢。我正在借酒解忧，你为何就是不听我'周公吐哺，天下归心'的抒怀？竟敢扫我的兴致！你就是个不吉利的灾星！"说着抢起长槊刺向刘馥。

可怜这刘馥，跟随曹操这么多年，立下了许多汗马功劳，但今天，他只是直言不讳地提醒曹操，大战在即，骄傲不得，或许就是因为当着众百官的面，言辞过于直率，搅扰了曹操的豪兴，伤害了曹操的面子，有些不合时宜罢了，竟然落了个惨死的下场。

【原文】

人有短，切莫揭；人有私，切莫说。
道人善，即是善，人知之，愈思勉。

【译文】

别人的短处，千万不要去揭发；别人的隐私，绝对不要去议论。赞美别人的善行，就是善，别人知道了你的赞美，就会更加勉励自己。

【解读】

每个人都有自己的缺陷、弱点，这些都是他们不愿提及的隐私，是他们在社交场合极力隐藏和回避的问题。如果有人揭开了别人的隐私，往往会给他人造成身心伤害，甚至会酿成大祸。

古语说："打人不打脸，骂人不揭短。"当然，在言论自由的现代社会，人们一样也有忌讳心理，有自己与人交往所不能提及的"禁区"。我们常说的瘸子面前不说短、胖子面前不提肥、"东施"面前不言丑一样，对让人失意之事应尽量地避而不谈。避讳不仅是处理人际关系的技巧问题，更是对待朋友的态度问题。尊重他人就是尊重自己。为自己留口德，就是避免了"祸从口出"。

史鉴典例

蒋琬雅量

蒋琬，汉族，零陵湘乡人。三国时期著名的政治家、军事家。初随刘备入蜀，诸葛亮卒后封大将军，辅佐刘禅，主持朝政，统兵御魏。采取闭关息民政策，国力大增。

[泛爱众篇]

蒋琬的成功，在于他的宽以待人。他从不道人之短，揭人隐私，对于轻视自己、与自己有矛盾的人总是宽容相待。

蒋琬主持朝政时，他的属下有个叫杨戏的，性格孤僻，讷于言语。蒋琬与他说话，他也是漫不经心地作答。有人看不惯，就对蒋琬说："你跟杨戏说话他都不睬你，他太傲慢了。"蒋琬回答："人们的思想不同，就好像人们的面孔不同一样。'不要当面顺从，背后说相反的话'，这是古人所告诫的。若要杨戏赞许我的看法，便违背他的本心，想要说反对我的话吧，又道人之短，所以他就默默无语了。这正是他优秀的地方啊！"

还有一次，一个掌管农事的官叫杨敏，曾经毁谤蒋琬，说他"办事糊涂，实在不如前人"。有人把这话报告给蒋琬，主管法纪的人请求对杨敏追究治罪，蒋琬却说："我实在不如前人，没有什么可追究的。"主管法纪的人请问他"糊涂"的含义，蒋琬说："假使不如古人，那么政事就办不好，政事办不好，自然就是糊涂。"

身为高官的蒋琬这样虚心地对待别人提出的批评，善意地理解别人的指责，对部属当面傲慢、背后诋毁的"短"和"私"，都予以宽容，不求全责备，不打击报复，时时处处勇于从自身找原因，其胸怀真可谓博大！

吕蒙正不计人过

吕蒙正，字圣功，河南洛阳人。宋太宗太平兴国二年状元，皇帝为状元写诗赐宴就是从他开始的定例。从988年起他当了多年宰相，是历史上第一位平民出身的宰相，第一个书生宰相、状元宰相，是宋朝当宰相经历过三朝的两个人之一。吕蒙正为人宽厚质朴，素有重望，以正道自持，遇事敢言。

吕蒙正刚做参知政事时，由于他来自民间，又是穷苦出身，所以对官场的派头不熟，显得一副寒酸相。他第一次上朝时，朝廷中有官员指着他说："这小子也配参与商议政事吗？"吕蒙正表面装着没听见，走过去了。

参知政事仅比宰相官低一级，相当于副宰相，也是朝中数得着的大官。虽有人窃窃私语，但也有人为他愤愤不平，想追查私语之人，为吕蒙正出气。

吕蒙正立即加以制止。他说："我不习惯摆阔，乃为了不忘当日贫困之日，以貌看人原是一般的习俗，不必加以追究。如果知道了他的姓名，就一生都忘不掉了，还不如不知道的好。"吕蒙正的豁达大度，受到了众人的称誉。

蒋琬

扬人恶　即是恶　疾之甚　祸且作
善相劝　德皆建　过不规　道两亏

【原文】

扬①人恶，即是恶，疾②之甚，祸且作③。
善相劝，德皆建，过不规④，道两亏⑤。

【译文】

宣扬别人的恶行，就是一种罪恶，别人就会非常憎恨你，你就会招致祸患。彼此之间行善要相互劝勉，这样双方的道德都可建立，如果发现别人的过失却不加规劝，彼此在道义上都是一种亏损。

【注释】

①扬：宣扬。

②疾：痛恨。

③作：发生，起。

④规：规劝。

⑤亏：亏欠，缺失。

【解读】

生活中既没有完美无缺的事物，也没有十全十美的完人，每个人不可避免地都会有一些过失。面对别人的过失，我们要加以劝导。如果不去规劝，让他的恶行继续发展下去，那他就会越来越堕落，他的堕落不仅使他的品德败坏，也使你的良心受到谴责，从而影响你良好品德的建立。

所以，面对别人的过失，我们要以广大的博爱之心来关照他们，真心规劝他们，处处为他人着想，以他人的利益为先，那么这样的思想境界会使你备受称赞。

灌夫骂座惹大祸

灌夫，西汉颍阴（今河南许昌）人，字仲孺，是汉代的一名将军，他勇猛善战，在平叛吴楚之乱时身先士卒，身负重伤，九死一生。他行侠仗义，疾恶如仇。但他有一个致命弱点，就是脾性太直，说话不分场合，不讲究方式，以致招来了杀身之祸。

灌夫和国舅丞相田蚡之间的隔阂很大。田蚡娶燕王的女儿为夫人时，王太后特地下诏，要诸侯王和宗室大臣都去祝贺，就在这次婚宴上，灌夫发现当田蚡给大家敬酒时，所有宾客都"避席"，也就是离开自己的席位，然后退下来说"不敢当"，以表示敬重；而当已经退位的老丞相窦婴来敬酒时，大多数客人都只是"半避"，也就是半起避开。灌夫看在眼里，愤在心中，心想：当年窦婴炙手可热红极一时的时候，你田蚡只是个郎官，想拍窦婴的马屁都拍不上，现在田蚡当了宰相，窦婴下台了，这些大臣就这样了，未免太势利了吧？所以灌夫就发脾气了。

灌夫大声训斥坐在自己身边的一个晚辈。田蚡见灌夫当众辱骂他请来的客人，勃然大怒：打狗还要看主人呢，你的晚辈是我请来的客人呀！这下子火上浇油了。灌夫说："老子今天豁出去了！"于是大闹婚宴，把当朝宰相田蚡贪污腐败、买官卖官等种种恶性劣迹，一股脑儿抖落了出来，最终搅散了宴会。

要知道田蚡是皇上的舅父，这场婚宴是太后懿旨要田蚡办的。太后恼怒了，灌夫被抓了起来，最后又以勾结地方豪强、日议朝廷、夜观星象、图谋造反的罪名被处死了。

对各种坏事恶行，自然应作斗争。但斗争要讲究方式，注意策略，光凭一时的意气，贸然行事，是无法取胜的。

考叔劝谏

考叔是春秋郑庄公时期的郑国大夫，管理颍地的官员，故称颍考叔。

春秋时期，郑庄公的母亲武姜非常宠爱她的小儿子公叔段，结果公叔段起而造反。郑庄公对母亲武姜帮助弟弟叛乱十分不满，就把武姜迁到城颍去住，并发誓说："不到黄泉，誓不见她。"

一年多过去了，郑庄公感觉到自己对母亲的做法太过分了，很后悔，但他发

过誓，不能违背誓言去接回母亲，因此，内心十分矛盾，整天闷闷不乐。颍谷（今河南登封西南）的守将颍考叔听说了这件事，就向庄公进献贡品，借机见到庄公。庄公请颍考叔吃饭，颍考叔把肉留在一旁不吃。庄公感到奇怪，问他："为什么不吃肉？"颍考叔回答："臣下家有老母，平时只吃臣下的食物，没有尝过大王的肉羹，请允许我留下带给老母。"庄公说："你有母亲可送食物，只有寡人没法送。"颍考叔说："大胆地问一句话，这是什么意思？"庄公告诉他原因，并说自己很后悔。颍考叔说："主公有什么可担心的？如果挖一条隧道，直通到有泉水的地方，然后在隧道里相见，谁能说是违背誓言呢？"

庄公听了大喜，就立即命人去挖隧道。隧道挖成以后，庄公终于在隧道中见到母亲，双方又悲又喜，从此恢复了正常的母子关系。

倒屣相迎

蔡邕，字伯喈，陈留（今河南省开封市陈留镇）围人，东汉文学家、书法家，博学多才，通晓经史、天文、音律，擅长辞赋。

汉献帝时，59岁的蔡邕担任了左中侍郎，进出常常是前呼后拥，车骑填巷，真可谓朝堂显贵，名垂朝野。

当时，有个叫王粲的人，专程从老家步行到长安拜访蔡邕。此人不过十六七岁，虽然年少，却也才华出众，名传四方。这天，蔡邕正在家中与来宾交谈，门房前来禀报："有王粲求见。"古时候，人们在家里有个脱鞋席地而坐的习惯，蔡邕听说王粲在门外，急忙起身相迎，连鞋子都顾不上穿好，倒拖着鞋子就往门外去相迎。

满座高士见蔡邕如此匆忙，以为来了什么大官，也都连忙起身恭候，等到蔡邕和王粲来到堂前，不禁大吃一惊，只见王粲不仅年幼，而且长得十分瘦弱矮小，完全是一个孩子，他们觉得蔡邕这样做未免有些失身份了，可是历来尊重人才、道人之善的蔡邕却满不在乎，他一边和王粲亲切地交谈，一边对宾客们称赞说："这是王粲，有奇异的才能，我是比不上的。从今以后，我家的书籍文章，全都可以给他看。"

年轻的才子王粲受到蔡邕倒屣相迎的礼遇，又听到这样一通赞誉，深受鼓舞。从这以后，59岁的蔡邕和17岁的王粲做了一对好朋友，两人经常在一起谈心学习，互相请教。王粲后来成为著名的"建安七子"之一，是曹魏政权的重要谋士。

蔡邕倒屣迎王粲的故事，常被后人用来形容对来客的热情欢迎。

凡取与　贵分晓　与宜多　取宜少
将加人　先问己　己不欲　即速已
恩欲报　怨欲忘　报怨短　报恩长

【原文】

凡取与①，贵分晓，与宜多，取宜少。

将加人，先问己，己不欲②，即速已③。

【译文】

凡是取得、给予，贵在分清楚，给予别人应该多些，拿取应当要少些。强加给别人的事，首先要问问自己，自己不喜欢的事，应马上停止。

【注释】

①与：给予。

②欲：想要，希望。

③已：停止。

【解读】

人的欲望永无止境，在我们的生活中常常会遇到很多令我们心往神驰的东西，或许会让我们迷失方向，所以我们要懂得取舍，有舍才有得。日常生活中，我们千万不要为了一己之利，与他人闹得不相往来，为此还丧失了名誉，真是得不偿失。懂得取舍，说起来容易，做起来难。舍得舍得，有舍才有得。一个懂得取舍的人，才是真正懂得享受生活的人。一个懂得取舍的人，往往能成为一个事业成功的人。

一饭千金

韩信（约前231年—前196年），西汉开国功臣，齐王、楚王、上大将军，后贬为淮阴侯。中国历史上伟大军事家、战略家、战术家、统帅和军事理论家。中国军事思想"谋战"派代表人物。被后人奉为"兵仙""战神"。"王侯将相"韩信一人全任。"国士无双""功高无二，略不世出"是楚汉之时人们对他的评价。

韩信在年少时，父亲就去世了，家境贫穷。由于韩信既不会种田做买卖，又不能去当官，只能过着游荡的生活。人们看他整日游手好闲，正事不会干，只会到处游逛、吃白饭，因此对他很是憎恶。

韩信当时有个朋友，在南昌亭当亭长，韩信曾帮他逐捕盗贼，维护了当地的治安，南昌亭长因此对他心怀感激。他见韩信无法谋生，就请韩信去他家吃饭。一开始亭长一家还能热情招待，可是时间一长，亭长妻子就不高兴了。

一连几个月，韩信都去南昌亭长家吃饭，并且一日三餐，每餐必到，惹得亭长的妻子很是不高兴。一天，亭长的妻子大清早就起身做好了早饭，然后招呼一家在韩信来之前就吃了饭。等到韩信像往常一样来吃早饭时，亭长家早已收拾了碗筷，忙着做别的事情去了，没再给他准备饭。见此情景，韩信自然也就明白了。于是当场拂袖而去，从此断绝了与他家的来往。

韩信饿了整整一个上午，无处充饥。正在他不知如何打发肚子的时候，忽然想起前些日子他经过淮阴城下时，见到有几个人在水边钓鱼，心想自己不是也可以钓来几条，暂时充充饥吗？想到这里，他做了个简单的钓鱼工具，跑到淮阴城下，开始钓起鱼来。怎奈他从未钓过，不知道如何才能使鱼上钩，折腾了半天，半条鱼影也未见到。时间过得很快，转眼间天就黑下来了，韩信见再钓下去也不会有什么收获，只好空着两手回去了。这样一连几日，韩信每天都去钓

鱼，可每次都是一无所获。韩信钓鱼的水边有很多妇女在漂洗丝绵，这些妇女每日来这里漂丝，为了不耽误赶工，中午也不回家，就带些饭来在水边吃。一天，有位大嫂见韩信实在饿得厉害，就把自己带的午饭分了一半给他吃。一连几十天，天天如此，直到她们漂洗完所有的丝绵。对此，韩信心中十分感激，他对那位大嫂说："等我将来发达了，一定要重重回报大嫂。"那大嫂听了，生气地说："身为一个男子汉却不能自食其力，我不过是可怜你，才给你饭吃，哪里是贪图你的回报？"

说罢，拿了漂好的丝绵就离开了。

韩信望着大嫂的背影，暗下决心，有朝一日发迹了，一定要实现今天的诺言，重重报答这位大嫂。

后来，韩信替汉王立了不少功劳，被封为楚王，他想起从前曾受过洗衣婆的恩惠，便命从人把她从淮阴请来，当面向她致谢，并赠给她黄金一千两以答谢她。接着，他又派人把那个亭长找来，只赏给他一百小钱，并说："你是个小人，没将好事做到底。"

这个成语故事是说，受人的恩惠，切莫忘记，虽然所受的恩惠很微小，但在困难时，即使一点点帮助也是很可贵的；到我们有能力时，应该重重地报答施惠的人。

三尺巷的故事

安徽省安庆市有一条小街叫做"三尺巷"，其实是一条宽约六尺的小巷。然而正是这条小巷子却经历沧桑变幻依然闻名于世。提起这条小巷子，人们自然就会想起清人张英让地的故事。

张英，字敦复，号乐圃，清代著名大臣张廷玉之父。

清朝康熙年间，张英任丞相。他家与邻居叶秀才为了墙基争地界，因为张英家要盖房子，地界紧靠叶家。叶秀才提出要张家留出中间一条路以便出入。但张家提出，他家的地契上写明"至叶姓墙"，现按地契打墙有什么不对，即使要留条路，也应该两家都后退几尺才行。这时张英在北京为官，其子张廷玉(雍正、乾隆两朝名臣)也考中进士，在朝为官，老家具体事务就由老管家操办。俗语说，"宰相家人七品官"，这位老管家觉得自己是堂堂宰相家总管，况且这样建墙也有理有据，叶家一个穷秀才的意见不值得答理。于是沿着叶家墙根砌起了新墙。这个叶秀才是个倔脾气，一看张家把墙砌上了，咽不下这口气，就动笔写了一纸状文告到了县衙，打起了官司。

一个穷秀才与当朝宰相打官司，而且理由也不十分充分，亲朋好友都为叶秀才担心，怕他吃亏，劝他早点撤诉，但叶秀才就是不听，坚持把官司打下

去。张家管家一看事情闹大了，就连忙写了封信，把这事禀告了北京的张英，不久，就接到了张英的回信。信中没有多话，只有四句诗："一纸书来只为墙，让他三尺又何妨。万里长城今犹在，不见当年秦始皇。"这首诗的后两句是为了说明邻里人际关系远比砖瓦重要，宝贵的生命和时间远比无价值的唱叹和纷争重要，即使今日争得了这三尺又如何？秦始皇当日修筑万里长城何等意气奋发，如今又何去何从呢？你们修墙修得过长城吗，长城今天还在，但修墙的秦始皇又如何了呢？

管家看了这首诗，明白了主人的意思，就来到叶家，告诉叶秀才，张家准备明天拆墙，后退三尺让路。叶秀才以为是戏弄他，根本不相信这是真话。管家就把张英这首诗给叶秀才看。叶秀才看了这首诗，十分感动，连说："宰相肚里好撑船，张宰相真是好肚量。"

第二天早上，张家就动手拆墙，后退了三尺。叶秀才见了心中也很激动，就把自家的墙拆了也后退了三尺。于是张、叶两家之间就形成了一条百来米长六尺宽的巷子，被称为"六尺巷"。据说，这里成了桐城县一处历史名胜，一直保存下来。

黄雀衔环

杨宝（生卒年不详），杨震之父，东汉弘农华阴人。

杨宝自幼性情温和，心地善良。杨宝9岁时，一天在华山牛心峪砍柴，看见一只黄雀被老鹰啄伤，坠落在荆棘中，遍体伤痕，抽搐不止。一会儿，又有一群蚂蚁围了上来，企图将受伤的黄雀作为一顿丰盛的美餐。黄雀的生命岌岌可危，一股悲悯之情在杨宝的心中油然而生。杨宝轻轻地拾起遇难的黄雀，小心地用衣襟包裹着带回了家中。他想，鸟儿是住在高处的，一定要放在高处才行。于是，他先把黄雀放在屋梁上，每天专门找吃的来喂养它。可是，有一天晚上，杨宝听见黄雀不住地啼鸣，连忙掌灯去看，原来是是有蚊子在叮咬黄雀，杨宝连忙把自己的衣箱搬到屋梁上，让黄雀住了进去。几个月过去了，黄雀的伤渐渐痊愈了，羽毛也长起来了。每天当杨宝砍柴回来时，黄雀就飞到屋前高高的树枝上，以欢快的鸣唱来欢迎杨宝。杨宝想，黄雀的家在山林里，那里有它的爸

爸妈妈，还有它的兄弟姐妹，如果让它呆在这儿，它一定会寂寞的。于是，在一天清晨，杨宝便把黄雀带到牛心峪牛心峰顶放飞。黄雀围着杨宝的头顶盘旋了三圈，恋恋不舍地飞走了。从此，杨宝家中常有黄雀飞来飞去。一天晚上三更时分，杨宝正在灯下读书，忽然有一个黄衣童子来到面前，连连叩拜，并对杨宝说："我是西王母的使者，三月前出来使蓬莱，途经华阴，与老鹰搏斗不敌，不幸受伤，承蒙杨君救我性命。今天领西王母圣命，要被派往南海，以后怕再也不能与君相会，不胜伤感。救命之恩，无以回报，唯赠玉环四枚，望君好生收藏，它可保佑君的子孙位列三公，为政清廉，处世行事像这玉环一样洁白无暇。"说完，那位黄衣童子就不见了。杨宝以为自己在做梦，可等到天亮，发现四枚玉环果然放在桌上。事情也如黄衣童子所言，杨宝的儿子杨震、孙子杨秉、曾孙杨赐、玄孙杨彪四代官职都做到太尉，而且都刚正不阿，为政清廉，在中国古代的清官史上写下了不朽的一页。后来这个故事被人与另一传说并列为成语"结草衔环"，以比喻人与人之间感恩报德，至死不忘的美好品质。

【原文】

恩欲报，怨欲忘，报怨短，报恩长。

【译文】

受人恩惠要想着报答，对别人的怨恨要忘记，对别人怨恨的时间越短越好，对别人报恩的时间越长越好。

【解读】

恩怨是社会中十分普遍的现象。报恩报德，是人之常情。古人曰："滴水之恩，当涌泉相报。"就是强调以受恩时的无数倍的利益来回报，一滴水大小的恩，用泉水一样多的情来答谢！至于以怨报德的，则是小人，是全社会鄙视的一种行为卑劣的小人。而以怨报怨，冤冤相报，则也是不可取的，会导致矛盾冲突激化，而两败俱伤。反之以德报怨能化解矛盾，重归于好。

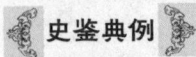

史鉴典例

齐桓公重用管仲

公元前686年的冬天，暴虐的齐襄公被手下的将士杀死，他的一个弟弟公孙无知接任齐国君王，这个人当了君王没几个月，就也被手下大臣给杀掉了，齐国

顿时一片混乱。

流亡在莒国的公子小白和寄居在鲁国的公子纠得到消息后，都觉得自己继承王位的机会来了，急忙打点行装，要回国争夺王位。

当时管仲是公子纠的老师，他为了辅佐公子纠登上王位，就决心除掉公子小白，管仲亲率骑兵追赶公子小白，并用弓箭向公子小白射击。当时只听"啊"的一声惨叫，小白口吐鲜血倒了下去。其实，公子小白只是受了点皮外伤，他装死蒙骗过了管仲，管仲看见公子小白落马而死，就带着部下掉转马头离开了。小白麻痹了管仲的追兵，抢先回到了临淄，继承了王位，这就是历史上有名的齐桓公。

齐桓公夺取了王权，立刻处死了公子纠，又下令将管仲从鲁国抓回来，这时，齐桓公的老师鲍叔牙劝他道："管仲射您一箭只是出于各为其主的需要，他是一个天下奇才，如果您能赦免并重用他，他会帮您得到整个天下！"齐桓公听了鲍叔牙的劝告，放弃了个人恩怨，亲自到郊外迎接管仲，并任命他为相国，处理国家大事。从此，齐桓公知人善任、胸怀广阔，不计私仇的名声就传开了，齐国因此得到了许多人才，管仲也辅佐齐桓公成了春秋五霸之首。

不杀仇人，已属大度；重用仇人，更非一般。

县令解怨

俗话说："冤家宜解不宜结。"当官者应多为百姓着想，多行善事。多化解矛盾，才能使人民百姓安居乐业。

魏国的大夫宋就被派到一个小县去担任县令，这个县正好位于魏国与楚国的交界处，这地方盛产西瓜。虽然同处一地，可是两国村民种西瓜的方式和态度却大不一样。魏国的村民种瓜十分勤快，他们经常担水浇瓜，所以西瓜长得快，而且又甜又香。楚国的村民种瓜十分懒惰，很少给西瓜浇水，所以他们的瓜长得又慢又不好。楚国的县令看到魏国的西瓜长得那么好，便责怪自己的村民没有把瓜种好。而楚国的那些村民却没有从自己身上找原因，只是一味怨恨魏国的村民，嫉妒他们为什么要把瓜种得那么大那么香甜。于是，楚国的村民就想方设法去破

[泛爱众篇]

坏魏国村民的劳动成果。每天晚上，楚国村民轮流着摸到魏国的瓜田，踩他们的瓜，扯他们的藤，这样，魏国村民种的瓜每天都有一些枯死掉。

魏国村民发现这个情况后，十分气愤，他们也打算夜间派人偷偷过去破坏楚国的瓜田。一位年纪大的村民劝阻住了大家，说："我们还是把这件事报告给县令，向他请示该怎么办吧？"大家来到宋就的县衙。宋就耐心地劝导本国的村民说："为什么要这么心胸狭窄呢？如果你来我往没完没了地这般闹下去，只会结怨越来越深，最后把事态闹大，引起祸患。我看最好的办法是，你们不计较他们的无理行为，每天都派人去替他们的西瓜浇水，最好是在夜间悄悄进行，不声不响地，不要让他们知道。"

魏国村民依照宋就的话去做了。于是，从这以后，西边楚国的瓜一天天长好起来。楚国村民发现，自己的瓜田像是每天都有人浇过水，感到很是奇怪，互相一问，谁也不知道是怎么回事。于是他们开始暗中观察，终于发现为他们的西瓜浇水的正是魏国的村民，楚国的村民大受感动。

很快，这件事情被楚国县令知道了，他既感激、高兴，又自愧不如魏国县令。他把这些情况写下来报告给了楚王，楚王也同样很受感动，同时也深感惭愧和不安。后来，楚王备了重金派人送给魏王，希望与魏国和好，魏王欣然同意了。从此后，楚、魏两国开始友好起来，边境的两国村民也亲如一家，两边种的西瓜都同样又大又甜。

待婢仆　身贵端　虽贵端　慈而宽
势服人　心不然　理服人　方无言

【原文】

待婢仆①，身②贵端，虽贵端，慈而宽。
势服人，心不然，理服人，方无言。

【译文】

对待家里的仆人，主人自身要做到端正，尽管端正很重要，但也要有仁慈宽厚的胸怀。用势力去压服别人，别人就会口服心不服，用道理去说服别人，别人才会心服口服。

【注释】

①婢仆：谓男女奴仆。古时供有钱人家使用的女子称婢，男子称仆。
②身：指主人自己。

【解读】

"德"是获取人心的最佳利器。如果想赢两三个回合，赢三五年，有点智商就行；如果要想一辈子赢，没有"德商"是绝对不行的。所以，以德服人才是大能、大智慧。如果一个人每天趾高气扬，对别人颐指气使，久而久之就会成为一个失道寡助、不受人欢迎的异类。我们也很难想象，一个心里面不去善待他人的人能够真正地获得成功。而以德服人的人以自己的修养和品德感染人，勇于吃亏，乐于助人，以德报怨，使与自己对立的人都不忍心伤害他，可以团结到一切可以团结到的人。拥有这样的环境，怎么可能不成功呢？

史鉴典例

吴起爱卒

　　吴起是战国初期著名的政治改革家，卓越的军事家、统帅、军事改革家。汉族，卫国左氏人。后世把他和孙武连称"孙吴"，著有《吴子》，《吴子》与《孙子》又合称《孙吴兵法》，在中国古代军事典籍中占有重要地位。

　　吴起做将军时，和最下层的士兵同衣同食。睡觉时不铺席子，行军时不骑马坐车，亲自背干粮，和士兵共担劳苦。野营在外时，吴起作为大将军，仅仅以树枝遮盖，微微抵挡一下冰霜雨露，从不搞特殊。这种吃苦精神，从古自今又有多少将领能做到啊！

　　有一次，一个士兵身上长了个脓疮，为了不让士兵的伤口化脓而发炎，作为一军统帅的吴起，竟然亲自用嘴为士兵吸吮脓血，全军上下无不感动。

　　然而这个士兵的母亲得知这个消息时却哭了。

　　有人奇怪地问："你儿子不过是小小的兵卒，将军亲自为他吸脓疮，你为什么倒哭呢？你儿子得到将军的厚爱，这是你家的福分啊！"

　　这位母亲哭诉道："这哪里是在爱我的儿子啊，分明是让我儿子为他卖命。想当初吴将军也曾为孩子的父亲吸脓血，结果打仗时，他父亲格外卖力，奋勇冲锋在前，终于战死沙场；现在他又这样对待我的儿子，我现在真是不知道这孩子会死在什么地方啊！"

　　吴起在军中是很得人心的。吴起爱兵，是他治军的一个方面；另一方面，则是严刑峻法。

　　在一次对秦作战中，一个士兵没有接到命令就奋勇进击，斩获敌人两颗首级，吴起不但没有赏赐，反而命令立即将这名士兵斩首。

　　负责执行军法的官吏说："将军，不能杀，这是勇武的士兵啊。"

　　吴起说："是勇武的士兵不假，但是不遵守我的命令，就必须处死。"

　　吴起的爱兵和严法，使士兵既感恩又服威，使军队更便于指挥，更有战斗力。

国相之争

　　战国时期的魏国，在魏文侯执政时通过变法跃居强国之列。魏文侯去世，武侯即位，选用国相。当时朝中大臣中才干最出色而且功劳最大的是吴起。这位吴

起在历史上赫赫有名，他曾经求学于曾子，在鲁国杀妻求将，大破齐军。到魏国带兵，吮疽驱死，抗击秦韩赵三国，强秦不敢东向。魏国主持变法的李悝，赞扬吴起用兵"虽司马穰苴不能过也"。就连太史公写《史记》，都把吴起与孙子合为一传，可见其兵法上的造诣。魏武侯要选择大臣担任丞相，无论是论功劳还是论资历，吴起都排在最前面。但魏武侯没有选择吴起，而是选择了田文。

吴起对自己没当上丞相很不服气，就找田文当面辩论。

吴起说："统率大军，攻城略地，百战百胜，威震外敌，保障边境安定，是你比我高明吗？"

田文说："我不如你。"

吴起又说："那么，治理国政，抚恤百姓，富国养民方面，你的才能超过我吗？"

田文说："我佩服你的才干。"

吴起接着说："镇守西河，使秦国不敢侵犯，韩、赵顺服，外交方面你比我擅长吗？"

田文说："你比我优秀。"

于是吴起气愤地说："既然你在这三方面都不可与我相比，你凭什么居我之上？"

田文很诚恳地说："国君年少，继位之初，国人疑虑不安，大臣观望。那么就需要一个能协调关系，巩固政权的人出任宰相。从国君的立场出发，是你胜任呢？还是选择我合适呢？"

吴起沉默良久，终于心悦诚服，觉得田文比自己更适合担当宰相重任。

富翁的习惯

从前，齐国有一位富翁，从小就有一个坏习惯，就是不分什么场合，只要是在饭桌上他就会骂人。挑剔饭菜不合胃口，斥责仆人服侍不周到，摔筷子摔碗是常有的事，甚至还会掀桌子。仆人们对他是又恨又怕，敢怒不敢言。每次富翁吃饭的时候，他们都胆战心惊，格外小心。

富翁是做生意的，因此经常外出，随身带着两名仆人。一次，富翁在外奔波了一段时间之后，早已饿得饥肠辘辘，看到前面有家客栈，就如同看到救星一样，加快了脚步。

富翁到了客栈，客栈老板热情地招呼了他，看他像个有钱人，因此格外恭敬周到。等到菜全上齐了，富翁的坏毛病又出来了，开始指责客栈的菜，说这个菜太咸了，那个又有点淡……

客栈的老板是个好脾气，他毕恭毕敬地打躬作揖，说道："小店店面小，技术和服务还有待提高，有照顾不周的地方，请多多包涵！"

富翁骂骂咧咧地吃了一顿饭，脸拉得老长。最后把饭钱摔在桌子上，骂到："这钱本不该给你，我还担心吃坏了肚子呢！"

客栈老板听后，微笑着说："您所言极是，为了弥补我的过失，我送您一只狗吧！"于是，他唤来一只黑狗。

老板接着说："虽然它看上去没有什么特别之处，但是特别能捕捉猎物。我这里给您赔礼，还望您能笑纳。"富翁一看还能得到一只能干的狗，平息了怒气，一行人又继续上路了。

一路上，富翁发现这只狗对飞鸟走兽根本不感兴趣，它最大的能耐是会吃。一到吃饭的时候，它就蹲在桌子底下，等着享用主人吃剩的骨头。如果扔给它的是素菜，它就会在下面狂叫不止。富翁不耐烦地冲它叫，狗也生气地吠叫不止。

旁边的人看着富翁和狗都是边吃边叫，边吃边骂，都嬉笑说："主人和狗一样，两个像在抢食，真有意思！"

两个仆人听到别人的议论，再看看滑稽的场景，都觉得是个绝妙的讽刺。富翁听到别人的议论，这才恍然大悟：客栈老板送狗原来是别有用心啊！自己真是自取其辱。

亲仁篇

同是人　类不齐　流俗众　仁者希

果仁者　人多畏　言不讳　色不媚

能亲仁　无限好　德日进　过日少

不亲仁　无限害　小人进　百事坏

同是人　类不齐　流俗众　仁者希
果仁者　人多畏　言不讳　色不媚

【原文】

同是人，类不齐，流俗①众，仁者稀。
果仁者，人多畏，言不讳②，色不媚。

【译文】

同样是人，善恶邪正不同，随大流的俗人很多，仁德贤者十分稀少。如果真是仁德贤士，人们对待他都是心怀敬畏，说话时也就直言不讳，脸色更不谄媚。

【注释】

①流俗：随大流的人。
②讳：避讳。

【解读】

同样是人，也有三六九等，有品德好坏之分，有民族之分，有男女之分等，而这其中随波逐流的人多，有一颗仁慈之心的人少。仁人，是古代对品德高尚、充满爱心的人的尊称。仁，是儒家思想的核心之一，强调在思想上要有仁爱之心，行为上要做到恭敬、宽容、威信、勤敏、惠爱，要有刚强、果断、质朴、谨慎的品德，还要有勇敢的特质。人类良好的品德几乎都集中在仁者身上。所以要做到一个真正全面的仁者是十分不容易的，可以说"仁"是封建社会儒家的一种理想的人格，是人类追求的最高的道德修养。但具备上面这些品德中的大部分品德的人也可称为仁者，也是我们学习的榜样。只要和仁者多接近，就会受到良好的影响，自己的品德也能逐渐提高。

陈寔遗盗

东汉的时候，有一个人叫陈寔。每次别人遇到什么纷争的时候，都会请陈寔出来主持公道，因为大家都知道陈寔是一个忠厚诚恳的大好人，每个人都很喜欢他、听他的话！有一年陈寔的家乡闹饥荒，很多人都找不到工作，有的人就到别的地方去工作，也有人因为没有工作可以做，变成了小偷，专门去偷别人的东西！

有一天晚上，有一个小偷溜进陈寔的家，准备等陈寔睡觉以后偷东西，这个小偷不知道陈寔已经发现他躲在屋梁上面了。不过陈寔却假装没看到，安静地坐在客厅里喝茶。过了一会儿，陈寔把全家人都叫到客厅，对着大家说：“你们知道，人活在世界上只有短短的几十年，如果我们不好好把握时间去努力，等我们老了以后再努力就来不及了。所以，我们应该从小就要养成努力向上的好习惯，长大以后才能对社会、家庭，还有自己有好的贡献！当然也有一些不努力的人，只喜欢享受，这些人的本性并不坏，只是他们没有养成好的习惯，才会做出一些危害社会的坏事情，你们现在抬头往上看，在我们屋梁上的这位先生，就是一个活生生的例子。”

小偷一听，吓得赶快从屋梁上爬下来，跪在陈寔的前面：“陈老爷，对不起！我知道错了，请您原谅我！”陈寔不但没有责骂小偷，还非常慈祥地对小偷说：“我看你不像是一个坏人，可能是因为生活困苦所逼，我现在给你一些钱，你不要再去偷东西了，好好努力，做错事情只要能改过，你还是会成为一个有用的人的！”小偷感动地哭着对陈寔说：“谢谢陈老爷！我一定会好好努力的！”后来，这个小偷果然把自己的坏习惯改掉，努力做事，成为一个大家都称赞的好青年！后来，大家就把陈寔说的话变成“梁上君子”这个成语，用来称呼偷拿别人东西的小偷！

子罕以不贪为宝

子罕是春秋时期宋国贤臣。宋平公时任司城，位列六卿。

在子罕任司城时，宋国有个人得了一块宝玉并把它献给了子罕，子罕不肯接受。献玉者开始以为是子罕怕玉有假而受蒙骗，就对他解释说："这块玉我已拿给玉工鉴定过，确实是一块稀世珍宝。"子罕淡然一笑，对献玉者说："我以不贪为宝，而你以美玉为宝。如果你将玉给了我，那么我们双方都失去了最可宝贵的东西。"献玉者见子罕态度非常明确，就告诉他说，自己想回归故里，但怀揣美玉路上很不方便，一旦遇到强盗难免遭殃。子罕见献玉人说的有理，就请人将这块宝玉制成精美的玉器卖掉，将卖得的钱交给了献玉者，然后派人将他送回故里。

有一年，楚国准备攻打宋国，便先派使臣去探听虚实。子罕在自己的家里接待楚国使者。楚国使者看到子罕的南邻是鞋匠，其屋墙一直伸到他家的门前，出入很不方便且整天叮当作响。西邻家的水潦从他住房旁边流过，夏天时臭气熏天，就问子罕："为什么不让南邻搬家，不禁止西邻的水东流呢？"子罕解释说："南邻三代都是鞋匠，如果让他迁到别处去，一来想买鞋的人将不知到哪里去买，二来他家的生活也就没有着落了，所以不能逼其迁徙。西邻家所处的地势高，我家的房子地基低，水潦自高而下，流经我家，十分顺当。如果禁止水潦东流，就不近情理了。"子罕这番话令楚国使者大为叹服，回国后立即谏阻楚王道："不可以攻打宋国。宋君贤能，且有仁相子罕辅佐，很得人心，攻宋定会无功而返。"楚王听了，便放弃了攻宋的计划，转而去攻打郑国。

能亲仁　无限好　德日进　过日少
不亲仁　无限害　小人进　百事坏

【原文】

能亲①仁，无限好，德②日③进，过日少。

不亲仁，无限害，小人进，百事坏。

【译文】

能够亲近品行高尚的仁者，就会得到很多的益处，品德会一天天地进步，而过失就会逐步减少。不去亲近品德高尚的仁者，会有很多的害处，这样一来小人就会乘机接近，什么事都做不好。

【注释】

①亲：亲近。

②德：德行。

③日：渐渐。

【解读】

有句俗话叫作"近朱者赤，近墨者黑"，可见环境对人的影响是很大的。在好的环境中成长，行为品德会在不知不觉中变得高尚。相反，在污浊的氛围中，就免不了沉沦下去。当然，决定近墨者变黑的不可避免的有他自身的原因，但主要还是外界的影响。出淤泥而不染有几个能够做到？在污浊的环境中，即使是平素行为端正的人，在不知不觉中也会受到潜移默化的影响。所以，我们在与人交往中，要选择一些有德行的人，这样自己的德行才会日渐提升，过错和不足也才会慢慢减少。

季雅买邻

南朝时候，有个叫吕僧珍的人，生性诚恳老实，又是饱学之士，待人忠实厚道，从不跟人家耍心眼。吕僧珍的家教极严，他对每一个晚辈都耐心教导、严格要求、注意监督，所以他家形成了优良的家风，家庭中的每一个成员都待人和气、品行端正。吕僧珍家的好名声远近闻名。

南康郡守季雅是个正直的人，他为官清正耿直，秉公执法，从来不愿屈服于达官贵人的威胁利诱，为此他得罪了很多人，一些大官僚都视他为眼中钉、肉中刺，总想除去这块心病。终于，季雅被革了职。

季雅被罢官以后，一家人都只好从壮丽的大府第搬了出来。到哪里去住呢？季雅不愿随随便便地找个地方住下，他颇费了一番心思，离开住所，四处打听，看哪里的住所最符合他的心愿。

很快，他就从别人口中得知，吕僧珍家是一个君子之家，家风极好，不禁大喜。季雅来到吕家附近，发现吕家子弟个个温文尔雅，知书达理，果然名不虚传。说来也巧，吕家隔壁的人家要搬到别的地方去，打算把房子卖掉。季雅赶快去找这家要卖房子的主人，愿意出1100万钱的高价买房，那家人很是满意，二话不说就答应了。

于是季雅将家眷接来，就在这里住下了。

吕僧珍过来拜访这家新邻居。两人寒暄一番，谈了一会儿话，吕僧珍问季雅："先生买这幢宅院，花了多少钱呢？"季雅据实回答，吕僧珍很吃惊："据我所知，这处宅院已不算新了，也不很大，怎么价钱如此之高呢？"季雅笑了，回答说："我这钱里面，100万钱是用来买宅院的，1000万钱是用来买您这位道德高尚、治家严谨的好邻居的啊！"

季雅宁肯出高得惊人的价钱，也要选一个好邻居，这是因为他知道好邻居会给他的家庭带来良好的影响。所谓"近朱者赤，近墨者黑"，环境对于一个人各方面的影响，是不容忽视的，我们应当万分珍惜身边的良师益友。

齐桓公之死

齐桓公为一代贤君，春秋五霸之首。

齐桓公即公子小白，他不计管仲的一箭之仇，拜管仲为相国，以仲父事之，遵从其尊王攘夷的国策，经过40年的苦心经营，使得齐国由一个海滨蛮夷之地变为春秋各国中最富有的国家，并胁持了周天子，文治武功盛及一时。然而就是这个纵横天下的英雄齐恒公却是历史上死得最窝囊的国君，原因就是他亲近小人。

齐桓公有三个宠臣，分别是易牙、开方和竖刁。这三个佞臣用不同的极端的方式来讨好齐桓公，那就是杀子、背亲、自宫。为了讨好齐桓公，达到他们获得荣华富贵掌握权势的目的，三位佞臣分别以超出常人的方式迅速获得了齐桓公的青睐，坐上了他们梦寐以求的高位。易牙本是一位御厨，杀了自己幼子蒸了献给齐桓公品尝；开方原为卫国公子，叛离了他的父母家国而投奔了齐桓公；竖刁为达到亲近齐桓公的目的，以自宫的方式进宫做了宫人（即后世所谓的太监），他们分别以自己的方式取悦了齐桓公。

管仲要死时，齐桓公问他："君百年以后何人可以代之。开方乃卫国公子，然而他却放弃了他卫国尊贵的地位来齐国侍奉寡人，前年其父母死了，他都没有回国，然而他看见寡人病了却忧伤地留下了眼泪，他爱寡人胜过了爱其父母，他可以代君之位吗？"

管仲答曰："父母乃天下至亲，天下无有亲过父母者也，一个连其父母也不爱的人，你能让他爱国君，爱齐国吗？"

桓公又说："寡人患病，茶饭不思，滴水不进，易牙见了，亲手杀了自己三岁儿子，将其蒸为肉饼侍奉寡人，可见其爱寡人胜过爱自己的儿子。"

对曰："儿女乃自己之骨血，一个连自己骨血也不珍惜的人，能爱自己的君主吗？"

桓公说："寡人好色，然而寡人年事已高。竖刁便割了自己的私处来炖汤给寡人，可见他爱寡人胜过于爱自己。"

管仲对曰："人有很多欲望，一个连自己的欲望都不爱惜的人，他会爱惜自己的国君吗？"

然而可悲的是，一向对管仲言听计从的齐桓公这次在管仲死后却没有听从他的话，继续让三个宠臣在宫中主事，最后他们三人竟将齐恒公的宫殿用高墙围住，任何人不得进去。一个名满天下的英雄竟然活活被他们饿死。齐桓公因此被史学家称为中国历史上死得最窝囊的国君。

烽火戏诸侯

周朝时，周宣王死后，其子宫涅继位，是为周幽王。当时周室王畿所处之关中一带发生大地震，加以连年旱灾，使民众饥寒交迫、四处流亡，社会动荡不安，国

力衰竭。而周幽王是个荒淫无道的昏君，他不思挽救周朝于危亡，奋发图强，反而重用佞臣虢石父，盘剥百姓，激化了阶级矛盾；对外又攻伐西戎而大败。这时，有个大臣名褒珦，劝谏幽王，周幽王非但不听，反而把褒珦关押起来。

褒珦在监狱里被关了三年。褒国族人千方百计要把褒珦救出来。他们听说周幽王好美色，正下令广征天下美女入宫，就借此机会寻访美女。终于找着了一个非常漂亮的姑娘并将其买下，教其唱歌跳舞，并把她打扮起来，起名为褒姒，献于幽王，替褒珦赎罪。

幽王见了褒姒，惊为天人，非常喜爱，马上立她为妃，同时也把褒珦释放了。幽王自从得到褒姒以后，十分宠幸她，过起荒淫奢侈的生活。褒姒虽然生得艳如桃李，却冷若冰霜，自进宫以来从来没有笑过。

一次，幽王为了博得褒姒开心一笑，不惜想尽一切办法，可是褒姒终日不笑。为此，幽王竟然悬赏求计，谁能引得褒姒一笑，赏金千两。这时有个佞臣叫虢石父，替周幽王想了一个主意，提议用烽火台一试。

烽火本是古代敌寇侵犯时的紧急军事报警信号。由国都到边镇要塞，沿途都遍设烽火台。西周为了防备犬戎的侵扰，在镐京附近的骊山（在今陕西临潼东南）一带修筑了二十多座烽火台，每隔几里地就是一座。一旦犬戎进袭，首先发现的哨兵立刻在台上点燃烽火，邻近烽火台也相继点火，向附近的诸侯报警。诸侯见了烽火，知道京城告急，天子有难，必须起兵勤王，赶来救驾。虢石父献计令烽火台平白无故点起烽火，招引诸侯前来白跑一趟，以此逗引褒姒发笑。

昏庸的周幽王采纳了虢石父的建议，马上带着褒姒，由虢石父陪同登上了骊山烽火台，命令守兵点燃烽火。一时间，狼烟四起，烽火冲天，各地诸侯一见警报，以为犬戎打过来了，果然带领本部兵马急速赶来救驾，可到了骊山脚下，连一个犬戎兵的影儿也没有，只听到山上一阵阵奏乐和唱歌的声音，一看是周幽王和褒姒高坐台上饮酒作乐。周幽王派人告诉他们说，辛苦了大家，这儿没什么事，不过是大王和王妃放烟火取乐，诸侯们始知被戏弄，怀怨而回。褒姒见千军万

马召之即来，挥之即去，如同儿戏一般，觉得十分好玩，禁不住嫣然一笑。周幽王大喜，立刻赏虢石父千金。

周幽王为进一步讨褒姒欢心，又罔顾老祖宗的规矩，废黜王后申氏和太子宜臼，册封褒姒为后，褒姒生的儿子伯服为太子，并下令废去王后的父亲申侯的爵位，还准备出兵攻伐他。申侯得到这个消息，先发制人，联合缯侯及西北夷族犬戎之兵，于公元前771年进攻镐京。周幽王听到犬戎进攻的消息，惊慌失措，急忙命令烽火台点燃烽火。烽火倒是烧起来了，可是诸侯们因上次受了愚弄，这次都不再理会。

烽火台上白天冒着浓烟，夜里火光冲天，可就是没有一个救兵到来。使得周幽王叫苦不迭。镐京守兵本就怨恨周幽王昏庸，不满将领经常克扣粮饷，这时也都不愿效命，犬戎兵一到，勉强招架了一阵以后，便一哄而散，犬戎兵马蜂拥入城，周幽王带着褒姒和伯服仓皇从后门逃出，奔往骊山。途中，他再次命令点燃烽火。烽烟虽直透九霄，还是不见诸侯救兵前来。犬戎兵紧紧追逼，周幽王的左右在一路上也纷纷逃散，只剩下一百余人逃进了骊宫。周幽王采纳臣下的意见，命令放火焚烧前宫门，以迷惑犬戎兵，自己则从后宫门逃走。逃不多远，犬戎兵又追了上来，一阵乱杀，只剩下周幽王、褒姒和伯服三人。他们早已被吓得瘫痪在车中。犬戎兵见周幽王穿戴着天子的服饰，知道就是周天子，就当场将他砍死。又从褒姒手中抢过太子伯服，一刀将他杀死，只留下褒姒一人作了俘虏。至此，西周宣告灭亡。

余力学文篇

不力行　但学文　长浮华　成何人

但力行　不学文　任己见　昧理真

读书法　有三到　心眼口　信皆要

方读此　勿慕波　此未终　波勿起

宽为限　紧用功　工夫到　滞塞通

心有疑　随札记　就人问　求确义

房室清　墙壁净　几案洁　笔砚正

墨磨偏　心不端　字不敬　心先病

列典籍　有定处　读看毕　还原处

昌有急　卷束齐　有缺坏　就补之

非圣书　屏勿视　蔽聪明　坏心志

勿自暴　勿自弃　圣与贤　可驯致

不力行　但学文　长浮华　成何人
但力行　不学文　任己见　昧理真

【原文】

不力行①，但学文，长浮华，成何人！
但力行，不学文，任己见，昧②理真。

【译文】

　　不努力去实践，而只是学习经典文献，就会滋长浮华的作风，将来怎会成为一个有用的人？反之，如果只是一味地做，而不努力学习经典文献，任由自己的见解去为人处事，就不会辩解事理的真谛。

【注释】

①力行：尽力去做。
②昧：蒙昧。

【解读】

　　学与做是不可分割的一个整体，一个人若只知道死读书，而不去动手实践，即使有再丰富的知识，遇到事情也会不知从何下手，以致手忙脚乱，那学到的知识不但没有用，还会让自己成为一个华而不实的人。所以，不论是学，还是做，只有将两者有机地结合起来，才能少走弯路。学到的知识源自于实践的土壤，而不是闭门造车的产物。没有做的根基，只能筑起空中楼阁，最终成为空谈，其结果及其价值必然遭受怀疑。从另一个角度来讲，学到的知识又对实践有着各个层面的影响和作用。所以说学与做互相依托，密不可分，相依相辅。在实际运作中，只有运用好这两个工具，才能对你的人生起到促进作用，否则不仅阻碍人生的发展，还将走上错误的道路。

赵括纸上谈兵

　　赵惠文王去世后，太子孝成王即位。孝成王七年（前259年），秦军与赵军在长平对阵，那时赵奢已死，蔺相如也已病危，赵王派廉颇率兵攻打秦军，秦军几次打败赵军，赵军坚守营垒不出战。秦军屡次挑战，廉颇置之不理。赵王听信秦军间谍散布的谣言。秦军间谍说："秦军所厌恶忌讳的，就是怕马服君赵奢的儿子赵括来做将军。"赵王因此就以赵括为将军，取代了廉颇。蔺相如说："大王只凭名声来任用赵括，就好像用胶把调弦的柱粘死再去弹瑟那样不知变通。赵括只会读他父亲留下的书，不懂得灵活应变。"赵王不听，还是命赵括为将。

　　赵括从小就学习兵法，谈论军事，以为天下没人能抵得过他。他曾与父亲赵奢谈论用兵之事，赵奢也难不倒他，可是并不说他好。赵括的母亲问赵奢这是什么缘故，赵奢说："用兵打仗是关乎生死的事，然而他却把这事说得那么容易。如果赵国不用赵括为将也就罢了，要是一定让他为将，使赵军失败的一定就是他呀。"等到赵括将要起程的时候，他母亲上书给赵王说："赵括不可以做将军。"赵王说："为什么？"回答说："当初我侍奉他父亲，那时他是将军，由他亲自捧着饮食侍候吃喝的人数以十计，被他当做朋友看待的数以百计，大王和王族们赏赐的东西全都分给军吏和僚属，接受命令的那天起，就不再过问家事。现在赵括一下子做了将军，就面向东接受朝见，军吏没有一个敢抬头看他的，大王赏赐的金帛，都带回家收藏起来，还天天访查便宜合适的田地房产，可买的就买下来。大王认为他哪里像他父亲？父子二人的心地不同，希望大王不要派他领兵。"赵王说："您就把这事放下别管了，我已经决定了。"赵括的母亲接着说："您一定要派他领兵，如果他有不称职的情况，我能不受株连吗？"赵王答应了。

　　赵括代替廉颇之后，把原有的规章制度全都改变了，把原来的军吏也撤换了。秦将白起听到了这些情况，便调遣奇兵，假装败逃，又去截断赵军运粮的道路，把赵军分割成两半，赵军士卒离心。过了四十多天，赵军饥饿，赵括出动精兵亲自与秦军搏斗，秦军射死赵括。赵括军队战败，几十万大军于是投降秦军，秦军把他们全部活埋了。赵国前后损失共四十五万人。第二年，秦军就包围了邯郸，有一年多，赵国几乎不能保

全，全靠楚国、魏国军队来援救，才得以解除邯郸的包围。赵王也由于赵括的母亲有言在先，终于没有株连她。

赵括因战败而断送四十余万将士性命和赵国前途而成为千古笑柄，其事迹成为成语"纸上谈兵"，这个比喻可谓恰如其分。值得一提的是，战国时期并没有纸张，所以"纸上谈兵"一词应为后人所创，但赵括这个例子比较典型，所以被当作此词的典故来应用。

孙权劝学

三国时，据有江东六郡的孙权，手下有位名将叫吕蒙。他身居要职，但因小时候依靠姐夫生活，没有机会读书，学识浅薄，见识不广。

有一次，孙权对吕蒙和另一位将领蒋钦说："你们现在身负重任，得好好读书，增长自己的见识才是。"吕蒙不以为然他说："军中事务繁忙，恐怕没有时间读书了。"孙权开导说："我的军务比你要繁忙多了。我年轻时读过许多书，就是没有读过《周易》。掌管军政以来，读了许多史书和兵书，感到大有益处。当年汉光武帝在军务紧急时仍然手不释卷，如今曹操也老而好学。希望你们不要借故推托，不愿读书。"

孙权的开导使吕蒙很受教育。从此他抓紧时间大量读书，很快大大超过一般儒生。一次，士族出身的名将鲁肃和吕蒙谈论政事。交谈中鲁肃常常理屈词穷，被吕蒙难倒。鲁肃不由轻轻地拍拍吕蒙的背说："以前我以为老弟不过有些军事方面的谋略罢了。现在才知道你学问渊博，见解高明，再也不是以前吴下的那个阿蒙了！"吕蒙笑笑："离别多天，就要用新的眼光看待。今天老兄的反应为什么如此迟钝呢？"接着，吕蒙透彻地分析了当前的军事形势，还秘密地为鲁肃提供了五条对策。鲁肃非常重视这些对策，从不泄露出去。

后来，孙权赞扬吕蒙等人说："人到了老年还能像吕蒙那样自强不息，一般人是做不到的。一个人有了富贵荣华之后，更要放下架子，认真学习，轻视财富，看重节义。这种行为可以成为别人的榜样。"

读书法　有三到　心眼口　信皆要
方读此　勿慕彼　此未终　彼勿起

【原文】

读书法，有三到，心眼口，信①皆要。

方②读此，勿慕③彼，此未终④，彼勿起。

【译文】

读书的方法，有三到，就是心到、眼到、口到，这三者确实都很重要。正在读这本书的时候，就不要去想着那本书，这本书还没有读完，就不要去读另一本书。

【注释】

①信：确实。

②方：正，刚。

③慕：想。

④终：终结，结束。

【解读】

一心不能二用，既然要做一件事就要安心将它做好。所以，我们无论做什么事情都要聚精会神、认认真真。一个人要想把书读透、记牢，必须高度集中注意力。古人早就说过："读书有三到：心到、眼到、口到。心不在此，则眼看不仔细。心眼既不专一，却只漫浪诵读，决不能记，记亦不能久也。三到之中，心到最急。心既到矣，眼、口有不到者乎？"

路温舒编蒲

路温舒，西汉著名的司法官。字长君，钜鹿人。他自幼聪明好学，但路家世代务农，穷得连饭都吃不饱，哪里有钱供孩子上学读书？他小小年纪就要放牛割草，帮助大人干农活。

每天，他看着那些有钱人家的孩子到学堂去读书，心里既羡慕，又不甘心，他就暗暗下定决心自学，一定要想办法念书习字，将来做一个大官儿。

这天，路温舒去割草，不知不觉地就来到了学堂。学堂只有两间塾室，一个老师，十几个学童。连院墙也没有，开窗便是开阔的草地。路温舒一看大喜。他急忙把草筐割满，就悄悄地来到塾室窗外偷听老师讲课。他用心听讲，只半天时间，他竟学会了十几个字，这使他欣喜若狂。第二天，他又把牛牵到学堂外边，拴好牛让它随便吃草，自己又悄悄来到学堂窗下偷偷听讲，到中午又学会了十几个字，下午他又来。

几天后，老师发现了他，仔细问过以后，才知道这个叫路温舒的小孩虽然喜爱读书，但因家里贫穷，没有能力上学。老师看到这个孩子为了读书竟一边割草放牛，一边来学堂听课，被感动了。他又问了问这几天路温舒听的课程，路温舒竟然能对答如流，老师心想，这么一个聪明好学的孩子，将来一定大有前途。可是路温舒交不起学费，老师有些犯难：如果自己不收学费，此例一开，将不好收场。看着正在吃草的牛，老师突然灵机一动，说："有功夫你就来窗外听吧，白天没功夫，你就晚上来！"小温舒高兴得连连给老师磕头。

就这样，路温舒一边割草放牛，一边在学堂窗外听课。几年以后，他的学业大有长进。学堂里老师的教材他几乎都读完了，随着知识的增长，他的求知欲越来越旺。后来通过老师的介绍，他到邻村李家去借书看。李家是当地的望族，藏书十分丰富。

路温舒每借一卷，都高兴得手舞足蹈，每晚点灯夜读，一直到鸡鸣才和衣而睡。读完还书时他又恋恋不舍，他想，如果自己能把书抄下来该多好。但自己家穷，买不起做书简的竹子，这如何是好？一时没有办法，只好把借阅的书读懂吃透，记清背熟。常言道"好心不如淡墨"，读过的书到用的时候，往往又不敢叫准，这就更增强了他抄书的念头。

一天，他借来一部《尚书》，爱不释手，读着读着，不觉就神游于先王古朴神奥的世界之中，以致废寝忘食。他心想一定要把这部书抄录下来，永远保存。用什么抄呢？他苦苦地思索着。他到河边放牛，见河中蒲草茂盛，郁郁葱葱。他

眼前一亮：这蒲草宽宽的叶子，不正像竹简吗？把它晒干，在上面写字抄书，再把蒲叶用线编起来，正如韦编的竹简一样，携带起来还比竹简轻。

他当即割了许多蒲草就地晾晒，等蒲草干了以后，他就在蒲草叶子上，用心仔细地抄写《尚书》，然后把这些写满字的蒲叶按序串编在一起。他情不自禁地把蒲编举起来喊道："我有书了，我有书了！"

从此，路温舒学习更加勤奋，不断地借书抄书，不断地割蒲串编。几年以后，他抄完了四书、五经、三坟、五典、八索、九丘，以至国语、国策、春秋三传。他抄写的蒲编整整装满了他住的屋子，一直顶到房梁。他也成了一个满腹经纶的学子。

一天，路温舒正在河边割蒲草，突然有人问："你总是割蒲草，也没有见你编出什么东西来，那到底你割蒲草有什么用处呢？"他抬头一看，原来是镇子上丘家的姑娘，这姑娘比自己小几岁，已经出落得像一朵花。他不好说明只是笑了笑，又低下头割蒲草，这更引起了丘姑娘的好奇。

丘姑娘决定自己看个究竟。一天午后，她来到路家院里。看到路温舒正爬在地上用心地在蒲叶上写字，他身旁蒲叶片片，有的已经写满了字，有的还没有写，这下她明白了，不觉大吃一惊，心想他竟是割蒲草写字抄书，志气不小。她又到屋里看，只见抄写好的蒲编把屋子装得满满的，一直顶到了屋梁。她十分敬佩这个青年人的好学和志气。她又出来和路温舒攀谈，见他谈吐得当，温文尔雅，满有学士之风，知道他已学有所成。没过几天，丘家就来路家提亲，而聘礼更是让人意想不到，竟是三片写满字的蒲编。

结婚后，路温舒学习更加努力，除了农事劳动，就是读书、抄书。妻子替他割蒲，凉晒编蒲成书，使他的学业大有长进。本郡太守听说路温舒编蒲抄书、刻苦学习的事迹后，很为赞赏，就把他招入郡守府。

路温舒来到郡府，太守见他果然有文士之风，就问道："孔子与老子、庄子之道有何不同？"温舒从容回答说："圣人贵名教，老庄明自然，其表各执其一，其实皆出一源。"太守大喜，就让温舒当了他的幕僚。路温舒非常有才干，他办事认真，多谋善断，又清廉自律，深得太守的信任，他的名声也越来越大。

几年后，皇帝也知道了路温舒编蒲抄书的事情，很受感动，又听说他满腹锦绣才华横溢，就特派使者，以安车蒲轮，束帛加璧的重礼相聘。所谓安车就是一种专门供贵人乘坐的小车，蒲轮是用蒲草包裹车轮，以减轻行车时的振动。这是当时聘请贤士的最高礼遇了。

路温舒由于学识广博，见了皇帝对答如流，皇帝非常高兴，当即授为博士，侍从左右。后来又晋升为廷尉，贵为九卿。成了朝廷要员，但路温舒仍旧把那些蒲编带在身边，以时时鞭策自己。以后他又把这些蒲编作为精神财富，留传给他的后人。

车胤夜读

车胤，字武子，东晋时南平郡人。小时候，他家里很穷，父亲车育在南平太守王胡之面前当主薄，官职不高，俸薪也不多，每月收入仅能糊口，生活并不优裕。车胤的母亲是位勤劳贤惠的妇人，每天除忙于家务外，还要纺纱织麻，补贴家用，少年时代的车胤便很懂事，常常主动帮助他母亲做些小事，挑水、割茅草，样样都干。有时还把烧不完的茅草挑到镇上去卖，换几个零碎钱买点油盐回家。

一次，车胤上街卖了柴草，正准备买点东西回家，忽然看见有个人手里拿了本《皇历》叫卖，车胤翻了翻那本书，看见里面有画又有字，听卖书人讲书中内容时，觉得津津有味，便买了一本回家，叫他母亲念给他听，可是他母亲嫁到车家后才跟他父亲学得一点字，认不全，满足不了车胤的要求，而父亲又在州衙办事，平日很少回家，车胤便跑到附近私塾学馆里去找私塾先生求教。那老师一听是车主簿的儿子，又见他求学心切，就答应每天吃中饭后教他识字，车胤高兴极了，不管天晴下雨，也不管天热天冷，每天都按时去找老师，车胤也确实聪明过人，凡是老师教过的字，他过目不忘，没几个月便把《皇历》上的字全部认识了，并且还从书中学到了许多从不晓得的农家常识，学习兴趣更大了，老师见他比学馆里的学生进步还快，十分高兴，便送了他一套《四书》，他拿回家拼命读。可是他白天要帮母亲做事，还要割茅草，没有很多空闲时间，只好夜里发奋，可是穷苦人家哪有钱去买灯油。他的母亲又是心爱又是急，后来，还是车胤想出的办法好，有月亮的时候便借着月光读书，但月亮并不是夜夜都有，偶然他看见禾场上、菜地里萤火虫飞来飞去，突然灵机一动，扑上去捉来许多萤火虫，想用萤火虫的光来代替月亮，他母亲为他这种爱读书的精神所感动，便将养蚕时留下的烂蛹壳在热水里浸泡后，把蚕丝做成个丝袋子，然后将捉来的萤火虫放进去，像是一个丝织灯笼，放在桌上亮通通的。车胤满心欢喜，从此，每晚借着萤火孜孜不倦地读书，有时读到三更半夜，甚至到五鼓天明。由于他如此发奋读书，不到两年，厚厚的《四书》读得滚瓜烂熟，诗词歌赋也都入了门，私塾先生翘起大拇指笑着夸奖他"孺子可教也"。

车胤借着这微弱的光芒坚持不懈地苦读，学识日渐长进，并最终入朝为官。

李密牛角挂书

杨玄感的父亲杨素，原是隋炀帝的亲信，帮助炀帝夺取皇位后受到炀帝的猜忌，

郁郁不乐而死，杨玄感因为父亲的死早就对隋炀帝不满。

杨玄感利用为前线督运粮草的名义，征发年轻力壮的民夫、船工八千多人，要他们运粮到辽东前线，那些年轻人怨透了劳役，听说叫他们远离家乡去干苦差使，更加气愤。

有一天，杨玄感把民夫集合在一起，说："当今皇上不顾百姓的死活，让成千上万的父老兄弟死在辽东，这种情况不能再忍受下去，我也是被逼来干这件事的，现在我决心跟大伙一起推翻暴君，你们看怎么样？"

大伙儿早就对隋炀帝不满，听说有人带头反抗，大家无不积极相应，顿时响起一片欢呼声。

杨玄感把八千民夫编成队伍，发给武器，准备进攻隋军。这时他发现身边缺少一个谋士帮他出谋划策，不禁想起了正在长安的好朋友李密。

李密的上一辈人是北周和隋朝的贵族。李密少年时，被派在隋炀帝的宫廷里当侍卫，由于他生性好动，在值班的时候，左顾右盼，被隋炀帝发现了，认为这孩子不大老实，就免了他的差使。李密为此并不懊丧，回家以后，发愤读书，决定做个有学问的人。

一次，李密骑了一头牛，出门看朋友。在路上，他把书挂在牛角上，抓紧时间读书，正好宰相杨素坐着马车在后面赶上来，看到前面有个少年在牛背上读书，暗暗奇怪。

杨素在车上招呼说："哪个书生，这么用功啊？"

李密回过头来一看，认得是宰相，慌忙跳下牛背，向杨素作了一个揖，报了自己的名字。

杨素问他说："你在看什么？"

李密回答说："我在读项羽的传记。"

杨素跟李密亲切地谈了一阵，觉得这个少年很有抱负。回家以后，杨素跟他的儿子杨玄感说："我看李密的学识才能，比你们几个兄弟强得多，将来你们有什么紧要的事，可以找他商量。"

打那以后，杨玄感就跟李密交上了朋友。这回杨玄感要找谋士，想起他父亲的叮嘱，就派人到长安，把李密接到黎阳来。李密到了黎阳，杨玄感向他请教：要推翻隋炀帝，这个仗该怎么打。

李密说："要打败官军，有三种办法。第一，皇上现在在辽东，我们带兵北上，截断昏君退路，他前有高丽，后无退路，不出十天，军粮接济不上，我们不用打也能取胜，这是上策。第二是向西夺取长安，抄他们的老巢。官军如果想退军，我们就拿关中地区做根据地，凭险坚守，这是中策。第三是就近攻东都洛阳。不过这可是一条下策，因为朝廷在东都还留着一部分守兵，不一定能很快攻得下来。"

杨玄感急于求成，听完这三条计策，觉得前两条都太费时间，说："我看你说的下策，倒是个好计策，现在朝廷官员家属，都在东都。如果我们攻下东都，把家属都俘虏起来，官军军心就会动摇，保管能取胜。"

杨玄感立刻从黎阳出兵攻打东都，一路上，有许多农民踊跃参加起义军，队伍扩大到十万人，接连打了几个胜仗，隋炀帝正在带领大军猛攻辽阳，得到告急文书，连夜退兵，派大将宇文述等带领大军分路攻打杨玄感，杨玄感抵挡不住，想往西退到长安去，宇文述带兵跟踪追击，最后，把杨玄感的人马围住，杨玄感没路可走，终于被杀。

李密从混乱中逃了出来，想偷偷地逃回长安，但是隋军搜捕得很紧，李密还是被抓住了。

隋将派兵把李密押送到隋炀帝的行营去，半路上，李密跟十几个犯人商量，把他们随身带的钱财都送给押送的隋兵，供他们吃喝，隋兵受了他们的贿赂，喝酒作乐，防备自然也就松懈下来，李密他们就趁隋兵酒醉糊涂的时候，趁机逃跑了。

李密脱离危险以后，想另找机会，反抗隋朝。于是他就想找个起义军的首领作靠山，但是有的起义军首领看他是个文弱书生，不大重视他，李密没办法，只好改名换姓，东躲西藏，还有几次险些被官府抓去。最后，他听说东郡瓦岗寨有一支起义军，兵力很强，带头的叫作翟让，为人厚道，又喜欢结交英雄，于是他就决定上东郡投奔瓦岗军。

李密投奔翟让后，向翟让进献"攻取荥阳，争雄天下"之策。在李密的全力帮助下，翟让很快实现了夺取荥阳的目标，李密也因此深得翟让的赏识和重用，他的实力和威望在起义军中大增。

宽为限　紧用功　工夫到　滞塞通
心有疑　随札记　就人问　求确义

【原文】

宽为限①，紧用功，工夫到，滞塞②通。
心有疑③，随札记④，就人问，求确⑤义。

【译文】

可以把读书的期限放宽一些，但在学习时要抓紧时间用功，只要功夫用到，迷惑困顿的地方就会自然弄通。如果心有疑问，就要随时做好记录，时时向别人请教，以求得准确的意义。

【注释】

①限：读书的期限。

②滞塞：迷惑困顿的地方。

③疑：疑问。

④札记：文体名。指读书时摘记要点、心得或随时记录所闻所见的文字。古时称小木简为札，将文字一条一条记在札上，称为札记。

⑤确：准确。

【解读】

知识是学来的，也是问来的，只有在学中问，在问中学，并与观察思考结合起来，才能求得真知。我们从小就要养成勤学好问的习惯，有了问题，随时随地请教别人。只要他确实能给你启发、给你帮助，不管年长年幼、地位高低，都可以成为你的老师，古人所说的"能者为师"就是这个道理。但是，最主要还是靠自己先去探究，实在没有办法的时候，再请问别人，这样印象才会更深刻。

史鉴典例

王冕牧牛学画

王冕是浙江人，元朝末年出生在一个贫苦农民家里，他七岁就没了父亲，靠母亲给人做针线活过日子。他没钱读书，就每天悄悄躲在学堂外边听课，听一句，记一句。

10岁的时候，家里实在生活不下去了，母亲让他去帮人放牛。王冕放牛，牛角上总挂着书。他喜欢把牛赶到湖边放牧，湖边有绿草，岸上有垂柳。他让牛在湖边吃草，自己就在树荫下读书。有时候放牛得到几个买点心的钱，他舍不得花，都用来买书。

白天可以在树下看书，晚上点不起灯怎么读书呢？他就跑到庙里，借着佛殿里的长明灯读书，一读就是半夜。一天天气闷热，王冕正在树下读书，忽然乌云密布，接着下起了一场大雨。大雨过后，远山近树都像洗过一样，阳光从云缝里透出来，照着湖光山色。湖里有一片亭亭玉立的荷花，水珠在荷叶上滚来滚去。王冕想：我要能把这美丽的景致画下来有多好！

于是他决心要学画。没有笔，他就向邻居借。他榨出树叶的绿汁，研磨红石粉末做成颜料。有了笔墨颜料，他就开始画起来。最初画得不太好，但他并不灰心，他细细地观察荷花荷叶的样子，用心地描画，天天画、天天练，画得越来越好了。三个月之后，王冕画的荷花就十分美了。颜色、神态就像真的荷花一样，就是多了一张纸。

乡间人见王冕画得好，都爱他的画，就拿钱来买。王冕得了钱，就买些好东西孝敬母亲，买纸笔颜料继续画画。

王冕还努力学习天文、地理、历史、经济等重要学问，他不但成为了一个大画家，而且成为了一个大学者。

苏洵发愤苦读

苏洵，字明允，号老泉，他有两个儿子：苏轼、苏辙。他们三个人的文章、学问都很好，被后人称为"三苏"，也是"唐宋八大家"之三，他们的成功绝非偶然，主要在苏洵的一念觉悟，发愤用功，才有了这样的成果。

苏洵年轻时，不喜欢读书，长大后也不认识几个字。到了27岁，他的哥哥中了科举做了官，苏洵才觉得自己也应该努力才对，于是在家专心一意地读书。

一年后，他参加考试，不幸名落孙山。他想一定是自己准备得不周到，于是就把一年多来写的文章全部烧掉，从此闭门读书，不再题笔写文章。过了五六年，他

充实了很多学问。于是再提笔作文，顷刻间就写出数千字的文章，见解也非常独到。

苏洵因为老来才求学，深知其苦，因此对两个儿子，从小就严格地督促。学成之后，就带着两个儿子到京师考试，三人都考中进士，成为翰林学士。欧阳修很欣赏他的才华，将他的文章献给宰相韩琦看。从此苏洵的文章便名闻天下，人人争读，并且学习他写作的方法。

苏洵27岁才发愤读书，成为了一个有学问的人，但他觉得学得太晚了。所以我们应该从现在起就努力求学，如果现在不发愤苦读，等到年纪大了，可就后悔莫及了。何况学问乃是随身宝，有一首诗说："读的书多胜大丘，蔀须耕种自然收，东家有酒东家醉，到处逢人到处留，日里不怕人来借，晚间不怕贼来偷，虫蝗水旱无伤损，快活风流到白头。"你看读书有多好，现在开始就好好求学吧！

黄慎学画

福建宁化人黄慎，少年时跟着同郡的一位老画家上官周先生学画，他学得很认真，心灵手巧，没过多长时间，黄慎就将上官周画山水、花鸟的艺术技巧与精神实质都学到了手，并且画得很好。

大家看到黄慎画得如此好，都称赞他已经学到家了，可黄慎并不觉得满足，他总觉得好像是缺少了一点什么很要紧的东西，认为自己还不是一个很称职的学生。

一天，他又捧着上官周先生的名画仔细看，看着看着，他整个精神都集中在了这幅画上面，忽然，黄慎叹起气来，说："吾师上周先生绝迹，我难以与先生争名啊！但一个有志气的少年应当自立，我黄慎怎么能落在别人的后面呢？"

后来，黄慎就像忘了早晨和晚上，忘了饥饱和冷暖，好几个月都在思索着这个问题，但就是找不到一条新的途径。

上官周先生知道黄慎的苦闷后，就启发黄慎多去读多去看。黄慎听了先生的指点，书法学怀素，诗仿金元，画模天池，博览百家作品。但当他自己作画时，他却觉得画中到处都是别人的痕迹，还是闯不出自己的路。黄慎为此展不开眉，舒不了心。

一天，上官周先生忽然问黄慎："你读了张钦的诗没有？"

黄慎回答说："学生已经读过了。"

但过后想想，总觉得先生问他这话有别的意思。于是，他就再找出张钦的诗，仔细阅读，才知张钦诗中有画，所以诗的意境很美。他不禁问自己："黄慎啊黄慎，张钦诗中有画，你黄慎画中要不要有诗呀？"

一时之间，黄慎也不知道该怎样回答自己的疑问。

烦恼之余，黄慎就想出去转转。他走在大街上，边走边想，终于领悟到，上周先生的画，张钦的诗，怀素的字，他们都有自己各自的艺术特色，但我自己又怎样呢？忽然，黄慎心中豁然开朗，眼前天地开阔起来。他匆匆忙忙地跑进最近的一座店铺中，向店老板借了笔墨纸砚，就在殿堂的案桌上面挥起画笔，画起他心中的那些美妙的东西。

黄慎这个稀奇古怪的举动，惊动了店里的老板和伙计，更招引了过路的人们进堂来看个究竟，不久，殿堂里就站满了看画画的人。

但黄慎好像没有看见一个人，只专心致志地挥着他的画笔。不一会儿，黄慎就画好了，只见他将笔一掷，拍着案桌大叫起来："我找到了！我找到了！"

围观的人们听不懂黄慎的话，只望着他作的画，只见画面上笔墨不多，画的什么也看不甚清楚，还以为黄慎是发疯了呢！

这时，黄慎才发现许许多多的人在围着看他的画，他向大家笑嘻嘻地挥挥手。围观的人开始散去，说也奇怪，离开一丈多远，再看看那副画，潦潦草草的笔墨突然显现出几株水仙，有的才长出，有的开着几朵鲜灵灵的花。那水仙与水仙花，充满着初生勃发的神态。大家越看越喜欢，异口同声地称赞道："怪人怪画，就是怪，就是好！"

黄慎微笑着卷起画，向店老板谢了谢，就从人缝中挤开一条路走了。

后来，上官周先生发现黄慎的画技突飞猛进，喜不自胜，见人就夸赞道："我的门下有个黄生，犹如王右军之后有个鲁公一样。当老师的看见学生如此长进，多兴奋呀！"

【原文】

房室清①，墙壁净，几案洁，笔砚正。

【译文】

书房要保持清洁，墙壁要保持干净，书桌要整洁，笔砚要放得端正。

【注释】

①清：清洁，干净。

一个人要想成就一番事业，就必须养成有条有理的做事习惯。就算是那些只具备普通能力的人，如果他具有良好的做事习惯，也能把事情做得十分出色；而即使是再有能力的人，如果办事不注意条理与办法，也很难做出什么大事。所以，无论是学习还是休息，都要把事情安排得井井有条，做起事来，才会更加容易、方便，达到事半功倍的效果。

史鉴典例

一屋不扫何以扫天下

陈蕃，字仲举，汝南平舆人氏（今河南平舆北）。东汉末大臣，汉桓帝时为太尉，汉灵帝时为太傅。

他的祖父曾任河东太守。不过到了陈蕃一辈，家道中落，不再威显乡里。陈蕃15岁时，曾经独居一室，日夜攻读，欲干出一番惊天动地的大事。一天，他父亲的朋友薛勤前来拜访，看见他的住处杂草丛生，纸屑满地，十分凌乱。他不解地问道："孩子，屋子这么脏，你怎么不打扫打扫呢？这样宾客来了看了不是要好些吗？"陈蕃理直气壮地回答说："我的手是用来扫天下的。"薛勤反问道："连一间屋子都不扫，怎么能够扫天下呢？"陈蕃一听，脸红了，马上打扫房屋，招待客人。

【原文】

墨磨偏，心不端，字不敬①，心先病②。

【译文】

研磨如果磨偏了，学习时肯定心不在焉，字写得很不整齐，说明思想不够集中。

【注释】

①敬：工整。
②病：心浮气躁。

【解读】

专心是成功的基石，养成做事专心的好习惯，可以帮助我们获得更大的收获。纵观古今，成功者往往会专心致力于自己所完成的工作。他们会一直做到工作完成为止。他们一次只专心做一件事，不会漫无方向或三心二意地做事。

专心致志是保持做事高效率的一个必要条件。有关专家调查证明：不同的受访者是否成功，不仅仅取决于聪明的程度，而与专心的程度有很大的关系。凡是做事专心的人，往往成绩卓著；而时时分心的人，终究得不到满意的结果。

做事专心，可以磨练我们的意志力，让我们获得更高的效率，养成良好的学习习惯。那么，就让我们从现在开始，养成做事专心的好习惯，相信一定会有惊喜的收获！

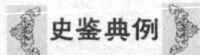 史鉴典例

吴同学艺

吴同是明朝人，从小便跟着泥匠师傅学手艺，但是吴同是个很懒惰的人，每次师傅交代他的事，他总是一拖再拖，然后草率的完成。

他一心盼望自己的手艺能像师傅一样好，可是又不肯从最基本的手艺慢慢练习，所以学了几年，还是盖不了一间房子。这天，师傅决定考考他，便要他在一星期之内盖好一间房子。

吴同心想，这实在太容易了，只要把从师傅那里偷偷学来的技术用上就可以了，于是，不到三天，吴同果真盖好了一间房子。

第四天时，突然来了一场暴风雨，吴同盖的房间顿时倒塌成一滩烂泥。还没有让师傅看过，自己盖的房子就这么没有了，吴同心里既懊恼，又羞愧，从此，他下定决心要循序渐进的把盖房子的功夫学好，不再好高骛远了。

孙敬悬发

孙敬，字文质，汉代信都人。后入洛阳，在太学附近一小屋安顿母亲后入学。他曾采杨柳为简，加以编联，用来写经，这是历史上"辑柳"的典故。

孙敬学习非常勤奋，常常关在屋子里苦读诗书，整日整夜地不出门，也不接待客人。所以当时有人称他为"闭门先生"。

他苦读诗书，常常通宵达旦，甚至不想睡觉。可是，人不睡觉怎么能行呢？一到晚上，就会产生睡意。所以他有时候读着读着，就趴在桌子上睡着了。

孙敬对此十分生气，他常常思索不睡觉的办法。后来，他终于想出了一个主意。

他在房梁上吊了一根绳子，然后坐直了身子，把垂下来的这一头绑在头发

上，实在困了，头往下一低，房梁上的绳子立刻就把他的头发扯疼，他就会惊醒过来，继续读书。

孙敬凭借其独特的"头悬梁"的苦读精神，终能通今博古、满腹经纶，成为晋时知名的大儒。后人对孙敬的苦读精神极为敬仰，并将此与战国时苏秦"读书欲睡，引锥刺其股"的故事并谈，用以教育孩童。

苏秦刺股

苏秦（前337年—前284年），字季子，东周洛阳轩里人（今洛阳东郊太平庄一带），战国时期的韩国人，是与张仪齐名的纵横家。

一开始，苏秦很想有所作为，曾求见周天子，却没有引见之路，一气之下，变卖了家产到别的国家找出路去了。但是他东奔西跑了好几年，也没做成官。后来钱用光了，衣服也穿破了，只好回家。家里人看到他趿拉着草鞋，挑副破担子，一副狼狈样。他父母狠狠地骂了他一顿；他妻子坐在织机上织帛，连看也没看他一眼；他求嫂子给他做饭吃，嫂子不理他，扭身走开了。苏秦长叹道："妻子不把我当丈夫，嫂子不把我当小叔，父母不把我当儿子，这都是我的过错啊！"于是他半夜找书，摆开几十个书箱，找到了姜太公的兵书，埋头诵读，反复选择、熟习、研究、体会。读到昏昏欲睡时，就拿针刺自己的大腿，鲜血一直流到脚跟。他自言自语说："哪有去游说国君，而不能让他拿出金玉锦绣，取得卿相之尊的人呢？"满一年，研究成功，苏秦说："这下真的可以去游说当代国君了！"于是就登上名为"燕乌集"的宫阙，在宫殿之下谒见并游说赵王，拍着手掌侃侃而谈，赵王大喜，封苏秦为武安君。拜受相印，以兵车一百辆、锦绣一千匹、白璧一百对、黄金一万镒跟在他的后面，用来联合六国，瓦解连横，抑制强秦，所以苏秦在赵国为相而函谷关交通断绝。

苏秦将去游说楚王，路过洛阳，父母听到消息，收拾房屋，打扫街道，设置音乐，准备酒席，到三十里外郊野去迎接。妻子不敢正面看他，侧着耳朵听他说话。嫂子像蛇一样在地上匍匐，再三再四地跪拜谢罪。苏秦问："嫂子为什么过去那么趾高气扬，而现在又如此卑躬屈膝呢？"嫂子回答说："因为你地位尊贵而且很有钱呀。"苏秦叹道："唉！贫穷的时候父母不把我当儿子，富贵的时候连亲戚也畏惧，人活在世上，权势地位和荣华富贵，难道不可以忽视吗？"

【原文】

列①典籍，有定处，读看毕②，还原处。
虽③有急，卷束齐，有缺损，就补之。

【译文】

摆放典籍，要有固定的位置，阅读完一本书，就把书放回原来的地方。即使有急事，也要把书本整理好，如果书本有缺损，应该及时修补完整。

【注释】

①列：摆放。
②毕：完。
③虽：即使。

【解读】

有始有终是指做事要有开头，也要有结尾，坚持到底。做事有始有终是一个人成功应有的良好品质，有始无终，半途而废，再好的愿望和理想也无法实现，即使离胜利只有一步之遥，也会前功尽弃。其实，一些人做不好事不是自身做事的能力差，而是没有认认真真把事情做到最后，如果你能一心一意做事并坚持到最后，那么你一定能把事情做成。

史鉴典例

陆倕读《汉书》

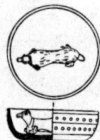

陆倕自幼喜爱读书。6岁时，父亲给他盖了一间小茅草屋供他一个人读书，并把先秦两汉诸子百家的各类书籍都弄来摆在小茅屋里，让陆倕随时翻阅，但唯独没有《汉书》，他听说不读《史记》和《汉书》不能称为学者，便要求父亲借本《汉书》来读。借来的《汉书》该还了，可陆倕却找不到《汉书》中的四卷《五行志》了。父亲每天都追索四卷《五行志》的下落，幸亏陆倕已将《汉书》背熟了，他将所缺的章节默写出来，这才还给了人家。

韦编三绝

孔子少年时勤奋好学，17岁时就以学识渊博闻名于鲁国。虽然孔子学识渊

博，可他一生都没有松懈过。

　　春秋时的书，主要是以竹子为材料制成的，把竹子破成一根根竹签，称为竹"简"，用火烘干后在上面写字。竹简有一定的长度和宽度，一根竹简只能写一行字，多则几十个，少则八九个。一部书要用许多竹简，这些竹简必须用牢固的绳子之类的东西编连起来才能阅读。像《易》这样的书，当然是由许许多多竹简编连起来的，因此有相当的重量。

　　孔子到了晚年，花了很大的精力，把《周易》全部读了一遍，基本上了解了它的内容。不久，又读第二遍，掌握了它的基本要点。接着，他又读第三遍，对其中的精神、实质有了透彻的理解。在这以后，为了深入研究这部书，又为了给弟子讲解，他不知翻阅了多少遍。这样读来读去，把编连竹简的牛皮绳也给磨断了，不得不换上新的再用。

　　就这样，一连换了三次牛皮绳，孔子才把《周易》研究透。即使读到了这样的地步，孔子还是不满意，说："如果我能多活几年，我就可以多理解些《周易》的文字和内容了。"

　　由此可见，再聪明的人，如果没有这种刻苦精神，也不能成为有学问的人。

非圣书　屏勿视　蔽聪明　坏心志

【原文】

非圣书，屏①勿视，蔽②聪明，坏心志。

【译文】

不是圣贤书籍，就应该放弃不要看，否则就会蒙蔽人的智慧，破坏人的心志。

【注释】

①屏：摒弃，丢开。

②蔽：蒙蔽。

【解读】

莎士比亚曾说："书籍是全人类的营养品，生活里没有书籍，就好像大地没有阳光；智慧里没有书籍，就好像鸟儿没有翅膀。"他的这句话突出了书籍对人类的重要性。但书籍也有好坏之分，并不是所有的书都有益于身心健康，有益于品德和知识的提高。所以，我们在读书时要选择性地来读。

一本好书，可以让你聪明，学到很多知识，让头脑更丰富。它能帮你写出美妙的文章，有滔滔不绝的口才，让你时时拥有好心情，处处受人尊重。而一本坏书，不仅危害我们的身体，更危害我们的心理。它让我们是非不分，盲目追随，意志低沉，从而使学习成绩下降，甚至造成不该有的悲剧。

一边是善良的天使，一边却是凶险的恶魔。在天使和恶魔之间，我们应擦亮眼睛，有选择地读书。

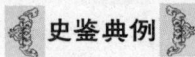 史鉴典例

关羽夜读

关羽，河东解县（今山西临猗）人，是我国传统忠义观念的化身。他是中国

历史上非常特殊的一个人物。一千多年来，几乎是中国唯一的集侯、公、神、圣、帝于一体的人物。

关帝庙遍及中国各地，丹凤眼、卧蚕眉、五绺长须及膝、端坐且秉烛夜读《春秋》，是典型的关公形象。据说关羽最喜欢读的书是《春秋左氏传》，喜读其中的忠义权谋，无论到哪里都带一本《左传》，其他书籍决不看。裴松之注《三国志》说："羽为《左氏传》，讽诵略皆上口。"记述了关羽对《左传》的熟悉程度。由于说书和戏剧等说唱艺术形式的普及，还有罗贯中《三国演义》的传播，关羽的忠义形象得到了出神入化的渲染。《三国志》中，提及关羽忠勇刚义的事迹有：百万军中取颜良首级、挂印封金、刮骨疗毒、水淹七军、威震华夏、败走麦城。罗贯中的《三国演义》，除以上事迹均有之外，对于关羽还有其他的浓墨重彩：千里走单骑、过五关斩六将、秉烛夜读《春秋》、私放曹操、单刀赴会。

关羽喜读《春秋》是有具体事例的，据载关羽下邳兵败后，为保刘备的甘、糜二位夫人，归附曹营到了许都。曹操欲"乱其君臣上下之礼"，赐给关羽宅第一处。关羽为了避嫌，将一宅分为两院，让两位皇嫂居内院，自己住外院，晨夕问安。自己夜读《春秋》，秉烛达旦，令曹操感慨万分。这就是关羽的"夜读《春秋》"的故事。后人为昭彰关羽忠义，就在许昌建庙来祭祀他，庙内兴建一楼，名叫"春秋楼"，俗称"秉烛达旦"处，是许昌十景之一。

清代许州知州甄汝舟为春秋楼赋诗一首："秉烛中宵暂避嫌，宅分两院亦从权。依曹不久仍归汉，留得英风在颍川。"

申国家规

吕希哲，北宋教育家。字原明，学者称荥阳先生。寿州（今安徽凤台）人。他的母亲申国夫人教育儿子样样事情都要有规有矩。吕希哲只有十岁的时候，就无论严寒酷暑，整日立在他的母亲身旁。母亲不叫他坐，他是不敢坐的。每天一定要衣冠整齐才见长辈。平常在家里，不管天气多热，只要在长辈身边，就绝不脱去头巾和袜子。衣服也必定整齐，更不准到茶坊酒肆里去。所以市井上不正当的说话、不正当的声音，吕希哲从没有听得过。不正经的书本，吕希哲也从来没有看见过。所以后来吕希哲成了有德行的、与众不同的大人物。

勿自暴　勿自弃　圣与贤　可驯致

【原文】

勿自暴，勿自弃，圣与贤，可驯①致。

【译文】

人一定不要自甘堕落，更不要自暴自弃，圣人和贤人的境界，都是可以通过努力而逐渐达到的。

【注释】

①驯（xún）：渐进。

【解读】

自暴自弃，是对自己生命的轻视，人生最大的悲哀不是挫折和不幸，而是自己践踏自己。人生一世，生活中自然难免会遇到各种各样的困难，难免会经历一些挫折或坎坷，这时千万不要灰心失望或自暴自弃，因为这是人生中难免的。能够留下坚实的足迹，走进"柳暗花明"的境界，靠的是意志和奋发。事业之舟常遇风险，很少有舒适、悠闲，能不惧惊涛骇浪，敢于在沧海横流中一试身手，凭的是顽强的拼搏。所以，在困难面前，我们千万不要选择自暴自弃，而是要充满自信，追求上进，不断努力，这样，即使再愚钝的人也会成就自己的一番事业。

史鉴典例

王羲之与"鸭儿饺子"

相传东晋文人王羲之，最终成为大书法家，还和吃饺子有点关系呢。王羲之，字逸少。琅琊临沂（今山东临沂）人。东晋书法家、文学家。出身贵族，幼时说话迟钝，年长始显其才。索性坦率，不拘礼节。官至右军将军、会稽内史，世称王右军。善写文章，所作《兰亭集序》，记述了他和谢安等名士宴集山阴兰

亭盛况，抒发志趣，文笔雅致，为后世传颂之名篇。精于书法，兼取众长，自辟新任，成为独立的新体。他的书法"字势雄强，如龙跳天门质卧凤阁"，"飘若浮云，矫若惊龙"，有"右军书成而魏晋之风尽"的称誉，被尊为"圣"。其子王献之，亦工书法，成就不减其父，人称"小圣"，父子并称"二王"。

王羲之研习书法，也曾自满自足过，少年时代，他的书法已笔锋初露，震惊方圆百里。一时间赞市充耳，王羲之也禁不住飘飘然起来。

一天，王羲之到集市上去，见一家饺子铺门口人声喧嚷，热闹非常。尤其是门旁的那副对联，分外惹眼。上面写着"经此过不去，知味且常来"十个字，横匾上写的是"鸭儿饺子铺"。这副对联的内容很有点儿气魄，但是字却写得呆板无力，缺少功夫。王羲之看罢，把嘴一撇，心里暗想：这两笔字也就只配在这等小铺门前献丑！但他又一琢磨那副对联的口气，心想：这里是什么人的买卖，竟如此狂妄！我倒要去看个究竟，领教领教。

走进一看，只见店铺内矮墙旁设有一口开水大锅，包好的白面饺子，好似一只只白色的小鸟，一个接一个地越墙而过，不偏不倚正好落入滚沸的锅中，饺子铺的伙计，忙前忙后地招呼着顾客。王羲之顺手掏出一些散碎银两，要了半斤饺子，然后坐下。这时他才发现，饺子个个玲珑精巧，好像浮水馆戏的鸭子，真是巧夺天工的奇货！他用筷子将饺子夹起，慢慢地送到嘴边，轻轻地一咬，顿时，香气扑鼻，鲜美溢口。不知不觉间，一盘饺子，全部下肚。

饱餐后，王羲之心想，这鸭儿饺子果然不错，只是门口那副对子的字写得太拙劣了，我何不乘机露一手，为他们另写一副，也不辜负这顿美味。想到此，他便问店伙计："请问你们店主人在哪里？"店伙计指了下矮墙说："回相公，店主人就在墙后。"王羲之绕过矮墙，只见一位白发老太太端坐在面板前，一个人扦饺子皮，又包饺子馅，转瞬即成，动作异常娴熟。更令人称奇的是，饺子包好之后，老人便随手向矮墙那边抛去落入锅中。王羲之对此惊叹不已，忙上前问道："老人家，像您这么深的功夫，得需多长时间？"老太太答道："熟练需五十载，要深练需一生。"

一听这话，王羲之沉思了一会儿，然后又问："您的手艺这般高超，为什么门口的对子，不请人写得好一点呢？"王羲之不问还好，一问倒使老人生起气来。她气鼓鼓地说：

"相公有所不知，并非老身不愿意，只是不好请呐。就说那个刚露了点脸儿的王羲之吧，都让人给捧上天了，说句实在话，他写字的那功夫，真远不如我这包饺子的功夫深呢！常言说得好，山外青山楼外楼，人人都应争上游，一次上游就骄傲，下回定会落后头！"老人一席话，说得王羲之面红耳赤，羞愧难当，恭恭敬敬地给老人写了一幅对联。

从此，这家鸭儿饺子铺就挂上了王羲之书写的对联，买卖也越来越兴隆了。王羲之本人呢，倒更虚心更刻苦地习书练字了，后来终于成为我国古代著名的大书法家。

划粥断齑

范仲淹，字希文，北宋政治家，文学家，军事家，谥号"文正"。

宋太宗端拱二年（989年）八月初二，范仲淹在徐州降生。他的父亲范墉，当时做宁武军节度掌书记。范墉先娶陈氏，继娶谢氏，仲淹是他第三个儿子。范仲淹出生第二年，父亲便病逝了。谢氏贫困无依，只好抱着襁褓中的仲淹，改嫁山东淄州长山县一户姓朱的人家。范仲淹也改从其姓，取名朱说，在朱家长大成人。

谢氏身世坎坷，饱尝酸辛，因此把太多的希望寄托在儿子身上。谢氏以孟母自励，悉心教子；范仲淹以颜回自律，发愤成才。举凡古代刻苦攻读学有所成的故事，母亲和继父都对范仲淹一一讲过。如：晋朝车胤，家里贫穷没有灯，就捉来许多萤火虫装在纱袋里，靠萤火虫发出的光亮读书；孙康则在冬夜借大雪的反光读书；晋朝的孙敬，为了读书时不让自己打瞌睡，就用绳子系住头发，悬挂在屋梁上，如打盹低头，绳索便会将他拉醒；战国时苏秦游说秦国而不被重用，回家来遭到妻子、兄嫂的冷落，发誓钻研兵法之书，每当读书发困时，就用锥子刺自己的大腿，使自己清醒。

潜移默化，读书成癖，自觉吃苦，乐在其中。在县学读到孟子："舜发于畎亩之中，传说举于版筑之间……故天将降大任于斯人也，必先苦其心志，劳其筋骨，饿其体肤，空乏其身，行拂乱其所为，所以动心忍性，增益其所不能。……然后知生于忧患，而死于安乐也。"范仲淹心里豁然明白：要想干一番大事业，就得自强不息。

范仲淹在醴泉寺读书期间，继父家的家境已经比较窘迫，仲淹心知肚明。所以每次离家去寺院，母亲总劝他多带些粮米，

可范仲淹每次都不多带，而且带的数量，出人意料得少。母亲和继父每次都絮叨规劝，但范仲淹总是胸有成竹地说："我自己心里有数，这些够了。"

刚到醴泉寺时，他把粮米交给厨房，代为制作，随寺院的钟声与和尚们一道用饭。可范仲淹从早到晚一门心思地读书思考，经常充耳不闻钟声，忘记吃饭，等到想起来吃饭时，又过了时辰。好心的厨僧看范仲淹如此废寝忘食地读书，便主动给他送饭来，范仲淹很是过意不去。于是他为了不麻烦别人，也为了读书方便，就开始自己做饭。范仲淹按自己既定的主意，每天夜晚，量好米，添好水，在小灶里点燃自己拾的木柴，煮米粥。一边读书，一边续柴煮粥。一锅米粥煮好了，时间也已过了子夜，他便和衣睡去。

第二天早上起来，锅里的米粥已经凉透，并凝固成块。他拿出小刀，在凝固的粥块上面，划上一个十字，完整的一锅粥分成了四块。早晨吃两块，傍晚吃两块，一日两餐，这便是"划粥"。

饭是解决了，可是还有菜呢？寺院周围的大山之中，生长着野蒜、野葱、韭菜、野山芹，还有苦菜、苋菜、蒲公英、荠菜、茵陈、王不留行等十几种可食的野菜。范仲淹就在白天去山洞读书时，顺便拔几种野菜回来。吃饭时，把十几根野韭菜，或野葱野蒜，切成细碎末，加入一点盐拌和拌和，一顿可口的饭菜也就做成了。这就是"断斋"。

划粥断斋，既简约又清淡，省时、省力、省钱，可谓范仲淹的创造！醴泉寺读书三年，范仲淹基本过着"划粥断斋"的生活。随着范仲淹在北宋历史舞台上光辉业绩的展现，"划粥断斋"也就成了特指范仲淹青少年时代刻苦读书的专用成语。"划粥断斋"为中国古代学子苦学成才的史册宝典增添了璀璨的一页，为"天行健，君子当自强不息"的民族精神而增添了新的精神元素！

梁灏夺魁

梁灏，字太素，出身宦家。他82岁时才考中状元，在殿上答复皇帝的问题时，对答如流，成为所有读书人的魁首。他这么一大把年纪了，仍然坚持完成了自己的志向，让大家都觉得很惊讶。

梁灏从小就喜欢读书，青年时就中了解元。他教子成功，儿子中了状元，可说是一门五福。

梁灏生于五代后晋时。他从天福三年开始参加考试，经历后汉、后周，他发誓：不中状元，誓不甘心。

到了82岁,宋真宗雍熙二年,梁灏才中状元,在金銮殿上与真宗对答问题时,独占鳌头,是所有应试者的第一名,他头角峥嵘,气宇轩昂,真是表现得太好了。

梁灏中状元后很高兴,作了一首谢恩诗,内容是说:我自天福三年就参加考试,直到雍熙二年才成名,尽管头发都白了,我心中只欢喜终于平步青云。当我看榜的时候,已经没有跟我同辈的朋友了,回到家中也只有子孙来相迎。大家都知道,年少登科很好,有谁想到龙头竟是我这个老头?

由此可知,一旦立下志愿,而且努力不懈,终会成功的。梁灏表现了"活到老,学到老"的精神,他这种毅力,真值得我们年轻人去学习。

附录一　小学诗礼

《小学诗礼》全文

事亲

凡子事父母，鸡鸣咸盥漱。栉总冠绅履，以适父母所。
及所声气怡，燠寒问其衣。疾痛敬抑搔，出入敬扶持。
将坐请何向，长者少执床。悬衾箧枕簟，洒扫室及堂。
长者必奉水，少者必奉槃。进盥请沃盥，盥卒授以巾。
问所欲而进，甘饴滑以瀡。柔色以温之，必尝而后退。
养则致其乐，居则致其敬。昏定而晨省，冬温而夏清。
三日则具沐，五日则请浴。燂潘请靧音，燂汤请濯足。
其有不安节，行不能正履。饮酒不变貌，食肉不变味。
立不敢中门，行不敢中道。坐不敢中席，居不敢主奥。
父召唯无诺，父呼走不趋。食在口则吐，手执业则投。
父立则视足，父坐则视膝。应对言视面，立视前三尺。
父母或有过，柔声以谏之。三谏而不听，则号泣而随。
父在不远游，所游必有常。出不敢易方，复不敢过时。
舟焉而不游，道焉而不径。身者父母体，行之敢不敬。

事长

君子容舒迟，见尊者斋遫。足重而手恭，声静而气肃。
始见于君子，辞曰愿闻名。童子曰听事，不敢与并行。
尊年不敢问，长赐不敢辞。燕见不将命，道不请所之。
年倍事以父，年长事以兄。父之齿随行，兄之齿雁行。

見父之执者，不问不敢对。不谓进不进，不谓退不退。
侍坐于长者，必安执而颜。有问让而对，不及毋儳言。
君子问更端，则必起而对。欠伸撰杖屦，侍坐可请退。
侍饮于长者，酒进则拜受。未醮不敢饮，未辩不虚口。
侍燕于君子，先饭而后己。小饭而亟之，毋啮骨刺齿。
从长上邱陵，必向长所视。群居有五人，长者席必异。

男女

男正位乎外，女正位乎内。男女无相渎，天地之大义。
男十年出外，就傅学书记。学乐学射御，学礼学孝弟。
女十年不出，姆教婉娩从。执麻治丝茧，观祭纳酒浆。
女子不出门，出门必拥蔽。夜行必以烛，无烛则必止。
男女不杂坐，嫂叔不通问。内言不出阃，外言不入阃。
男不言内事，女不言外事。非祭不交爵，非丧不受器。
姑姊妹女子，已嫁而反室。弗与同席坐，弗与同器食。
取妻不同姓，寡子弗与友。主人若不在，不入其门户。
妇人伏于人，无所敢自遂。令不出闺门，惟酒食是议。
迎客不出门，送客不下堂。见卑不逾阈，吊丧不出疆。
妇人不二斩，烈女不二夫。一与之齐者，终身不改乎。

杂仪

喜怒必中节。周旋必中礼。淫恶不接心。惰慢不设体。
目不视恶色。耳不听恶声。非法不敢道。非德不敢行。
执虚如执盈。入虚如有人。使民如承祭。出门如见宾。
并坐不横肱。共饭不择手。揖人必违位。尊前不叱狗。
入国不敢驰。入里必致式。入户必奉扃。入门不践阈。
入境必问禁。入国必问俗。入门必问讳。与人不问欲。
临丧则不笑。临祭则不惰。当食则不叹。让食则不唾。
君子正衣冠。俨然尊瞻视。即之容也温。听之言也厉。

《小学诗礼》解读

【题解】

《小学诗礼》，作者陈淳，字安卿，号北溪，宋龙溪人。朱子晓的弟子，南宋哲学家，宁宗嘉定中授主薄，没有上任就去世了，谥号"文安"。他一生著述很多，后人编为《北溪文集》。《小学诗礼》分事亲、事长、男女、杂役四个部分，教人如何处世做人。此书教化很多，有很多可取之处，但也有糟粕，望读者弃去糟粕，吸取精华。

事　亲

【原文】

凡子事父母，鸡鸣咸盥漱。栉总冠①绅屦②，以适③父母所。

【译文】

凡是子女侍奉父母，鸡叫都要起来洗脸漱口。接着梳头发、戴帽子、束腰带、穿鞋子，收拾完毕后就要到父母的住所。

【注释】

①栉（zhì）总冠：指梳头戴帽子。栉，梳子和篦子的总称。此指梳头。总，指束发。
②绅屦：束腰带穿鞋子。绅，古代士大夫束腰的大带子。屦，指鞋。
③适：去、往。

【原文】

及所声气怡①，燠②寒问其衣。疾痛敬抑搔③，出入敬扶持。

【译文】

到了父母的住所，说话要柔和，询问父母的穿着是冷是暖。对于父母的疾病痛苦要用手轻轻地按摩，用指甲轻轻地挠，父母进出要恭敬地搀扶。

【注释】

①怡（yí）：和悦，愉快。

②燠（yù）：暖，热。

③抑搔（sāo）：按摩抓搔。

【原文】

将坐请何向，长者执席少者执床。悬衾箧枕^①簟^②，洒扫室及堂。

【译文】

父母将要起床时要请示面向何方，等父母坐下后，年长的子女要为父母安排坐席，年幼的子女要亲手拿着毛巾梳子侍候父母盥洗。然后将被子捆好悬挂起来，把枕头放进箱子里，并打扫干净卧室和厅堂。

【注释】

①悬衾（qīn）箧枕：将被子捆好悬挂起来，把枕头放进箱子里。衾，被子。

②簟（diàn）：竹席。

【原文】

长者必奉水，少者必奉槃^①。进盥^②请沃盥^③，盥卒授以巾。

【译文】

年长的子女一定要侍奉父母喝水，年幼的子女一定要将盘子递给父母。等送进盥具时要请父母洗漱，洗漱完毕后要将毛巾递给父母。

【注释】

①槃（pán）：盛放物品的扁而浅的用具。

②进盥（jìn guàn）：古代祭祀时酌酒灌地。此指送进盥具。

③沃盥：浇水洗手。沃，指浇，洗。

【原文】

问所欲而进，甘饴^①滑以滫^②。柔色以温之，必尝而后退。

【译文】

询问父母想要吃的食品让他们吃，并以甜浆伴食使其柔滑。和颜悦地将食品温

热后，一定要先尝试冷热后再退下。

【注释】

①饴（yí）：用麦芽制成的糖浆，糖稀。

②濯（suǐ）：使柔滑。

【原文】

养则致其乐，居则致其敬。昏定而晨省，冬温而夏凊。

【译文】

抚养父母一定要使他们快乐，侍奉父母起居一定要恭敬有礼。黄昏要服侍父母就寝，早晨起来要去问候父母。冬天要用自己的身体先为父母把被窝温暖，夏天要替父母把床铺扇凉。

【原文】

三日则具沐，五日则请浴。燂①潘②请靧面③，燂汤请濯足④。

【译文】

三天要请父母洗一次头，五天要请父母洗一次澡。子女要将淘米水温热后请父母洗脸，用热水请父母洗去脚上的污垢。

【注释】

①燂（tán）：烧热。

②潘：淘米水，古人用此水洗脸润面。

③靧（huì）面：洗脸。古代春日取花和雪水涤面，谓可使面生华容。

④濯（zhuó）足：即洗脚。濯，洗去脚污。

【原文】

其有不安切，行不能正履。饮酒不变貌，食肉不变味。

【译文】

如果父母的饮食和居住有不安逸、不合适的地方，行走不能踩到地，那么子女就要尽心侍奉。父母在饮酒时要让他们少饮，不要使其容貌改变，吃肉时不要让父母吃变味的肉。

【原文】

立不敢中门，行不敢中道。坐不敢中席，居不敢主奥①。

【译文】

站立不敢站在屋门的正中间，行走不敢走在道路的正中心，坐席不敢坐在酒席的正中间，居住不要住在房屋的主要位置。

【注释】

①主奥：指房屋受尊奉的主要位置。奥，室内的西南角，泛指房屋及其他深处隐蔽的地方。

【原文】

父召唯无诺①，父呼走不趋②。食在口则吐，手执业则投③。

【译文】

父亲召见要快速地应答而不是缓慢地回答，父亲呼唤要疾跑而不是快走。当听到父亲的叫声后，吃在嘴里的食物要立刻吐出来答话，忙在手里的活要马上放下来到父亲身边。

【注释】

①唯无诺：唯、诺指应答之词。唯指疾应。诺指缓应。
②走不趋：走，疾跑。趋，快走。
③投：指立马放下手里的工作。

【原文】

父立则视足，父坐则视膝。应对言视面，立视前三尺。

【译文】

父亲站着时子女则应该看着父亲的脚，父亲坐着时子女则应该看着父亲的膝盖。当子女回答父亲的问话时应看着父亲的脸，站立在离父亲三尺远的地方。

【原文】

父母或有过，柔声以谏之。三谏而不听，则号泣而随。

【译文】

父母有过错时，做子女的要用轻柔的声音进行劝谏。如果规劝了三次父母还不

听，就要哭泣恳求。

【原文】

父在不远游①，所游必有常②。出不敢易方③，复④不敢过时。

【译文】

父亲在的时候不要到远方游历，即使去远游也要有确定的地方。出去后千万不要轻易改变去处，返回时也不要超过约定的时间。

【注释】

①远游：谓到远方游历。
②常：确定、固定的地方。
③方：方向。
④复：返回。

【原文】

舟焉而不游，道焉而不泾。身者父母体，行之敢不敬。

【译文】

渡水要乘船而不可以戏游，走路要走正道而不走僻静小路。子女之身是父母之身的遗传体，行为中怎么敢对自己的身体不敬。

事　长

【原文】

君子容舒迟①，见尊者斋遨②。足重③而手恭④，声静而气肃⑤。

【译文】

君子的仪容要从容舒缓，见到长辈要显得谦逊，恭敬。走路时要脚步稳，见人要双手抱拳，说话时要声情并茂，见到他人要神情严肃，不能嘻嘻哈哈。

【注释】

①舒迟：犹舒徐。从容不迫貌。
②斋遨（chì）：谦逊、恭敬。
③足重：脚步稳，脚踏实地。

④手恭：见人双手抱拳。

⑤气肃：神情严肃。

【原文】

始见于君子，辞曰愿闻名。童子曰听事，不敢与并行。

【译文】

初次见到君子时，委婉地告诉君子说愿意有名。未成年的童子在拜见尊贵者时说愿意听命行事，行走时不敢与其并排行走。

【原文】

尊年不敢问，长赐不敢辞。燕见不将命，道不请所之。

【译文】

对于尊长的年龄不敢问，对于尊长所赐的东西不敢推辞。帝王退朝闲居召见臣子时，臣子可以不接受命令，在道路上遇见尊长时不要去打听尊长的去处。

【原文】

年倍事以父，年长事以兄。父之齿随行，兄之齿雁行。

【译文】

年岁倍于自己的长辈要像侍奉父亲一样对待，年岁比自己大的人要像对待兄长一样。如果在出行时遇到父亲的同辈人，则要作为随从跟随同行；如果遇到兄长的同辈兄弟，则要像群雁飞行一样依序而行。

【原文】

见父之执①者，不问不敢对②。不谓进不进，不谓退不退。

【译文】

见到父亲的挚友，没有问你不要回答。不让你进就不却要进去，不要你退下就不要退下。

【注释】

①执：挚友，志同道合的朋友。

②对：应答对话。

【原文】

侍坐于长者，必安执而颜。有问让而对，不及毋儳言①。

【译文】

坐在长者面前，坐姿一定要稳，容颜要正。当长者问你时一定要谦虚地回答，没有问你时千万不要随便插嘴，随声掺和。

【注释】

①儳（chán）言：谓别人说话未完便插话，打乱别人的话题。

【原文】

君子问更端。则必起而对。欠伸①撰②杖屦③，侍坐可请退。

【译文】

如果君子的问话更换了话题，你就必须站起来回答。当尊长疲倦时，陪坐者要及时拿来手杖和鞋，并请求退走，让尊长休息。

【注释】

①欠伸疲倦，呵欠伸腰。
②撰（zhuàn）：持，拿。
③屦（jù）：古代用麻葛制成的一种鞋。

【原文】

侍饮于长者，酒进则拜受。未醮①不敢饮，未辩不虚口。

【译文】

晚辈陪侍长者饮酒，长者递酒给晚辈，晚辈要站起来向长者行拜礼然后接受酒。看到长者杯中的酒尚未饮完，陪饮者则不能饮。当酒席上的人喝酒还没有结束时，陪饮者则不可先行漱口清洁。

【注释】

①醮（jiào）：饮尽杯中酒。

【原文】

侍燕①于君子，先饭而后己。小饭②而亟③之，毋啮骨刺齿。

【译文】

侍奉君子宴饮，用饭要先君子后自己。吃饭时，要小口吃饭，更要快速，不要啃骨头，也不要剔牙。

【注释】

①燕：宴席、宴饮。

②小饭：小口吃饭。

③亟：快，急速。

【原文】

从长上邱陵，必向长所视。群居有五人，长者席必异。

【译文】

从长者的家中走上连绵起伏的小山坡地时，一定要向长者居住的地方注视看望。如果聚坐在一起的人有五个，那么长者的坐席一定要和其他人的坐席有所区别。

男　女

【原文】

男正①位②乎外③，女正位乎内④。男女无相渎⑤，天地之大义⑥。

【译文】

男人主管外，女人主管内。如果男女之间不相互轻慢，那就是天地间的正道。

【注释】

①正：正当。

②位：位置。

③外：指男人主管外。

④内：指女人主管内。

⑤渎（dú）：轻慢、不敬。

⑥大义：正道；大道理。

【原文】

男十年出外，就傅学书记。学乐学射御①，学礼学孝弟。

【译文】

男子十岁时就离家在外，从师学习用来记事的书牍文字。学习音乐，学习射箭御马之术，学习礼仪，学习孝敬父母，尊重兄长。

【注释】

①射御：射箭御马之术。古代六艺中的两种，都属尚武的技艺。

【原文】

女十年不出，姆①教婉娩②从。执麻治丝茧③，观祭纳酒浆④。

【译文】

女孩子十岁时就不再出门，女师教她们言语柔婉，容貌贞静，听从长者的教导；学习培植麻颖、养蚕缲丝等。观看祭祀等事，并在祭祀结束后收起祭品。

【注释】

①姆：古代以妇道教育女子的女教师。
②婉娩（wǎn miǎn）：仪容柔顺。
③丝茧：亦作"丝蠒"。蚕茧。亦指养蚕缲丝等工作。
④纳酒浆：指在祭祀接受后收起祭品。

【原文】

女子不出门，出门必拥蔽①。夜行②必以烛③，无烛则必止。

【译文】

女子一般不出门，出门一定要遮盖其脸部。夜间出行一定要有火烛照明，否则就不出行。

【注释】

①拥蔽：遮盖。
②夜行：夜间行走。
③烛：用线绳或苇子做中心，周围包上蜡油，点着取亮的东西，古代亦称"火烛"。

240

【原文】

男女不杂坐，嫂叔不通问①。内言②不出阃③，外言④不入阃。

【译文】

男女不要混坐在一起，叔嫂见面不相互问候。妇女在闺房所说的话不要传到室外，男子所说有关公务之事也不要传入妇女的闺房。

【注释】

①通问：互相问候。

②内言：妇女在闺房所说的话。

③阃（kǔn）：门槛，门限。

④外言：男子所说有关公务之言。

【原文】

男不言内事①，女不言外事②。非祭不交爵③，非丧不受器。

【译文】

男人不议论宗庙祭祀之事，女人不议论郊祭或田猎之事。如果不是在祭祀的时候，男女不许相互交换酒器；如果不是丧礼的时候，男女不许相互接受杯、盆、碗、碟等器皿。

【注释】

①内事：宗庙祭祀之事。

②外事：古代指郊祭或田猎之事。亦指对外联合或用兵。

③爵：礼器，亦通称酒器。

【原文】

姑姊妹①女子，已嫁而反室②。弗与同席坐，弗与同器食。

【译文】

父亲的姐妹，姑母，出嫁后又返回娘家。不要与她们同坐在一张桌子上，不要与她们用同一个器具吃饭。

【注释】

①姑姊妹：父亲的姐妹，姑母。

②室：指娘家。

【原文】

取妻不同姓，寡子弗与友。主人若不在，不入其门户。

【译文】

娶媳妇不要与自己同一个姓，死了丈夫或妻子的人不要去结交朋友。主人如果不在家，就不要到人家家里去。

【原文】

妇人伏①于人，无所敢自遂②。令不出闺门，惟酒食是议③。

【译文】

女子要服从于他人，不要自作主张。不出闺房的门，只能议论酒食之事。

【注释】

①伏：通"服"。

②自遂：自作主张、自行所欲。

③议：议论，指议论酒食之事。

【原文】

迎客不出门，送客不下堂。见卑不逾阈①，吊丧②不出疆③。

【译文】

迎接客人不要走出家门，送走客人不要走出正房。召见下人不要跨过门槛，祭奠死者不要走出国界。

【注释】

①逾阈（yú yù）：跨过门限，出家室。

②吊丧：指到丧家祭奠死者。

③疆：地域，领域，边界。

【原文】

妇人不二斩①，烈女②不二夫。一与之齐③者，终身不改乎。

【译文】

妇女不两次穿戴为夫守丧的丧服，刚正有节操的女子不嫁第二个丈夫。一旦成为他人的妻子，终身都不会改变。

【注释】

①不二斩：古时的妇女不两次穿戴为夫守丧的丧服，即好女不事二夫。斩，即斩衰，一种粗麻布丧服，不缝边，是五种丧服中最重的，服期三年。

②烈女：指刚正有节操的女子。

③齐：指妻子。

杂　仪

【原文】

喜怒必中节①，周旋②必中礼③。淫恶④不接心⑤，惰慢⑥不设体。

【译文】

一个人的喜怒一定要合乎礼义法度，与人打交道一定要合乎礼仪。荒淫邪恶不要从内心接受，懈怠不敬不要身体力行。

【注释】

①中节：合乎礼义法度。

②周旋：打交道；应酬。

③中礼：适中、合度的礼仪。

④淫恶（yín è）：荒淫邪恶。

⑤接心：接纳，收纳于心。

⑥惰慢：懈怠不敬。

【原文】

目不视恶色①，耳不听恶声②。非法不敢道，非德不敢行。

【译文】

眼睛不去看邪恶的事物，耳朵不去听邪恶的声音。不符合法令的事不要去传播，不符合道德的事不要去做。

【注释】

①恶色：邪恶的事物。

②恶声：邪恶的声音。

【原文】

执虚①如执盈②，入虚如有人。使民如承祭，出门如见宾。

【译文】

手里拿着没有盛东西的器具，就如同拿着装满了东西的器具一样小心；走进没人的空房间，就如同走进有人的房间一样小心。役使百姓就如同祭祀一样小心；走出家门就如同见宾客一样小心。

【注释】

①虚：虚器，空的器具。

②盈：满。

【原文】

并坐不横肱①，共饭不择手。揖人②必违位③，尊前不叱④狗。

【译文】

与人共坐时胳膊不要横着，与人共餐时手一定要干净。向人拱手行礼时一定要离开自己的座位，在尊长面前一定要注意礼貌，不能大声责骂狗。

【注释】

①肱：胳膊。

②揖人：拱手行礼。

③违位：指离开自己的座位。

④叱：呵斥，大声责骂。

【原文】

入国①不敢驰，入里必致式②。入户必奉扃③，入门不践阈。

【译文】

进入国都不要驾车奔驰，进入乡里一定要按照乡里的风俗扶"式"敬礼。进入家中一定要手捧门栓，进入屋门不要践踏门槛。

【注释】

①国：国都。

②必致式：必须按照乡里的风俗扶"式"致礼。式，古代指车厢前专门装置的木扶手。

③扃（jiōng）：从外面关门的闩、钩等。

【原文】

入境必问禁，入国必问俗。入门必问讳，与人不问欲。

【译文】

进入新的地方一定要问他们禁止什么，进入新的国都一定要问他们的风俗习惯，进入别人的家门一定要问他们的忌讳是什么，给人东西不问人家想不想要。

【原文】

临丧则不笑，临祭则不惰。当食则不叹①，让食则不唾②。

【译文】

将要吊丧时就不要再笑，将要祭奠时就不要懒惰。吃饭时候不要唉声叹气，别人让你吃饭时不要吐唾沫。

【注释】

①叹：叹气、哀叹。

②唾：吐唾沫。

【原文】

君子正衣冠，俨然①尊瞻视。即②之容也温，听之言也厉。

【译文】

君子的衣冠要端正，君子的仪容庄重使人见了自然就会尊重。接近君子，他们的容貌态度温和，言辞听起来自然会很严肃。

【注释】

①俨然：严肃庄重的样子。

②即：接近，靠近。

附录二　弟子职

《弟子职》全文

先生施教，弟子是则。温恭自虚，所受是极。见善从之，闻义则服。温柔孝悌，毋骄恃力。志无虚邪，行必正直。游居有常，必就有德。颜色整齐，中心必式。夙兴夜寐，衣带必饬。朝益暮习，小心翼翼。一此不解，是谓学则。

少者之事，夜寐蚤作。既拚盥漱，执事有恪，摄衣共盥，先生乃作。沃盥彻盥，汜拚正席，先生乃坐。出入恭敬，如见宾客。危坐乡师，颜色毋怍。

受业之纪，必由长始；一周则然，其馀则否。始诵必作，其次则已。凡言与行，思中以为纪。古之将兴者，必由此始。后至就席，狭坐则起。若有宾客，弟子骏作。对客无让，应且遂行。趋进受命，所求虽不在，必以反命，反坐复业。若有所疑，捧手问之。师出皆起。

至于食时，先生将食，弟子馔馈。摄衽盥漱，跪坐而馈。置酱错食，陈膳毋悖。凡置彼食，鸟兽鱼鳖，必先菜羹。羹胾中别，胾在酱前，其设要方。饭是为卒，左酒右酱。告具而退，捧手而立。三饭二斗，左执虚豆，右执挟匕，周还而贰，唯嗛之视，同嗛以齿。周则有始，柄尺不跪，是谓贰纪。先生已食，弟子乃彻，趋走进漱，拚前敛祭。先生有命，弟子乃食。以齿相要，坐必尽席。饭必捧擎，羹不以手。亦有据膝，毋有隐肘。既食乃饱，循咡覆手。振衽扫席，已食者作。抠衣而降，旋而乡席，各彻其馈，如于宾客。既彻并器，乃还而立。

凡拚之道，实水于盘，攘臂袂及肘，堂上则播洒，室中握手。执箕膺擖，厥中有帚。入户而立，其仪不忒。执帚下箕，倚于户侧。凡拚之纪，必由奥始，俯仰磬折，拚毋有彻。拚前而退，聚于户内，坐板排之，以叶适己，实帚于箕。先生若作，乃兴而辞。坐执而立，遂出弃之。既拚反立，是协是稽，暮食复礼。

昏将举火，执烛隅坐。错总之法，横于坐所。栉之远近，乃承厥火，居句如矩，蒸间容蒸，然者处下，捧椀以为绪。右手执烛，左手正栉，有堕代烛，交坐毋倍尊者。乃取厥栉，遂出是去。

先生将息，弟子皆起。敬奉枕席，问足所趾。俶衽则请，有常有否。

先生既息，各就其友，相切相磋，各长其仪。周则复始，是谓弟子之纪。

《弟子职》解读

【题解】

《管子》卷十九《弟子职》是我国古代教育史上第一个详明而完备的"学生守则"。这是历代官学、私学、书院等教育部门制定学规、学则的纲目和范本。《弟子职》作为学校教育的规章，详列了弟子入学、受业、奉师、起居以及交游诸多方面必须遵守的准则和基本要求，比较全面地规定了学生应当奉行的伦理道德和行为规范。但篇中所强调的学生日常行为守则，对学生的要求相当全面、具体而严格，甚至有些苛刻。它隐含为统治阶级培养具有礼义廉耻等道德规范且对君主有绝对顺从的吏民的政治目的。在今天看来，一些观念却有着明显的奴役性，甚至有着片面性或严重错误，绝不能照搬过来使用。但我们如能一分为二，用客观公平的历史的眼光去考查、去分析，认真地吸取古人思想之精华，去其糟粕，去伪存真，去粗存精，那么《弟子职》所阐述的培养学生的基本行为规范、尊师重教的教育思想仍有不少东西是值得我们去借鉴、继承和发展的。

【原文】

先生施教，弟子①是则。温恭自虚，所受是极②。见善从之，闻义则服。温柔孝悌③，毋④骄恃④力。志毋虚邪，行必正直。游居有常，必就有德。颜色整齐，中心必式⑤。夙兴夜寐⑥，衣带必饬⑦。朝益暮习，小心翼翼。一此不解，是谓学则。

【译文】

先生施予教诲，弟子遵照实行，若是保持谦恭虚心的态度，受到的教益自能达到最大的限度。见到好的，就跟着去做，听到正确的，就努力实行。坚持温柔孝悌，不可骄横而自恃勇力。思想不可虚伪邪恶，品行必须正直。出外居家，都要有个常则，必须接近有才德的人。外表要严肃庄重，内心必须合乎法式。早起晚睡，衣带必须注意整洁。天天增长新知，时时加以温习，小心翼翼地对待学业。专一于此而不懈怠，这就是求学的准则。

①弟子：学生。则：法则，效法。

②极：穷尽。

③弟：同"悌"，善事兄长。

④毋：不，不要。恃：依仗，凭借。

⑤式：古代车前扶手的横木。

⑥夙（sù）兴夜寐（mèi）：指早起晚睡，形容勤奋、勤劳。夙，早。寐，入睡，睡。

⑦饬（chì）：整顿，整齐。

【原文】

少者之事，夜寐蚤①作。既拚②盥漱，执事有恪③，摄衣共盥，先生乃作。沃盥④彻盥，汜⑤拚正席，先生乃坐。出入恭敬，如见宾客。危⑥坐乡⑦师，颜色毋怍⑧。

【译文】

少年学子所当做的，应是晚睡早起。起床清扫座位而后洗漱，做事要谨慎恭敬。轻揭衣襟，备好洗漱用具，等待老师起来。服侍老师洗漱，收拾洗漱用具，洒扫屋室，端正讲席，而后服侍老师入座。出入老师面前，都要毕恭毕敬，如同拜见宾客。听讲应当直身而坐，面向老师，容颜端庄，不可随意改变。

【注释】

①蚤：通"早"。

②拚：扫除。

③恪：恭敬而又谨慎。

④沃盥（guàn）：浇水洗手洗脸。沃，浇水。

⑤汜（fàn）：同"泛"。

⑥危：这里为引申义"端正"。

⑦乡：通"向"。此为朝着、面向之意。

⑧怍（zuò）：改变面色。

【原文】

受业之纪，必由长始；一周则然，其馀则否。始诵必作，其次则已。凡言与行，思中①以为纪。古之将兴者，必由此始。后至就席，狭坐则起。若有宾客，弟子骏作②。对客无让，应且遂行。趋进受命，所求虽不在，必以反命，反坐复业。若有所疑，捧手问之。师出皆起。

【译文】

弟子从师学习的次序，一定要从年长的开始；第一轮是这样进行，其余就不必如是。首次诵读必须起立，以后则可作罢。凡属言语、行为，都要想着以中和之道为纲纪。古时想要有所成就的人，必定都是从这一点开始的。同窗后到入座，近座的人，要起身相让。倘有宾客到来，弟子要迅速起身。对待客人不可冷淡，要一面应对，一面行动，急速进去向老师请示。来宾所找的人，即使不在，去找的人，也必须回来报告，而后返回座位继续学习。倘有疑难，便当拱手提出问题。老师离开课堂，学生都应起立。

【注释】

①中：指中庸之道中和，即不偏不倚，诸事和谐。

②骏作：迅起。

【原文】

至于食时，先生将食，弟子馔馈①。摄衽②盥漱③，跪坐而馈。置酱错食，陈膳毋悖④。凡置彼食，鸟兽鱼鳖，必先菜羹。羹胾⑤中别，胾在酱前，其设要方。饭是为卒，左酒右酱。告具而退，捧手而立。三饭二斗，左执虚豆，右执挟匕，周还而贰，唯嗛⑥之视，同嗛以齿⑦。周则有始，柄尺不跪，是谓贰纪。先生已食，弟子乃彻，趋走进漱，拚前敛祭。

【译文】

到了饭时，老师将要吃饭，弟子先把饭食送上。挽袖洗漱之后，跪坐把饭菜进奉给师长。置酱摆菜，陈列膳食，不可违背规矩。一般上菜的程序，是送上鸟兽鱼鳖之前，必先送上蔬菜羹汤。羹汤与肉食相间摆置，肉摆在酱的前面，摆设的形式要方正。饭要上在最后，左右再放酒和酱。饭菜上全而后退下，拱手站立一旁。一般是三碗饭和二斗酒。弟子左手端着空碗，右手握着箸匙，巡回添加酒饭，用心注意杯碗将空的情况。若是多人空了杯碗，就要按年龄分别先后添加。周而后始，用柄长一尺的饭勺添饭，就不要跪着送上。这些就是添加酒饭的规矩。老师吃完之后，弟子便当撤去食具，还要急忙送进漱具，然后清扫席前，收拾祭品、祭器。

【注释】

①馔馈（zhuàn kuì）：进献肴馔。

②衽（rèn）：衣襟。

③盥漱（guàn shù）：洗脸漱口。盥，浇水洗手，泛指洗。漱，含水荡洗口腔，指漱口。

④悖：悖逆、违乱。

⑤胾（zì）：切成大块的肉。

⑥嗛（qiǎn）：古通"歉"，是"歉食不满"之意。

⑦齿：指年龄。

【原文】

先生有命，弟子乃食。以齿相要，坐必尽席。饭必捧擎①，羹不以手。亦有据膝②，毋有隐肘③。既食乃饱，循咡④覆手。振衽扫席，已食者作。抠衣而降，旋而乡席，各彻其馈，如于宾客。既彻并器，乃还而立。

【译文】

老师下令之后，弟子便可以进餐。按年龄入座，坐席要尽量靠前。饭须用手捧着吃，菜羹不能直接用手拣。可以双手凭据膝头，但不可以俯伏两肘。已经吃完吃饱，要用手揩拭嘴边。轻抖衣襟，搬开坐垫，吃完起身，提衣离席。不久又要回到席前，各自撤下剩余食物，如同为宾客撤席一般。撤席之后，收拾好食器，回去垂手而立。

【注释】

①擎（wàn）：同"腕"。这里指用手捧。

②据膝：古代以双膝着地的一种便坐。

③隐肘：指用臂肘支撑着身体斜靠。

④循咡（xún èr）：食后以手拭口。咡，口旁，口耳之间。

【原文】

凡拚之道，实水于盘，攘①臂袂②及肘，堂上则播洒，室中握手。执箕膺揲③，厥中有帚。入户而立，其仪不忒。执帚下箕，倚于户侧。凡拚之纪，必由奥始，俯仰磬折④，拚毋有彻。拚前而退，聚于户内，坐板排之，以叶适己，实帚于箕。先生若作，乃兴而辞。

坐执而立，遂出弃之。既拚反立，是协⑤是稽⑥，暮食复礼。

【译文】

关于洒扫的方法：是将清水装入盘中，把衣袖从手臂挽到肘部，堂上可以扬手播洒，室中只宜掬水浇洒。手提撮箕时，要把箕舌对着自身，撮箕中要放上扫帚。进门时要站立片刻，礼节方面不要有所差失。拿起扫帚，就要同时放下撮箕，撮箕应靠在门侧。洒扫的顺序是，必须从西南角开始。洒扫时，要低头弯腰，不要触动屋内陈设。由前往后，边扫边退，把垃圾聚到门角。蹲下来用木板把垃圾排进撮箕，并注意将箕舌面向自己，把扫帚放进撮箕。老师倘若此时出来有事，便当起身上前告止。再蹲下去拿着箕帚站起来，然后出门倒掉垃圾。洒扫完毕之后，回来垂手而立。这些，就算合乎规范。进晚餐时，仍然要遵守早餐时的礼仪。

【注释】

①攘（rǎng）：捋起。

②袂（mèi）：衣袖，袖口。

③膺揲（yīngyè）：谓以箕舌自向胸前。

④磬折（qìng shé）：弯腰。表示谦恭。

⑤协：协同。

⑥稽：稽考、考察。

【原文】

昏将举火，执烛隅坐。错总①之法，横于坐所。栉②之远近，乃承③厥④火，居句如矩，蒸间容蒸，然者处下，捧椀以为绪。右手执烛，左手正栉，有堕代烛，交坐毋倍尊者。乃取厥栉，遂出是去。

【译文】

黄昏时候，便要点燃火烛，弟子握执，坐在屋室的一角。安置柴薪的方法，是把柴薪横摆在所坐的地方，根据火烛剩余的长短，不断加以接续，将新添的火烛如法放置在燃烧处。束薪之间，要留有一束的空隙。燃烧的束薪放在底下，还要捧碗来贮存火烛余灰。右手握持火烛，左手修整余烬。有谁疲倦了，就由另外的人接替举烛，轮番换坐，不可背向老师。最后收取余烬，出门倒掉。

【注释】

①错总：错，通"措"，安放、安置；总，烛。

②栉（zhì）：烛的燃余。

③承：续，承接。

④厥：古同"撅"，断木。

【原文】

先生将息，弟子皆起。敬奉枕席，问足①所趾。俶②衽③则请，有常有否。

【译文】

老师准备寝息，弟子都应起立服侍。恭敬地捧上枕席，问明老师脚伸何处。第一次铺床布席需问清楚，有了定规，就不必再问。

【注释】

①足（shū）：脚。"问足所趾"这句是学生问老师要在什么地方就寝休息。

②俶（chù）：开始。

③衽（rèn）：古代睡觉时用的席子。

【原文】

先生既息，各就其友，相切相磋，各长其仪。周则复始，是谓弟子之纪①。

【译文】

先生寝息之后，弟子应当邀请自己的朋友，互相切磋商讨，发挥各自所学的义理。将以上各项周而复始地坚持下去，这就是弟子的规矩。

【注释】

①纪：规则、纪律。